世界哲學家叢書

斯 賓 諾 莎

洪 漢 鼎 著

1992

東大圖書公司印行

國立中央圖書館出版品預行編目資料

斯賓諾莎／洪漢鼎著.--初版.--臺北
市：東大出版：三民總經銷，民81
　面；　　公分,（世界哲學家叢
書）
參考書目：面
含索引
ISBN 957-19-1386-3（精裝）
ISBN 957-19-1387-1（平裝）

1.斯賓諾莎(Spinoza, Bauch de,
　1632-1677)-學識-哲學
149.13　　　　　　　　　　81000573

© 斯賓諾莎

著　　者　洪漢鼎
發 行 人　劉仲文
出 版 者　東大圖書股份有限公司
總 經 銷　三民書局股份有限公司
印 刷 所　東大圖書股份有限公司
　　　　　地址／臺北市重慶南路一段六十一號二樓
　　　　　郵撥／〇一〇七一七五-〇號
初　　版　中華民國八十一年四月
編　　號　E 14023
基本定價　伍元壹角壹分
行政院新聞局登記證局版臺業字第〇一九七號

ISBN 957-19-1387-1（平裝）

的是，此刻在政治上整個中國仍然處於「一分為二」的艱苦狀態，加上馬列教條的種種限制，我們不可能邀請大陸學者參與撰寫工作。不過到目前為止，我們已經獲得八十位以上海內外的學者精英全力支持，包括臺灣、香港、新加坡、澳洲、美國、西德與加拿大七個地區；難得的是，更包括了日本與大韓民國好多位名流學者加入叢書作者的陣容，增加不少叢書的國際光彩。韓國的國際退溪學會也在定期月刊《退溪學界消息》鄭重推薦叢書兩次，我們籍此機會表示謝意。

原則上，本叢書應該包括古今中外所有著名的哲學思想家，但是除了財源問題之外也有人才不足的實際困難。就西方哲學來說，一大半作者的專長與興趣都集中在現代哲學部門，反映着我們在近代哲學的專門人才不太充足。再就東方哲學而言，印度哲學部門很難找到適當的專家與作者；至於貫穿整個亞洲思想文化的佛教部門，在中、韓兩國的佛教思想家方面雖有十位左右的作者參加，日本佛教與印度佛教方面卻仍近乎空白。人才與作者最多的是在儒家思想這個部門，包括中、韓、日三國的儒學發展在內，最能令人滿意。總之，我們尋找叢書作者所遭遇到的這些困難，對於我們有一學術研究的重要啟示（或不如說是警號）：我們在印度思想、日本佛教以及西方哲學方面至今仍無高度的研究成果，我們必須早日設法彌補這些方面的人才缺失，以便提高我們的學術水平。相比之下，鄰邦日本一百多年來已造就了東西方哲學幾乎每一部門的專家學者，足資借鏡，有待我們迎頭趕上。

以儒、道、佛三家為主的中國哲學，可以說是傳統中國思想與文化的本有根基，有待我們經過一番批判的繼承與創造的發

《世界哲學家叢書》總序

本叢書的出版計畫原先出於三民書局董事長劉振強先生多年來的構想，曾先向政通提出，並希望我們兩人共同負責主編工作。一九八四年二月底，偉勳應邀訪問香港中文大學哲學系，三月中旬順道來臺，即與政通拜訪劉先生，在三民書局二樓辦公室商談有關叢書出版的初步計畫。我們十分贊同劉先生的構想，認為此套叢書（預計百冊以上）如能順利完成，當是學術文化出版事業的一大創舉與突破，也就當場答應劉先生的誠懇邀請，共同擔任叢書主編。兩人私下也為叢書的計畫討論多次，擬定了「撰稿細則」，以求各書可循的統一規格，尤其在內容上特別要求各書必須包括 (1) 原哲學思想家的生平；(2) 時代背景與社會環境；(3) 思想傳承與改造；(4) 思想特徵及其獨創性；(5) 歷史地位；(6) 對後世的影響（包括歷代對他的評價），以及 (7) 思想的現代意義。

作為叢書主編，我們都了解到，以目前極有限的財源、人力與時間，要去完成多達三、四百冊的大規模而齊全的叢書，根本是不可能的事。光就人力一點來說，少數教授學者由於個人的某些困難（如筆債太多之類），不克參加；因此我們曾對較有餘力的簽約作者，暗示過繼續邀請他們多撰一兩本書的可能性。遺憾

展，重新提高它在世界哲學應有的地位。爲了解決此一時代課題，我們實有必要重新比較中國哲學與（包括西方與日、韓、印等東方國家在內的）外國哲學的優劣長短，從中設法開闢一條合乎未來中國所需求的哲學理路。我們衷心盼望，本叢書將有助於讀者對此時代課題的深切關注與反思，且有助於中外哲學之間更進一步的交流與會通。

最後，我們應該強調，中國目前雖仍處於「一分爲二」的政治局面，但是海峽兩岸的每一知識分子都應具有「文化中國」的共識共認，爲了祖國傳統思想與文化的繼往開來承擔一份責任，這也是我們主編《世界哲學家叢書》的一大旨趣。

　　　　　　　　　　　傅偉勳　韋政通

　　　　　　　　　　　　一九八六年五月四日

自　序

　　德國著名政論家和詩人海涅在上一世紀就說過：「一旦有人把斯賓諾莎從他那呆板的、古老的笛卡爾主義的數學公式中拯救出來，使得廣大讀者更能理解他，那麼我們也許將會發現，斯賓諾莎比任何人都更該控告別人剽竊了他的思想。所有我們現代的哲學家也許常不自覺地用斯賓諾莎所磨製的眼鏡在觀看世界。」現代哲學的發展完全證明了海涅這一預言的正確性。斯賓諾莎在當代哲學思考中愈來愈表現出其不容忽視的重要作用，他不僅對科學和認識論發生了顯著的影響，以致像專門從事於語言邏輯分析和科學理論的分析哲學家也對他發生了濃厚的興趣，而且在形而上學方面也表現了同樣的作用，以致像雅斯貝爾斯這樣的存在主義哲學家也專門撰寫了一本《斯賓諾莎》。

　　斯賓諾莎之所以使當代哲學家感到興趣，不僅在於他的思想深遠，而且也在於他個人的人品，他為人公正、善良、滿腔熱情，終身為人類進步和正義事業而鬥爭，在他身上充分體現了我國古代「貧賤不能移，威武不能屈、富貴不能淫」的道德美譽。他那光明磊落的一生，甚至使那些強烈反對他的思想的人，也不能不對他個人的德行表示崇高的尊敬。

　　我是從五十年代就開始研究和翻譯斯賓諾莎著作的，在漫長

的研究過程中，斯賓諾莎不僅使我得到了最高的理智享受，而且也使我冷靜地忍受了人生中的各種磨難。我願把自己這本書獻給有志於攀登科學頂峯的當代中國青年。

本書的寫成是與我的老師賀麟教授三十餘年的教導分不開的，同時我也要感謝我的德國朋友 Lutz Geldsetzer 教授，他給我提供了不少有關斯賓諾莎研究的國外新資料。另外，我也要感謝我的內助蔣霞女士，正是她的無私的支持，本書才能最後得以完成。

洪 漢 鼎

一九九二年春於北京怡齋

斯 賓 諾 莎

目 次

的省份，而荷蘭（Hollande）在當時只是指其中一個省份，直至1588年北方各省取得了獨立和成立了聯省共和國後，爲了同南方仍隸屬於西班牙的尼德蘭各省區別開來，北方七省的聯省共和國有時在口語上簡稱爲荷蘭。不過，今日的荷蘭國家在地域上遠小於當時的聯省共和國，因爲其中有一些省份現在已屬於法國和比利時。

自 1543 年所謂文洛條約簽訂後，尼德蘭共有十七個省份隸屬於西班牙國王查理五世的管轄之下，特別是在 1548 年的奧格斯堡國會上，尼德蘭這十七個行省被組成「勃良第聯合體」，規定由西班牙王委派一名總督兼管。自 1566 年起，尼德蘭就開始了反抗西班牙獨裁統治和爭取民族獨立的鬥爭。鬥爭的最初起因是宗教信仰。我們知道，尼德蘭的近鄰是法國和德國，因而法國的加爾文教和德國的路德新教很快地就傳入尼德蘭各省份。不論是加爾文教，還是路德新教，都是與西班牙的天主教會相對立，因而西班牙國王出動軍隊對尼德蘭的異教徒展開了殘酷的鎮壓，特別是在 1535 年尼德蘭的新教再洗禮派教徒慘遭酷刑後，在阿姆斯特丹發動了一場大規模的起義，這場起義引起了尼德蘭各省份反抗西班牙軍事獨裁的鬥爭，這場鬥爭一直延續至 1579 年，北方的七個省聯合起來組成「烏特勒支同盟」，其目標就是「用生命、財產和鮮血」抵抗西班牙國王的武裝部隊。在經歷了成功和失敗的多次反復之後，北方的七個省，包括格爾德蘭、荷蘭、澤蘭、烏特勒支、弗里斯蘭、奧佛賴塞爾和格羅寧根，終於在 1588 年聯合起來，組成聯省共和國，或稱共和國聯邦。自此之後，聯省共和國擔負起抗擊西班牙專制統治和爭取民族獨立的偉大愛國戰爭的任務，最後於 1609 年迫使西班牙國王非力浦三

世簽訂了十二年休戰協定。按照這一協定，聯省共和國不再隸屬於西班牙而成爲獨立的國家。

聯省共和國的成立，揭示了尼德蘭政治史上的新篇章。整個共和國聯邦的最高權力機關是聯省議會，它是由各省議會選出的四十名代表所組成。各個行省，不論代表的人數多少，都只擁有一票的權利，並輪流任主席一周。聯省議會設大議長一名，負責議會日常工作。聯省議會對外代表整個共和國，決定宣戰和媾和，以及決定有關國防的一切事務，特別是任命陸海軍統帥。組成聯邦的各個共和國或省份各有自己的權力機構，即省議會，省議會任命議長和執政，行使各省自己的日常政務。由於聯省議會強調各省內務自治，因而省議會的實際權力很大，例如，對於某省的一些重大問題，聯省議會的各個代表不能自由投票，而必須聽命於該省議會。聯省共和國可以說既沒有消除各省份或省議會自己的獨立權力又可以統一作出各省議會都一致贊成的決議的政府權力機構。以後我們將會看到，這種聯邦制的政府形式爲尼德蘭的經濟和軍事提供了很好的發展條件，它一方面促進了聯邦內各省的經濟繁榮，另一方面也增強了各省的聯合軍事戰鬥力。

不過，聯省共和國的成立，雖然使對外戰爭暫時中止了，但並不意味着尼德蘭內部政治鬥爭的結束。實際上，隨着聯省共和國的出現，在尼德蘭內部圍繞政權問題出現了兩派政治勢力的對峙：一派是以聯省議會大議長奧登巴恩韋爾特爲首的共和派，這派主要的勢力是在荷蘭，奧登巴恩韋爾特本是荷蘭議會的議長，但是由於荷蘭省不論就居民人數、財富以及對外關係來說，都是佔首席的省份，因而它的議長就以大議長的名義成爲聯省議會和行政機關的主角，同時是眞正的外交部長。這一派主要強調聯邦

制的共和政體， 反對中央集權的君主專制 。 另一派是以皇族威
廉・奧倫治親王爲代表的君主派，這一派主要勢力是在荷蘭省以
外的其他各省。威廉・奧倫治親王一身兼任數省的執政職位和海
陸軍統帥， 按照他的打算， 聯省應當是一個中央集權政權， 聯省
執政的職位應當世襲，他反對地方自治，主張君主專制政體。

這樣就導致了兩派之間的嚴重鬥爭。在大議長背後聚集著共
和派， 卽據有城市公職的商人寡頭，他們在荷蘭省內勢力特別強
大，主張最大限度的地方自治。由於這個階層和這個行省攤派的
公共費用最多， 所以他們反對軍事負擔， 同時由於戰爭妨礙他
們的貿易， 卻給奧倫治家族撈得政治資本，因而他們也反對對敵
行動。 在宗教信仰方面， 他們反對加爾文教， 主張宗教寬容政
策。反之， 在聯省執政身後， 除了那些嚮往君主專制的各省貴
族階層外， 還擁有大批的農民和水手，因爲這些窮苦的人羣經過
戰爭動亂後，深深感到建立一個高度中央集權的國家才是唯一出
路，因而他們把親王看成自己的最好保護人。這些人都信仰加爾
文教，威廉・奧倫治親王本人也是加爾文教徒。

這兩派政治勢力的對峙對十七世紀聯省共和國的內部歷史起
了支配一切的作用，並對它的外交政策也發生很大的影響。

十二年休戰協定使聯省共和國在歐洲地位得以鞏固，但另一
結果是加劇了聯省共和國內部的鬥爭。這種鬥爭首先是通過諫諍
派（Remonstrants）和反諫諍派（counter-Remonstrants）的對
抗表現出來。我們知道，加爾文教有一個中心的論點是主張人的
得救與否是由上帝預先決定的，對於這種命定論的觀點，自由主
義者和開明的資產階級當然表示反對。萊登城的一個名叫阿明尼
烏斯（J. Arminius, 1560-1609）的神學教授， 爲反對加爾文教

這一先定論，與他的信仰者——即所謂阿明尼烏斯派，向荷蘭和西弗里斯蘭省議會提交了一份反對極端加爾文教派的諫諍書，毫無疑問，他們這一諫諍書在荷蘭省議會得到了開明資產階級和自由主義者的支持，作爲荷蘭省議長並兼聯省議會大議長的奧登巴恩韋爾特當然支持了這一行動，從而形成了所謂諫諍派。但是，這一諫諍書卻遭到威廉・奧倫治親王的繼承人莫里斯・德・納騷和各省貴族的堅持反對。莫里斯・德・納騷在聯省議會中擁有多數，並掌握軍隊，從而形成了武力很強大的所謂反諫諍派。1619年諫諍派和反諫諍派的鬥爭達到了高潮，莫里斯・德・納騷突然動用武力，先在諫諍派的主要中心烏特勒支，接著在荷蘭省的許多城市，解散了他們的地方武裝和市政當局，並將奧登巴恩韋爾特這位諫諍派的政治領袖判處了死刑，逮捕了著名法學家雨果・格勞修斯（H. Grotius, 1583-1655）以及其他阿明尼烏斯教徒。

這場諫諍派和反諫諍派鬥爭的結果是君主派取得了勝利。不過，莫里斯・德・納騷並沒有像君主派所希望的那樣當上了共和國的元首，他甚至也不想剝奪商人寡頭的城市官吏的職務，因爲他明白，十二年休戰協定即將終止，如果失去了商人的財力支持，共和國肯定是對付不了外來侵略者的。

情況果然不出莫里斯・德・納騷所料，1621年，西班牙和尼德蘭的戰爭重新爆發。由於莫里斯・德・納騷年邁力衰，他的兄弟弗里德里希・亨利於 1625 年繼承了他的職位，擔負起領導全民抗擊西班牙侵略的神聖衛國戰爭。反擊戰爭是從陸海兩方面進行。在陸軍方面，聯省在戰爭初期發動幾次圍攻，1629 年得到塞爾托亨博斯城、韋塞爾城和馬斯河流域一些地方，以後在1637年又攻克布雷達城，直到 1646 年兵臨安特衛普。而在海軍方

面，聯省的戰果更爲輝煌：1628 年在馬坦薩斯港俘獲一支西班牙艦隊；接著 1631 年在斯拉克打垮另一支西班牙艦隊。1636年海軍上將特龍普和法國恭德親王合作圍困敦克爾克港，尤其是 1639 年10 月這位海軍上將在當斯港對奧坎多海軍上將率領的西班牙巨大艦隊取得壓倒的勝利。這次戰役標誌著西班牙軍的最後一次進攻遭到粉碎，同時也表明荷蘭作爲第一海上強國得到確認。這樣，戰爭以西班牙軍失敗爲告終，1649 年1 月30日西班牙國王被迫簽訂了「蒙斯特條約」，條約宣告所謂八十年戰爭的結束，並確認聯省共和國永遠脫離西班牙，自此荷蘭成爲一個眞正的獨立國家。

新任的聯省執政和陸軍統帥仍是奧倫治家族的威廉二世。與他的前輩一樣，威廉二世也主張中央集權的君主制，因而在聯省的和平恢復時期，聯省內部的奧倫治家族的中央集權觀點和省議會中商人寡頭的地方分治觀點之間的對立重新又恢復了。這種對立首先表現在對軍隊的支配權上，按照荷蘭省議會的看法，旣然軍隊主要是由自己出錢供養的，那麼它就有權決定軍隊的去留，因此在 1650 年荷蘭省議會突然宣佈解散軍隊。荷蘭省議會的這一決定立卽引起威廉二世的反抗，他決定用暴力解決問題。1650年 9 月 30 日，他逮捕荷蘭省議會的六名議員，把他們拘禁在盧夫斯坦城堡，試圖以此來壓制荷蘭省議會的權力。不過，正當他要獲得成功時，他卻死了，八天以後，他的兒子威廉・德・奧倫治，未來的英國國王威廉三世誕生。荷蘭省議會當然不會錯過這大好時機，他們不僅釋放了關在盧夫斯坦城堡的六名議員，並給威廉二世所廢黜的人又官復原職，而且在 1651 年1 月18日於海牙召開各省議會全體大會，目的在於和聯省議會對抗。這次大會

一個重要的結果是承認聯省共和國不是單一的共和國，而是七個共和國的聯邦或聯盟，因而每個共和國在自己的邊界內都擁有主權，甚至在軍事和宗教方面。原先聯省的統一陸海軍統帥和執政的職位被撤銷，只保留弗里斯蘭和格羅寧根兩省暫時還由威廉・弗里德里希・德・納騷擔任執政。

毫無疑問，這次各省全體大會確立了人口最多經濟也最富裕的荷蘭省的領導權，並保證了市政寡頭——「攝政者」的統治。這就是所謂「無執政期」的時代。雖然由於荷蘭省議會擁有傑出的領導人，這一時期荷蘭的經濟有了前所未有的繁榮，但由於鬆懈了各省之間的聯繫，以致以後在外敵入侵面前抵擋不住，聯省終於在最陰暗的悲劇中垮臺。

這個時期——這一時期也正是我們的哲學家斯賓諾莎哲學生命最旺盛的時期——主持荷蘭共和國命運的偉人，正是上述被威廉二世囚禁在盧夫斯坦城堡裏的六名議員之一雅各・德・維特的兒子約翰・德・維特（Johan de Witt, 1625-1672），他自 1653 年起出任荷蘭省議長，他是斯賓諾莎的摯友，優秀的行政長官。在他執政的十九年中，的確給荷蘭帶來了經濟的繁榮和政治的民主，使斯賓諾莎有權在其《神學政治論》的序言中這樣說：

> 我們幸而生於共和國中，人人思想自由，沒有拘束，各人都可隨心之所安崇奉上帝，並且自由比任何事物都爲珍貴❶。

---

❶　斯賓諾莎：《神學政治論》，頁12。

但是，不幸的是在他任職期間，外部的危險嚴重，以致他的命運
註定釀成悲劇。

　　英國的查理一世早在西荷戰爭時期就在暗中窺視荷蘭了，他
生怕荷蘭的勝利會給他帶來威脅，這種擔憂即使在英國推翻了查
理一世而成為共和國的時期也還存在，因此克倫威爾利用英國已
成為一個共和國這一事實，建議與荷蘭締結一個共同盟約，以限
制荷蘭的勢力。但是，這一建議立即遭到荷蘭議會的拒絕。英國
為了奪取海上貿易霸權，1650 年頒佈了「航海條例」，規定非
經英國政府允許，外國商人不得與英國殖民地通商，接著在下一
年又規定歐洲以外地方的商品必須用英國船隻運入。英國這一條
例大大打擊了專營海上轉運貿易的荷蘭，因而在 1652 年爆發了
英荷戰爭，這次戰爭持續了兩年，結果是英國取得勝利，1654年
荷蘭被迫與克倫威爾簽訂了威斯敏斯特和約，按照和約條款，
荷蘭議會不僅要承認航海條例，而且還得承擔一個所謂「除名條
例」的秘密協定，即保證不把威廉‧德‧奧倫治選為執政和陸軍
統帥。但聯省議會在羣眾的輿論支持下，拒絕同意這一要求。

　　荷蘭的失敗使德‧維特吸取了經驗教訓，他致力於復興艦
隊，重整荷蘭海上霸王的稱號。此時正值英國查理二世復辟，這
位英國國王不顧國內的反對，在德‧維特和聯省議會面前支持他
的外甥奧倫治，他下詔廢除「除名條例」。但是這並沒有消除英
荷之間商業貿易的矛盾，於是在 1664 年又發生了第二次英荷戰
爭，英國公然佔領荷屬的戈雷島、新阿姆斯特丹城以及多巴哥等
地。戰爭初期，荷蘭不利，第一艦隊在洛斯托夫特港附近被擊
垮，然而作為這場戰爭的主要一仗是在北福爾蘭海岬附近，在這
裏荷蘭打了一次漂亮戰，接著在 1667 年，荷蘭海軍襲擊了泰晤

士河和梅德韋河中毫無防備的英國艦隊，終於使英國接受了和談，雖然聯省放棄了新阿姆斯特丹城在內的北歐領土，但得到了英國在安絮蘭羣島的最後幾塊領地，同時「航海條例」的某些條款也靈活了。以後聯省又和英國與瑞典訂立三國同盟，迫使法國國王也不敢輕視聯省共和國。

外交上的勝利給德·維特帶來了極大的聲譽，但也蘊涵了未來的危險。在 1654 年荷蘭和英國簽訂的和約中曾保留了一個不讓威廉·德·奧倫治擔任執政和陸軍統帥的所謂「除名條例」，為了執行這一秘密條例，德·維特必須說服聯省各個省份，這就肯定加劇了德·維特兄弟和奧倫治皇室之間的對立，並導致尼德蘭共和派和君主派之間的新鬥爭。1667 年德·維特頒佈「永久法令」，取銷聯省的執政職位，隨後在 1670 年的「協調條例」中禁止兼任共和國全境的陸軍統帥和執政兩個職務，他試圖通過這兩項法令來限止奧倫治皇室的勢力。可是正當他進行鞏固自己地位的活動的同時，1672 年 3 月英國國王查理二世突然對荷蘭宣戰，幾個星期後法國也向聯省大舉進攻，在民眾輿論的要求下，德·維特不得不在一個局部的戰役中任命威廉·奧倫治當陸軍統帥。不料十二萬人的法國軍隊沿萊茵河北上挺進後又從東面發動攻擊，佔領格爾德蘭、奧佛賴塞爾和烏特勒支，同時它的德國盟軍也攻佔了德倫特和格羅寧根。

面臨這種危險，荷蘭和澤蘭的奧倫治派迫使聯省議會取消「永久法令」，並任命威廉·奧倫治做終身陸軍統帥和執政。這樣，制定「永久法令」的人德·維特就遭到人們的敵視，人們認為，聯省之所以軟弱無力，敵人之所以節節勝利，皆是德·維特不重視陸軍建設的惡果。羣情憤起，1672年 8 月20日，民眾衝進

監獄，把正在那裏探望他兄弟的德・維特連同他兄弟一併刺死。
對共和國竭忠盡力服務了近二十年的功績似乎在憤怒的一瞬間被
忘卻了，而奧倫治親王，即威廉三世在這場政治鬥爭中卻輕易地
得到了勝利。

法荷戰爭一直持續了七年，最後於 1678 年以法國獲得勝利
而告終。但是威廉・德・奧倫治並不因爲這次失敗而喪失威望，
相反因爲他敢於反對咄咄逼人的「太陽王」（即法國國王路易十
四）而威望大增。因此，在 1688 年英國發生政變時，英國資產
階級邀請他來英國登王位，威廉立即率兵進入倫敦。下一年初，
這位荷蘭執政就任英國虛懸的王位，並接受英國議會通過的「權
利宣言」。威廉的這種兼職非但未爲荷蘭爭光，反而使荷蘭蒙受
損失，因爲英國乘此機會迫使荷蘭再度接受「航海條例」。自此
之後，聯省不論在經濟上還是軍事上都每況愈下，英國成了它的
太上皇，共和國昔日的光榮至此只能留給人們一些美好的回憶。

二、經濟繁榮、科學和藝術的黃金時代

但是，聯省共和國給荷蘭帶來的經濟繁榮，卻是不容人忽
視。荷蘭地處萊茵河下游，土壤肥沃，氣候濕潤，加之水源豐
富，很早就是一個農業和畜牧業並重的國家──這種天然經濟即
使在今日，也使我們仍把風車和黑白花奶牛視爲荷蘭國家的象
徵。不過，要注意的是，荷蘭的經濟發展的眞正基礎卻不在於它
的農業或畜牧業，而是在於它的商業，特別是它那號稱「海上搬
運馬車夫」的轉運貿易。荷蘭位於歐洲西北，西臨北海，與英國
隔海相望。早在卡羅琳時代，荷蘭就有一些專門承擔貨物交易和

轉運的集散地，英國康沃爾的錫器、北方國家的毛皮和鯨魚油以及中萊茵河地區的酒，都在這裏進行出售。隨著這些集散地的貿易日益發展，荷蘭出現了一支專門從事貨物運輸的商船隊伍，它包攬了法國和葡萄牙的鹽、西班牙的羊毛、瑞典的鐵，以及波羅的海沿岸地區的木材、糧食和黃麻的轉運生意，以致荷蘭不久後就成為斯堪的納維亞半島、伊比利亞半島、英國和法國之間的貿易代理人，它自己也從中發展了兩個可以說是當時世界貿易中心的港口，這就是阿姆斯特丹和鹿特丹。

　　在反抗西班牙獨裁統治和爭取民族獨立的戰爭年代，尼德蘭雖然承受了沉重的財政負擔，但它的農業和畜牧業仍照常在發展。農業提供的糧食、油料和蔬菜，除滿足自己居民的需要外，還出口到北方國家和英國。畜牧業也以輸出奶製品為主，其質量馳名國外。因為尼德蘭人民知道，只有國家內部的經濟繁榮，才是對外戰爭的勝利保證。

　　正如我們前面所講過的，聯省共和國實質上是一個以商業寡頭為主的聯邦制政府，因此它的最終目的是維護商人的利益以保證荷蘭經濟的發展。在聯省共和國期間，荷蘭首先致力於減弱或取銷阻礙生產發展的所謂行會條例的束縛，使家庭手工業轉變成工廠手工業。在當時荷蘭，工廠手工業的生產達到了特別高的程度，它擁有當時世界最大的紡織業，包括綢緞、絲絨、毛料和呢絨。當時英國輸出的羊毛，十分之九是運到荷蘭進行加工。其他諸如捕魚業、製瓷業、首飾業和造船業也同樣達到了驚人的發展。

　　為了確保荷蘭經濟更大的發展，聯省共和國致力於擴大他們長久以來就駕輕就熟的海運業。在當時，荷蘭的對外貿易幾乎遍

及了歐洲和近東。在波羅的海上，但澤的麥子、庫爾蘭和芬蘭的木材、瑞典的金屬品一直是他們重要的轉運物資；在里加海灣，他們和莫斯科地區發生了密切的貿易聯繫；在地中海，荷蘭船隻和土耳其達成協議，一直可駛到土麥拿港去採購近東的商品。在內河運輸上，他們通過萊茵河、埃姆斯河、威塞河和易北河，接觸到德國西部和北部的許多市場。為了確保航運順利和降低各國的關稅，聯省共和國決定以武力加強運輸，採取軍艦護航。1644年，丹麥和西班牙封閉森德海峽以抵制荷蘭運輸，聯省共和國為了保證自己商船的順利通航，派遣海軍上將科納利斯‧德‧維特率領五十艘軍艦替三百隻商船護航，這些軍艦駐在森德海峽，一直等到丹麥和西班牙認可他們的通航權和降低關稅之後才撤走。

不過，造成十七世紀荷蘭經濟特殊繁榮的是聯省共和國為開發遠東市場所做的努力。這就是對西方資本主義原始積累作了特殊貢獻的東西印度聯合公司。早在十六世紀下半葉，尼德蘭同葡萄牙就從事販賣海外產品的重要貿易，其間里斯本是一大倉庫，儲存購自印度和東南亞的貨物，而荷蘭的商船則把這些貨物運到北歐和地中海地區轉銷。這種買賣一直做到 1580 年菲力浦二世佔領葡萄牙為止。荷蘭人決不甘心放棄這宗賺大錢的生意，他們暗暗定下親自去印度和東南亞的計畫，但苦於資本的短缺，此一計畫在聯省共和國成立之前一直未能付諸執行。1602 年，聯省議會大議長奧登巴恩韋爾特在聯省商業寡頭——主要是大商人、大工業家以及資金雄厚而經驗豐富的猶太商行——的支持下，創立了「東印度聯合公司」，試圖壟斷遠至好望角和麥哲倫海峽的貿易。當時公司共擁有資本 650 萬荷盾，由屬於城市商業寡頭的十七位老闆組成董事會，公司所賺得的利潤，除上交聯省議會

一筆稅金外，大部分歸這些商業寡頭所有。經過幾十年的艱苦創業，這家公司終於挫敗了英國同名公司的干涉，征服了馬六甲和錫蘭島，一直到日本和臺灣都設立了他們的商行。

西印度聯合公司是由威廉‧于塞林於 1621 年創立的，它的主要目的，一方面是奪取西班牙的殖民地市場，另一方面是開闢荷屬新殖民地。南美洲是這家公司的主要經營地，建在那裏的商行主要活動是販賣黑奴。

東南亞資源的開發、美洲金銀產地的發現，以及野蠻的販賣奴隸的生意，無疑像溫室般地加速了荷蘭的資本積累過程。荷蘭資產階級通過東西印度公司，不惜採取任何手段，從自己的殖民地搾取巨大的財富，以致如馬克思所說的，在 1648 年，荷蘭「已經達到商業繁榮的頂點」❷。它在東印度的貿易上，在歐洲東南部和西北間的商業上，幾乎實行著壟斷的佔有。它的漁業、海運業、手工製造業，都遠遠勝過任何別的國家。共和國所有的資本，比歐洲其他各國全體所有的資本也許還要更多。十七世紀荷蘭的經濟發達以及它給予歐洲其他各國技術經濟上的強有力的影響，我們可以引證克利薩爾教授在其《西歐經濟風土史》裏的一段描述：

> 維也納的官廳是荷蘭製造品的大消費者。爲了縫製官廳武官和侍童、從者的制服，他們採用了荷蘭和英國的布。荷蘭的亞麻布與花邊是皇家公主嫁妝的上等材料。官廳寶石商因雕琢金剛石來到有名的阿姆斯特丹，以數十萬金收買

---

❷　馬克思：《資本論》卷 1，頁831。

金剛石。荷蘭雖然也有蒂羅爾豐富的礦山，但爲了製幣局
的需要和作爲贈送物品，甚至向土耳其人購買美洲的銀。
荷蘭供給一切軍用品、火藥、硝石、槍械，後來甚至供給
奧地利的財政支出大部份的造船業所需要的建築材料❸。

毫無疑問，十七世紀的荷蘭已成爲一個「標準的資本主義國家」。

經濟的繁榮給荷蘭的科學和文化帶來了驚人的進步。有人
說，十七世紀的荷蘭之所以光輝燦爛，並不是政治事件，也不是
經濟活動，而是人材濟濟的學者和藝術家。這一說法似乎也不過
分。爲了適應於航海業和生產的需要，這一時期的荷蘭在數學、
天文學、生理學、光學、地理學和工程學等方面出現了一系列的
新發明：沙容理・陽塞（Zacharias Zanser）是複雜顯微鏡的發明
者；眼鏡工場主約翰・李勃斯（Johann Lippershey）在伽利略之
前製造出第一架望遠鏡；著名的數學家和光學家惠根斯（Christian
Huygens, 1629-1695）提出了新的光學理論，認爲光是從光源向
各個方面傳播以太的波動，並揭示了土星環的神秘，發展了擺鐘
理論；生物學家雷文・霍克（Leeuwenhoek, 1632-1723）第一次
進行了對微生物的觀察，發現了用肉眼看不見的生命存在體——
滴形蟲；另一位生物學家約翰・斯范梅丹（Jan Swammerdam,
1637-1682）根據敏銳的觀察發表了生物學中富有意義的「萬物
來自於卵」的假說，以後爲居維埃所贊賞，同時他又是解剖學的
最早創始人之一；數學家西蒙・斯泰溫（Simon Stevinus, 1548-
1620）曾改進了會計方法、炮兵術，大力促進了機械學和流動靜

---

❸ 克利薩爾：《西歐經濟風土史》，卷2，頁53。

力學的發展；工程師拉內坎（Rannequin）設計了當時最出色和最宏大的供水系統，1682年為法國凡爾賽花園供水。

在社會科學和文學藝術方面，我們首先要提到法學理論家雨果‧格勞修斯，他是國際法和航海法的奠基人，最早提出資產階級自然法權和道德觀點的代表人物。戲劇家和詩人馮代爾（Vondel, Joost van den, 1587-1679）從《聖經》和民族史中選取主題，寫了大量膾炙人口的頌歌和諷刺作品。一代繪畫大師倫勃朗（Rembrandt van Rijn, 1606-1669）以他那明暗對照的光線效果和普普通通的現實題材為十七世紀歐洲繪畫開闢了一個嶄新境界。

十七世紀的荷蘭是當時歐洲的科學文化中心。歐洲第一所新教大學——萊登大學創立於1575年，在整個十七世紀一直是歐洲人文主義思潮的誕生地，繼後1632年阿姆斯特丹和1636年烏特勒支也設立了大學。在荷蘭提倡學術自由和信仰自由的影響下，歐洲其他國家的一些科學家和哲學家紛紛都來到這裏從事科學研究，荷蘭已成為歐洲所有酷愛自由的學者所嚮往的中心。英國哲學家霍布斯曾這樣寫道：

> 倫敦這個城市以及其他大的商業城市，由於讚美低地國家（指荷蘭）在擺脫他們的君主西班牙國王統治之後的繁榮昌盛，都傾向於認為如果這裏作類似的政權變動，也會對他們產生同樣的繁榮昌盛❹。

霍布斯本人曾經到過阿姆斯特丹，並在那裏出版了他的一些英國

---

❹　費耶爾（L. Feuer）：《斯賓諾莎和自由主義的興起》，頁66。

檢查官拒絕出版的著作。同樣，笛卡爾這位法國哲學開創者的科學和哲學活動差不多全是在荷蘭進行的，他曾經在給他朋友巴爾扎克的信中這樣寫道：「請選擇阿姆斯特丹爲足下的避難所，……這樣完全自由的樂土，在哪個國家能找到呢！」德國哲學家萊布尼茲也到這裏作過短期學術訪問。甚至在十七世紀末，法國哲學家培爾的啟蒙活動和政論活動也是在這裏展開；最偉大的英國唯物主義哲學家洛克亦曾在這裏僑居數年，並在這裏完成了他的最有名的著作《人類理智論》。

這一切不能不使斯賓諾莎在他的《神學政治論》中對自己祖國的黃金時代作過這樣的讚美：

> 阿姆斯特丹城在其最繁盛中以及爲別人景仰中收穫了這樣自由的果實。因爲在這個最繁榮的國家、最壯麗的城市中，各國家各宗教的人極其融睦地處在一起。在把貨物交給一個市民之前，除了問他是窮還是富，通常他是否誠實之外，是不問別的問題的。他的宗教和派別認爲是無足輕重的。因爲這對於訴訟的輸贏沒有影響。只要一教派裏的人不害人，欠錢還債，爲人正直，他們是不會受人蔑視、剝奪了官方的保護的❺。

最後不得不使他驕傲地得出結論說：「我們幸而生於共和國中，人人思想自由，沒有拘束，各人都可隨心之所安崇奉上帝」❻。

---

❺ 斯賓諾莎：《神學政治論》，頁277。
❻ 斯賓諾莎：《神學政治論》，頁12。

三、教派林立和宗教紛爭

十七世紀尼德蘭內部尖銳的政治鬥爭是與它的錯綜複雜的宗教派系的鬥爭緊密地聯繫在一起的。我們甚至可以說，如果不理解當時尼德蘭的縱橫交錯的宗教形勢，我們是很難正確理解它當時的風起雲湧的政治鬥爭。

早在十三和十四世紀，尼德蘭就出現了一個所謂「共同生活兄弟會」的宗教團體，創始人是德文特的格羅特。這個團體是在犀利抨擊天主教會的腐敗和墮落行徑中發展起來的，它主張返回《福音書》的純教義，不發三絕（絕財、絕色、絕意）誓願，也不接受施捨，專事內心修養，完善自己品德。這個兄弟會曾供給窮苦學生食宿，讓他們抄寫經籍，從而影響日益增大，吸引了大批渴望達到完美品德的信徒。「共同生活兄弟會」無疑爲後來馬丁・路德的宗教改革在尼德蘭傳播準備了合宜的土壤。 自 1520 年起，路德的著作就被翻譯成尼德蘭文，稍後，在多德雷赫特、德爾夫特和烏特勒支，形成了路德新教的核心，一場與政治鬥爭緊密相聯繫的宗教改革運動在尼德蘭開始了。

這裏我們需要對日後對荷蘭政治形勢發生重大影響，並與斯賓諾莎本人有密切關係的一些宗教派系作一些考察。再洗禮派（Anabaptist）是在反對嬰兒能洗禮的教義從基督教裏分化出來的一個教派，它認爲爲不懂事的嬰兒進行洗禮是無效的，主張人在成年後應重新再次接受洗禮。它的政治主張是反對私有制，主張「兄弟間一切事物都是共有的」，期待人人平等的「千年王國」來臨。再洗禮派最早產生於德國，後來傳到阿姆斯特丹，迅

速波及荷蘭和弗里斯蘭。再洗禮派教徒把威斯特伐利亞的蒙斯特作爲他們的「樂土」，1534 年他們在那裏舉行一次大規模的起義，把蒙斯特的主教驅逐出去。雖然 1535 年蒙斯特被主教奪回，再洗禮派教徒被處以酷刑，但是由於這一教派的社會理論的吸引，它在荷蘭省的信徒，特別是在貧苦階層中——如裁縫、鐵匠、鞍匠等手工藝者——人數眾多，不久從中分化出一個很著名的教派卽門諾教派（Mennonites）。

門諾教派的創始人門諾・西門斯（Menno Simons， 1492-1559）生於弗里斯蘭維脫馬松城。他本是天主教的神父，由於受馬丁・路德和再洗禮派的影響，1536年脫離天主教會而成爲再洗禮派成員。門諾派的主張類似於再洗禮派的主張，認爲沒有判斷能力的嬰兒所受的洗禮是無效的，成年後需要重受洗禮。門諾派在政治上主張一種溫和的社會改良觀點，他們拒絕使用暴力進行社會革命，而宣傳一種模糊的共產主義協作觀點❼。在斯賓諾莎時代，門諾派有很大發展，差不多佔荷蘭居民人數的十分之一的人是門諾派人或同情門諾派的人，其中大部份是自由職業者和中下層人士。門諾派教徒大多是和平主義者，反對戰爭和侵略。在聯省共和國初期，門諾派是贊成共和國的資本主義經濟開發事業的，但是他們的和平主義思想使他們不久後就退出荷蘭的資本主義大冒險。原先，在荷蘭東印度公司裏本有一些門諾派和再洗禮派人的股份，後來他們反對公司對葡萄牙的戰爭，抗議公司艦隊的武裝，因而退出了東印度公司。他們的社會哲學曾在尼德蘭

---

❼ 例如，在 1663 年有一個名叫彼特・布洛霍(P. Plockhoy) 的門諾教徒極力勸說阿姆斯特丹政府支持他在特拉瓦河兩岸建立由41人組成的協作公社。

引起了一場大爭論。法學家格勞修斯曾寫了一本名叫《評價值規律》的書，認爲基督教不應禁止戰爭，甚至一個私有的公司也能進行「正義戰爭」。格勞修斯譏諷門諾派的共產主義協作理想乃是「通向毀滅之路」，他說：

> 公有制只會帶來不滿和糾紛，因爲對一切人開放的東西應當屬於那個最早得到它並保留給自己的，這人才是合理的❽。

加爾文教（Calvinists），亦稱歸正派，無疑在十七世紀尼德蘭的政治鬥爭中扮演了一個極爲重要的角色。加爾文教的創始人是耶恩‧加爾文（J. Calvin, 1509-1564），他生於法國努瓦營的一個律師家庭，在巴黎讀書時受宗教改革影響，參加巴黎新教徒的活動，由於法國政府對新教徒的迫害，於 1535 年逃往瑞士巴塞爾，並在那裏創立了以他的名字命名的加爾文教。加爾文教的主要教義是上帝預定說，即認爲人的得救與否，皆由上帝預先決定，與各人自身是否努力無關。加爾文教後在瑞士、法國和英國傳播，主要信徒是工人羣眾，但由於尼德蘭革命後蓬勃發展的紡織業吸引了大批多半信加爾文教的法國工人，以及英國的加爾文教徒通過兩岸貿易也同時湧進荷蘭，以致加爾文教在尼德蘭如雨後春筍地迅速發展了起來。尼德蘭大部份的工人，農民和水手都信仰加爾文教，甚至聯省共和國執政威廉‧奧倫治本人也加入了加爾文教。

---

❽　引自L.費耶爾：《斯賓諾莎和自由主義的興起》，頁42-43。

　　加爾文教在尼德蘭的發展是與尼德蘭人民反抗西班牙專制統治的鬥爭聯繫在一起的。當再洗禮派的社會革命運動在蒙斯特慘遭鎮壓後，雖然有一部份溫和的再洗禮派教徒轉變成具有共產主義朦朧意識的門諾教徒，但大部份激進的再洗禮派成員變成了加爾文教徒，他們希望通過有組織的教會來達到改造國家的目的。事實上，從加爾文教的上帝預定說，很容易會演繹出這樣一種革命的理論：既然上帝預先決定了某人升天國，某人下地獄，那麼我們作為上帝的選民和奴僕，就有責任與那些行將被打入地獄的人作戰。在 1572 年「乞丐造反」後，加爾文教事實上成了尼德蘭窮苦人民反抗西班牙獨裁統治的鬥爭的組織者和鼓吹者，各地的加爾文教牧師都成了革命羣眾的引導者和代言人。

　　但是，荷蘭革命的勝利產生了一個未料想的結果，即它奪去了加爾文教一派成為領導的局勢，因為一個新的統治階級開始產生了，即荷蘭的自由商業階級。加爾文教本是窮人的福音和富人的仇敵，力主貧賤是美德，享樂是罪孽。新興的荷蘭資產階級和商人寡頭當然鄙視這一教派，在他們看來，加爾文教的教義是與荷蘭商業和經濟的繁榮相矛盾。他們特別反對加爾文教的宗教不寬容政策（加爾文教主張「在一個國家內只可能有一種宗教，所有異教徒必須趕出去，因為一個單一的城市總比一個充滿教派的混雜城市要好」），他們認為這種不寬容政策將阻礙荷蘭的經濟開放和政治自由。而在加爾文教徒看來，荷蘭的自由商業階級的上臺，猶如一場「貴族的復辟」。

　　如果我們回顧一下我們在前面所講到的諫諍派和反諫諍派的鬥爭，那麼我們將很清楚地看出這場鬥爭的起因乃是反加爾文派和加爾文派之間的鬥爭。作為諫諍派的代言人阿明尼烏斯，原是

萊登大學神學教授，由於他反對加爾文教的上帝預定說，認爲各
人得救與否，雖然爲上帝所預知，但並非完全由上帝所決定，各
人可以本著自己的自由意志接受或拒絕上帝的恩寵，很快就得到
了荷蘭自由商業階級的支持。作爲諫諍派政治領袖的聯省議會大
議長奧登巴恩韋爾特就是站在阿明尼烏斯派立場上堅決反對加爾
文教的上帝預定說和宗教不寬容政策。當然這一派立卽遭到了加
爾文派以及擁護加爾文派的奧倫治王族的堅決反對，結果由於奧
倫治王族掌握軍隊，致使 1618 年多德雷赫特宗教會議決定把阿
明尼烏斯開除教會，封閉阿明尼烏斯派的教堂，並把奧登巴恩韋
爾特判處死刑。

　　不過， 鎮壓阿明尼烏斯教派的行動產生了一個頗有意思 的
結果， 卽一個新的阿明尼烏斯——門諾教派形成， 這個教派以
Collegiants （社友會） 定名， 因爲他們爲了逃避政府的宗教限
制，主張取消牧師的職務和教堂作爲宗教活動的場所，僅爲禱告和
進行完全由非聖職人員主持的宗教討論才或多或少地在 Collegia
（社、團） 舉行一些非正式的集會。這是一種類似於學會的宗教
組織。

　　社友會成立於 1619 年，萊茵斯堡是它的大本營。正如再洗
禮派和門諾派一樣，社友會也主張成年人應當接受洗禮。位於古
老的萊茵河上的萊茵斯堡是他們洗禮的聖地，因而社友會的教徒
也有被人稱之爲「萊茵斯堡人」。斯賓諾莎的朋友中有許多人是
社友會教徒，他在被猶太教會放逐後去到萊茵斯堡居住，很可能
就是他的某位社友會朋友的建議。這一教派的成員大多是一些出
身於商人、醫生或其他自由職業的中產階級， 在政治上， 他們一
方面主張世俗的和政治的平等以及公有制，另一方面又反對大規

模的暴力革命，主張一種帶有烏托邦色彩的社會改良； 在思想
上，他們大都是自由思想家，一方面熱衷於笛卡爾的理性主義，
尊重科學和知識，相信理性會給人帶來最大幸福和完善，另一方
面又帶有某種神秘主義，相信人的知識乃是神的啟示；在宗教信
仰上，他們一方面反對正統神學家所宣揚的那種超自然的上帝存
在，主張理性高於信仰， 另一方面又主張一切自然現象都體現
上帝精神的泛神論觀點， 例如斯賓諾莎的朋友彼特‧巴林 (P.
Balling) 這位社友會教徒，在 1662 年寫了一本名叫《蠟光》的
書，他一方面抨擊了基於僵死教條的正統宗教，另一方面又提倡
在靈魂內在啟示基礎上建立一種半理性主義半神秘主義的新教；
在倫理道德觀點上，勤勞、儉樸，沒有任何苛求的生活是社友會
成員的理想，他們反對貪求無厭、紙醉金迷的荒淫無恥生活，主
張類似於我國古代道德美訓的「貧賤不能移，威武不能屈，富貴
不能淫」的精神，斯賓諾莎被放逐後靠磨製鏡片爲生，可能正是
這種社友會精神的表現。

　　至此，我們就可以看到對十七世紀尼德蘭政治生活發生重大
影響的宗教派系的尖銳鬥爭了。鬥爭的兩大陣營是清楚的，一方
是再洗禮派、阿明尼烏斯派、門諾派和社友會，其成員是荷蘭的
自由商業階級和中產階級，他們主張宗教信仰自由、政治平等和
發展資本主義；另一方則是加爾文教派，其成員主要是工人、農
民、水手和其他下層階級，他們反對宗教寬容政策，鼓吹君權與
《聖經》同在，限制資本主義。這樣，十七世紀尼德蘭的宗教派
系的鬥爭就很容易與尼德蘭政治領域的共和派和君主派的鬥爭結
合起來。加爾文教派顯然與以奧倫治王室爲代表的君主派站在一
起，主張君主專制政體，建立一個中央集權政府，並在宗教上以

加爾文教為唯一的國教；反之，那些反對加爾文教的教派則公然
與以德・維特為代表的共和派結成聯盟，主張最大限度的地方自
治,反對中央集權政府，並反對以加爾文教為唯一國教的宗教不寬
容政策。聯省共和國初期的靜諫派和反諫靜派的政治鬥爭，雖然
1619年以阿明尼烏斯派的悲劇為告終，但是加爾文教和反加爾文
教的鬥爭並沒有結束，反而隨著共和派和君主派的政治鬥爭愈演
愈激烈。1653年德・維特擔任荷蘭省議長，公開反對加爾文教所
散佈的宗教仇恨，主張人民應當彼此和睦相處，加爾文教徒則奮
起攻擊德・維特，主張樹立奧倫治公爵的最高權威，高喊「摩西
和亞倫、君權與聖經」必須永遠結合在一起。斯賓諾莎的《神學
政治論》正是出於這一鬥爭形勢的需要，他自然而然地成為德・
維特政教問題的代言人。這場鬥爭一直繼續到1672年，加爾文教
終於利用德・維特內政外交上的一系列危機，煽動一些不明真相
的羣眾把德・維特兄弟殺死，致使本來富有生命氣息和欣欣向榮
的共和國走上了窮途末路。

　　在談到荷蘭的宗教狀況時，當然我們不能略去猶太教，特別
是這一教派與我們的哲學家有著血緣的關係。荷蘭猶太教的祖先
原在西班牙，十六世紀為了躲避西班牙天主教的迫害，經葡萄牙
逃到荷蘭來。阿姆斯特丹是當時猶太人的大本營。聯省共和國之
所以允許猶太人在本國定居，除了表明它的宗教信仰自由的開放
政策外，還想利用這批富有的猶太教徒的財產為它開發資本主義
經營服務。儘管猶太教有自己獨特而嚴屬的教義和教規，但它在
荷蘭的宗教世界裏的地位頗不受重視。一個很明顯的例子，在
1619 年以前，猶太人始終沒有得到可以舉行公開禮拜的合法許
可，而在 1657 年以前，他們也沒有被承認為共和國公民。因

此，儘管猶太教的長老們是君主制的擁護者，支持奧倫治皇室，但由於他們寄人籬下的可悲處境，他們處處小心謹慎，生怕觸犯當地的土生土長的宗教，因而對荷蘭的政治局勢影響不大。他們唯一的力量是用來對付自己教民的越規行為，試圖以嚴屬管教和控制自己教民的思想和行為來換取它在異國的居留權。我們可以舉這樣一件可怕的事。大約在 1618 年，有一個名叫烏利艾爾·達科斯塔的猶太人從葡萄牙抵達阿姆斯特丹，他原在天主教會任職，後在阿姆斯特丹飯依猶太教。但當他接觸了猶太教的教義後，他大失所望。於是他開始輕蔑地把猶太人稱作為法利賽人，並且非常隨便地宣揚他反對靈魂不死和聖經神托的見解。猶太教頭領認為他是異端邪說的傳播者，在 1624 年把他逐出教會。以後烏利艾爾·達科斯塔深感生活孤獨，難以忍受，於 1633 年清算了他的思想，重新回到猶太教裏來，可是不久後他又指責猶太教的教義，於是第二次被逐出教會。當他再次忍受不了對他的孤立而向猶太教會交涉時，猶太教會公然向他提出了苛刻條件，即在猶太教公會裏當眾撤銷他的罪惡主張，接受三十九鞭笞，而且還要趴在猶太教公會的門檻上讓離開會堂的教徒從他身上跨越而過。由於受到這種殘酷無情的懲罰，他精神完全崩潰了，1647年他終於自殺。這就是阿姆斯特丹猶太僑民團體為了避免觸犯他們的基督教徒的鄰居而對自己內部異端邪說傳播者的可怕的懲罰方式。不幸我們的哲學家正是出身於這一教會，這樣，在他參與當時荷蘭本已錯綜萬端的政治、經濟和宗教鬥爭的同時，還要加上一層與專橫固執和愚昧無知的猶太教的艱苦鬥爭，真是「天將降大任於斯人也，必先苦其心志，勞其筋骨，餓其體膚，空乏其身，行拂亂其所為」。

第二章　爲眞理和自由而奮鬪的一生

1656 年 7 月 26 日，在荷蘭阿姆斯特丹的猶太教堂裏吹響了一種名叫「沼法」的山羊角，人們帶著緊張而沉重的心情聚集到教堂周圍，惶恐不安地等待一樁可怕的事件的發生。終於這個時刻來到了，身穿黑色法衣的威嚴不可一世的猶太拉比們來到了大庭中央的講臺，以他們那種陰森可怖的語言，宣判將一位摩西律法的輕蔑者永遠逐出教門。當時誰能預料，他們這種殘酷而愚昧的判決將在人類歷史上永遠留下了可恥的一頁，而他們所宣判驅逐的離經叛道者將是全世界人民永遠懷念和尊敬的偉大哲學家、戰鬪無神論者和傑出的自由思想戰士！

一、童年教育——「希伯來之光」(1632—1645)

巴魯赫・德・斯賓諾莎 (Baruch de Spinoza)，或更熟悉的名字，別涅狄克特・德・斯賓諾莎 (Benedict de Spinoza)❶，

---

❶ 斯賓諾莎原名是本托・德・斯賓諾莎 (Bento de Spinoza)，本托乃西班牙語，意卽受上帝的恩惠。巴魯赫・德・斯賓諾莎乃是希伯來文拼寫的學名。後來由於與猶太敎會斷絕關係，他又改名爲以拉丁文拼寫的名字別涅狄克特・德・斯賓諾莎。

於 1632 年11月24日生於荷蘭阿姆斯特丹的一個猶太商人家庭。他的祖先原是居住在西班牙的猶太人， 1492 年由於西班牙宗教法庭的迫害逃亡到葡萄牙， 後又於 1592 年遷至當時以信仰自由、容忍異族著稱的阿姆斯特丹。他的祖父阿拉伯罕‧德‧斯賓諾莎是一位很受人尊敬的猶太商人，曾在阿姆斯特丹猶太人公會擔任重要的職務。他的父親邁克爾‧德‧斯賓諾莎繼承了其父的事業，曾多次擔任猶太人公會的會長，而且是阿姆斯特丹猶太教會學校的校長之一。從當時銀行檔案材料得知，斯賓諾莎的父親曾經經營海運貿易，一年之內經營的進出口商品達48種之多，僅就 1651 年 8 月到 1652 年 1 月這半年統計，他的經營利潤就達 61883 荷盾❷，因此我們可以說，他的父親是當時阿姆斯特丹猶太人區的一個很有地位、頗有資產的商人。

1638 年，斯賓諾莎剛滿六歲， 他的母親， 也就是邁克爾的第二個妻子，不幸去世。為了照顧小斯賓諾莎和其他兩個異母兄妹的生活，不久他父親娶了一位從里斯本逃亡出來的猶太女人，這位繼母對孩子還比較溫順，她早年接受的天主教使她感到有一種宗教的義務來培養孩子，並且她的宗教信仰使她並不竭力鼓舞年幼的斯賓諾莎過早地以熾熱的感情皈依猶太教，這對斯賓諾莎今後的人生道路無疑是有一定影響的。但我們應當說，斯賓諾莎的童年主要是沉浸在他父親的猶太傳統教育中，每逢猶太人的重大節日，如朝聖節、逾越節、五旬節以及每星期的安息日，他父親總是按照猶太人的慣例，把全家人聚集在一起，由他講授猶太

---

❷ 參閱 L. 費耶爾的《斯賓諾莎和自由主義的興起》，頁17，該書是近年來有關斯賓諾莎家庭經濟狀況提供較為詳盡資料的重要著作。

人苦難的歷史，從雅各的後裔在埃及受苦一直講到新近在西班牙和葡萄牙猶太人所遭受的迫害。這些猶太人先輩可歌可泣的苦難鬥爭的歷史不能不在斯賓諾莎幼小的心靈裏留下了深刻的影響，特別是那些先烈們爲了保持信仰自由，不畏強暴和視死如歸的英雄事跡給了他極大的感染，直至多年後，斯賓諾莎在書信中還回憶說他少年時就聽到過「一個猶太，一個堪稱爲信仰堅定的人，他被投入熊熊燃燒的烈火中，當他知道他必死無疑時，他開始吟唱聖歌：『啊！上帝，我把我的靈魂獻給了您！』，並且唱著這歌至死」❸。

斯賓諾莎的早期教育是在阿姆斯特丹一所七年制的猶太教會學校裏接受的。這所學校的任務是培養拉比，課程主要是希伯來文、《舊約全書》和猶太典籍。在這所學校裏，斯賓諾莎結識了他生平兩位得力的老師騷爾‧摩臺勒拉比（Saul Morteria）和馬納塞‧本‧伊色拉爾拉比（Manassch ben Israel），前者是當時猶太人集團中維持正統禮教的權威，他指導斯賓諾莎研讀希伯來文聖經法典，後者是一位學識淵博交遊廣泛的頗有異教徒傾向的人物，他熱情地幫助他的學生閱讀中古猶太哲學家阿本‧以斯拉（Ibn Ezra, 1092-1167）、摩西‧麥蒙尼德（Moses Maimonides, 1135-1204）和卡斯達‧克雷斯卡（Chasdai Crescas, 1340-1410）的著作，並介紹他與許多開明的基督教徒認識，據說斯賓諾莎就是在他家與荷蘭大畫家倫勃朗相見的，倫勃朗曾爲伊色拉爾作過一幅金屬版的肖像畫。這時期斯賓諾莎完全沉浸入猶太的聖法經傳中，猶太神學和哲學裏的深奧問題吸引了他全部的注

❸ 《斯賓諾莎書信集》，英文版，頁354。

意力，這在斯賓諾莎哲學思想的發展上無疑打下了第一個重要基礎。猶太哲學和神學裏以上帝爲最高存在的觀念，使斯賓諾莎最早確立了宇宙應當從一個最高統一的東西進行解釋的一元論觀點，這種觀點在他思想裏是這樣根深蒂固，以致在他後來成熟的著作中，用來表述這個最高存在的範疇，也用了「上帝」一詞。

斯賓諾莎在學校裏表現了突出的理解才能，他不僅熟讀經典，而且勇於提問，他提出的那些令人困惑的問題曾經使得學校的老師感到驚異。由於他的聰明好學和忠誠正直，當地猶太教會的領導人曾把年輕的斯賓諾莎看成是猶太教的希望——「希伯來之光」。但是，斯賓諾莎不久就辜負了他們的期望，猶太的聖法經傳並不使他感到滿足，他開始並且愈來愈大地對猶太神學，特別是摩西律法表示懷疑。不過這也是在他從猶太學校畢業以後的事情。

二、商界服務——新世界漫遊 (1645--1654)

按照斯賓諾莎父親的本來的打算，斯賓諾莎學校畢業後應當從事商業。當他十三歲那年，他父親就讓他到自己商行裏料理一些財經事務。1649年他哥哥去世，他就接替其兄的工作，正式到商界服務。這時期正值荷蘭商業蓬勃發展和繁榮之機，各方人士雲集阿姆斯特丹。斯賓諾莎由於經常出入商界，因而結識了許多富有自由思想的年輕商人，如西班牙貿易商代理人彼特·巴林 (Peter Balling)、阿姆斯特丹香料商人雅里希·耶勒斯 (Jarig Jelles)、阿姆斯特丹開業醫生路德維希·梅耶爾 (Ludwig Meyer)、阿姆斯特丹商人西蒙·約斯登·德·福里 (Simon Joosten de Vries)

和書商詹・利烏魏特茨（Jan Rieuwertsz）等。這些人大多數是門諾教派或社友會教徒，有些人以後就參加了以斯賓諾莎為中心的哲學小組，與斯賓諾莎保持了終身的友誼。商界經營擴大了斯賓諾莎的眼界，使他接觸到一個與他從小所受的傳統教育完全不同的新世界，這裏的一切對於他來說都是陌生的，陌生的人之間的關係、陌生的道德情感、陌生的世界觀點，因此他感到需要擴大他的知識領域，他孜孜不倦地學習各種世俗學問和科學知識。

正在這時，他結識了一位對他一生發生最大影響的老師范・丹・恩德（Van den Ende, 1600-1674）。范・丹・恩德是一位自由思想家和人文主義者，是 1619 年被火刑處死的意大利無神論者梵尼尼的崇拜者，曾做過外交官、書商、醫生和教師，他當時在阿姆斯特丹開辦了一所拉丁文學校。斯賓諾莎最初是跟他學習拉丁文，但是，正如斯賓諾莎的早期傳記家柯勒魯斯所說的，斯賓諾莎在這所學校裏「除了拉丁語外，還學習了許多別的學問」，因為拉丁文在當時正如古代「希臘人的智慧」一樣，乃是一種「世俗智慧的媒介」，通過拉丁文的學習，可以進一步涉獵許多其他非宗教的世俗科學。斯賓諾莎在這所學校裏研究了許多自然科學，如數學、物理學、醫學以及當時先進的哲學，無庸置疑，這種學習在他心智裏注入了新的契機，我們完全可以有把握地說，斯賓諾莎在范・丹・恩德學校裏的學習正是他擺脫猶太神學走向新哲學的轉折點，正是通過范・丹・恩德，斯賓諾莎才接觸了文藝復興時期自然哲學家的著作和笛卡爾的新哲學。

此時，斯賓諾莎已對商業財經事務失去興趣，加之 1654 年他家經營的海運商業由於船隻遭海盜搶劫，損失頗大，他父親不

久鬱鬱病逝，斯賓諾莎索性就搬進范・丹・恩德學校，一方面幫助范・丹・恩德料理教務，另一方面專門研究哲學。范・丹・恩德學校在當時無疑會以無神論嫌疑受到當地猶太教會的譴責，柯勒魯斯曾說，這所學校的學生「每天都祈求上帝讓他們的父母記住，及時注意讓他們離開由這樣一個有害的和不虔敬的人當校長的學校」。後來學生家長終於說服了市政當局關閉了這所學校，以後范・丹・恩德去到了法國，在巴黎一次旨在反對路易十四的革命行動中不幸被捕，不久就被送上了斷頭臺。斯賓諾莎目睹了他這位可敬老師一生的苦難經歷，這位老師的自由思想和革命行為不能不對斯賓諾莎一生發生重大影響。正如他在幼年時從猶太殉難者故事裏聽到的，眞理的追求總是與獻身的精神聯繫在一起的，這裏要付出生命的代價。據說斯賓諾莎曾經爲自己畫了一張肖像畫，他身著托馬斯・安尼魯斯式的服裝，而托馬斯・安尼魯斯就是 1647 年領導那不勒斯人民反抗西班牙統治而不幸犧牲的起義領袖。

這個時期斯賓諾莎的哲學思想受到了兩個學說的有力影響，這就是布魯諾的自然哲學和笛卡爾的新哲學。正如我們前面所述，斯賓諾莎在猶太神學裏所獲得的最重要的哲學概念就是那無限存在的唯一的上帝觀念，而這種觀念在布魯諾的自然哲學裏正表現爲自然這個概念，自然在布魯諾看來，是無限的和神聖的，自然和上帝乃是同一的。斯賓諾莎完全接受了布魯諾的這一思想，雖然斯賓諾莎在其著作裏從來沒有提到過布魯諾，然而在斯賓諾莎第一部哲學著作《神、人及其幸福簡論》一書的第一篇對話裏很明顯地使我們想起了布魯諾，布魯諾的新思想使斯賓諾莎想到，他原先從猶太神學裏接受的神的觀念，可以同樣用自然這

一概念來表達，他說：

> 自然是一個永恒的統一體，它是通過其自身而存在的、無
> 限的、萬能的等等，這就是說，自然是無限的並且在其中
> 統攝了一切❹。

　　自然在斯賓諾莎體系裏賦有與神同樣的無限性和神聖性。除
了布魯諾的自然哲學外，促使斯賓諾莎哲學思想形成的，可能最
主要的要算笛卡爾的新哲學了。笛卡爾雖然出生於法國，但其主
要哲學活動是在荷蘭進行的。特別是他在 1650 年剛死，這事一
定重新換起了人們對他的著作的注意。笛卡爾要求一切觀念都應
當是清楚而明白的，一切知識都應當是從清楚而明白的觀念按照
嚴密的邏輯程序推演出來，這種思想引起了斯賓諾莎的注意，他
認眞地學習了笛卡爾的所有各種哲學著作和物理學著作，特別是
對笛卡爾的實體學說發生了濃厚的興趣。但他不滿意笛卡爾將實
體分爲心靈和物體兩類實體的說法，他需要一種統一的解釋，這
種統一解釋當然不是笛卡爾那種以一個在心靈和物體之外的上帝
作爲最終的絕對無限的實體的觀點，因爲這種觀點非但未減少實
體，反而增加一個實體。在斯賓諾莎看來，只能有一個實體，這
個實體是絕對的和無限的，廣延和思想乃是這唯一的實體的兩種
屬性，心靈只是這一實體在思想屬性方面的樣態，物體只是這一
實體在廣延方面的樣態，因此斯賓諾莎把他原先從猶太神學裏接
受的神的概念和從布魯諾自然哲學裏接受的自然概念同笛卡爾的
實體概念結合起來，他認爲神、自然和實體這三個概念並非表述

---

❹　斯賓諾莎：《神、人及其幸福簡論》，頁149-150。

三個不同的東西，而只是表達同一個最高的存在，從這個最高的存在出發，斯賓諾莎就建立起他自己的哲學體系，不過這已是若干年以後的事。但是卽使這樣，在斯賓諾莎的早期著作中，我們也很難看到斯賓諾莎是笛卡爾派的忠實信徒，他的哲學是在繼承、批判和改造笛卡爾實體學說基礎上形成的。斯賓諾莎的天才首先應在於他能兼容並蓄地接受各種哲學思想於自己的體系中，而又能站在更高的水平上對它們加以綜合，從而完成了自己哲學體系的創造。

三、狂風惡浪——被猶太教放逐 (1654—1656)

新思想的浸入必然與從小所受的猶太傳統發生衝突。在長期深入研究《摩西五經》和希伯來法典的過程中，斯賓諾莎愈來愈發現猶太教神學存在有不可克服的內在矛盾。這樣一種思想也是非常自然的，因爲早在十世紀開始猶太神學裏就出現了一種理性主義精神，試圖用理性來解釋和克服猶太聖經中那些明顯前後矛盾的章節，例如，被譽爲「《聖經》高等批評之父」的阿本·以斯拉關於《聖經》的評註就曾經充分地引導人們去注意在被稱爲《摩西五經》中的〈後摩西〉的某幾節的原來作者究竟是誰，或注意《以賽亞書》第一部分和第二部分可能是由不同的作者所撰成。摩西·麥蒙尼德在其《迷途指津》裏甚至更大膽地斷言，在《聖經》中，無論哪一節，只要表明它與理性相衝突，那麼就必須重新予以解釋，以便使它與理性相一致。特別是革桑尼德 (Gerso-

nides, 1288-1344） 公然宣稱「凡是我們的理性使我們信以為真
的東西」，聖經「不能妨礙我們去堅持它們」。斯賓諾莎從少年
時代開始就熟悉這些人的著作，這些人所傳導的理性主義精神早
已為他後來對猶太教的叛逆準備了合宜的土壤，現在再加上笛卡
爾的理性主義哲學和「清楚而明晰」的真理標準，勢必釀成一場
大風暴。

顯然，斯賓諾莎的思想愈來愈和猶太教的教義格格不入了，
他漠視猶太教的教規儀式，拒不執行猶太教的繁文縟節的飲食戒
律，不參加猶太教的禮拜活動。更為甚的，據說他公開對人講說
他不相信靈魂不滅， 否認天使存在， 主張上帝是具有廣延的存
在。 斯賓諾莎早期傳記家魯卡斯 (Lucas) 在其《已故斯賓諾莎
先生傳》裏記述了這樣一段話：

> 有兩個年青人問他： 「上帝有形體嗎？ 天使存在嗎？ 靈魂
> 是不死的嗎？」 斯賓諾莎答覆說： 「我相信，既然在《聖
> 經》中找不出任何有關非物質或形體的東西，那麼相信上
> 帝是一個被創造出來的物體， 也未嘗不可， 尤其是因為
> 先知說過， 上帝是偉大的， 而沒有廣延的偉大是不可理
> 解的，因此沒有形體的偉大也是不可設想的。至於精靈，
> 《聖經》中確實沒有說它們是實在的永存的實體，僅是幻
> 影而已，因為上帝用它們來宣示他的意志，所以叫做天使；
> 天使和其他所有精靈之所以屬於不可見的種類， 僅是因為
> 它們的質地是非常細淨和透明的，所以人們看到它們，只
> 能像在鏡子中、在夢中或在晚上看到幻影一樣，正如雅各
> 一樣，在睡夢中看到它們在梯子上飛上飛下。這也是我們

爲什麼不理解猶太人要把不相信天使的撒都該教徒開除出
教門的理由，撒都該教徒之所以不相信天使，是因爲關於
天使的創造在《舊約》中還絲毫沒有提到。說到靈魂，凡
是《聖經》中講到它的地方，靈魂這個詞僅僅是用來表示
生命，或者任何有生命的東西。要在《聖經》中找到任何
支持靈魂不死的章節是徒勞無益的。至於相反的觀點，從
中可以找到上百處，要證明它，那是最容易不過的了」❺。

　　猶太教集團首領視斯賓諾莎的言論爲異端邪說，正如他們以
前不能容忍對猶太教眞實性表示過懷疑的猶太自由思想家烏利艾
爾‧達科斯塔和馮‧德‧普拉東一樣，他們現在更不能容忍斯賓
諾莎這些在他們看來簡直是叛經背道的瀆神言論。他們首先企圖
用金錢收買他，答應每年供給他一筆津貼，條件是他必須絕對恪
守猶太教，但斯賓諾莎憤怒拒絕了，繼後他們對他採取了小開除
的懲罰手段，即暫時開除他教籍，在一個月內禁止人們同他發生
任何往來，然而這種辦法對未來的哲學家並沒有發生作用，他更
和猶太人公會和猶太教疏遠了。最後在謀害斯賓諾莎的企圖遭失
敗後，1656 年 7 月27日， 也就是斯賓諾莎二十四歲的時候， 他
們就對他採取了最極端的大開除懲處，即將斯賓諾莎永遠開除教
籍並對之詛咒。處分的措辭是相當嚴厲而殘酷:

　　遵照天使和聖徒們的審判，並徵得神聖上帝和本聖公會全
體的同意，在這些神聖的《摩西律書》之前，並根據它所

---

❺　見 A.沃爾夫（Wolf）編：《斯賓諾莎最早期傳記》，頁45-46。

載的六百一十三條訓戒，我們咒逐、孤立、憎恨和詛罵巴
魯赫‧德‧斯賓諾莎， 按照約書亞咒詛耶利哥那樣詛咒
他，按照以利沙咒罵少年人那樣咒罵他，並且按照摩西律
法所載的所有詛咒咒罵他：白天他被詛咒，夜裏他也被詛
咒；當他出去時被詛咒，在他回來時也被詛咒；當他睡下
時被詛咒，在他起身時也被詛咒；主將永不饒恕他；主將
對這個人表示憤怒和給予懲罰，並使他領受《摩西律書》
所載詛咒的所有災禍；主要在普天之下毀他的名；並且對
於他的墮落，主將按照載入《摩西律書》中的蒼天之下的
所有詛咒把他逐出以色列人的十二支族；但是，對於依戀
主的你們，上帝將與你們同在！我們命令：任何人都不得
以口頭或書面的方式與他交往，不得對他表示任何好感，
不得與他同住一屋，不得與他同在兩米的距離之內，不得
讀他著述和撰寫的任何東西❻。

據說當時斯賓諾莎對於這一懲處曾作了這樣的答覆：

很好，這樣他們就不能強迫我去做我本不願做的任何事情
了，假如我不擔心誹謗的話。既然他們要這樣幹，我將愉
快地走我自己的路，我帶著寬慰的心情離去，比早年離開
埃及的希伯來人更為無辜。雖然我的生活不比他們更有保
障，但我不拿任何人一點東西，並且，不論將有什麼樣的

---

❻ 引自A.沃爾夫的〈斯賓諾莎傳〉，見《神、人及其幸福簡論》，
頁41-42。

不公正落在我的身上，人們沒有什麼東西可以對我指責的，我可以以此而自豪❼。

歷史是這樣嘲弄人，主持這次審訊大會的首席拉比正是昔日稱讚斯賓諾莎品學兼優的老師騷爾·摩臺勒拉比。

四、天路歷程——精神與世俗的衝突
(1656—1660)

猶太拉比們不僅把斯賓諾莎開除教籍，而且還向阿姆斯特丹市政當局控告斯賓諾莎，說他是危險的無神論者，要求把他從該城市驅逐出去。結果這位年輕的哲學家不得不離開阿姆斯特丹，暫時在附近的奧微爾開克鄉下避居數月，後見風浪稍平靜，他仍回阿姆斯特丹銷聲匿跡地住下，直住至 1660 年方遷萊茵斯堡。這時斯賓諾莎幾乎沒有任何生存的資料，家裏的財產也在他父親死後被他異母姐姐全部拿去，斯賓諾莎本性淡泊，不求於人，他以磨製光學鏡片維持生活，這是他從猶太人學校裏學來的一種手藝，因為每個年輕的猶太人都要學習一種手藝以作將來謀生的手段。

雖然這幾年的情況我們知道得很少，但是，毫無疑問這幾年在斯賓諾莎的思想歷程中是充滿風暴和重壓的幾年，這一點我們可以從《知性改進論》開篇的自白看出來：

---

❼　魯卡斯：　〈已故斯賓諾莎先生傳〉，見 A. 沃爾夫編的《斯賓諾莎最早期傳記》，頁54。

當我親受經驗的教訓之後，我才深悟到日常生活中所習見
的一切東西，乃是虛幻的、無謂的，因爲我的確見到，凡
是令我擔憂或眩駭的東西，本身旣無所謂善，也無所謂
惡，只不過覺得心靈爲它所動罷了。因此最後我就決意探
究世界上是否有人人都可以分享的眞正的善，可以摒絕其
他的東西而單獨地支配心靈。這就是說，我要探究世界上
究竟有沒有一種東西，一經發現和獲得之後，我便可以永
遠享受連續無上的快樂。我說「最後我就決意」這樣做，
是因爲初看起來，放棄確定可靠的東西，去追求那還不確
定的東西，未免太不明智了。我明知道榮譽和財富的利
益，倘若我要認眞地去從事別的新的探討，我就必須放棄
對於這些利益的尋求。假如眞正的最高幸福在於榮譽和財
富，那麼我豈不是交臂失之；但是，假如眞正的最高幸福
不在於榮譽和財富，而我用全副精力去尋求它們，那麼我
也同樣得不到最高的幸福。……當我仔細思考之後，我才
確切地知道，如果我放棄世俗所企求的事物，來從事新生
活指針的探求，則我所放棄的就是本性無常的善，有如上
面所指出的，而我所追求的卻不是本性無常的善，而是
常住不變的善，不過獲得這種至善的可能性卻不很確定罷
了。經過深長的思索，使我確切地見到，如果我徹底下決
心，放棄迷亂人心的財富、榮譽、感官快樂這三種東西，
則我所放棄的必定是眞正的惡，而我所獲得的必定是眞正
的善。……我上面所用「如果我徹底下決心」等字，並不
是沒有根據的。因爲卽使我所要追求的東西已經明白地呈

現在我心上，我仍然還不能立刻就把一切貪婪、肉慾和虛榮掃除淨盡。但是有一層我卻體驗到了，就是當我的心正在默念上述的道理時，心靈便不爲欲念所佔據，而從事於認眞考慮新生活的指針。這種體驗給我很大的安慰。……雖說這種私欲消散、心安理得的境界起初是很稀少而短促的；但是我愈加明確地見到眞正的善的所在，這種境界顯現在我的心上也就愈加經常，愈加持久❽。

　　這段自白很可能就是斯賓諾莎在1656年遭到猶太教公會「永遠革出教門」的詛咒後直到 1660 年前幾年內心衝突的反映。這是一場世俗的誘惑和精神的召喚在靈魂深處的鬥爭。斯賓諾莎在阿姆斯特丹的最後幾年，當他首次對眞正的生活和生存鬥爭有所了解的時候，一定曾多次使他想過塵世財產的舒適和貧窮孤獨的艱辛。畢竟他是人，他總不能避免人所共有的命運——寓於人的思想深處的兩種靈魂之間的衝突。但是，正如這段自白所表明的，斯賓諾莎追求眞善的固有的精神終於戰勝了「梅菲斯」的誘惑，他深深地認識到唯有放棄財富、榮譽和感官快樂這些虛幻無謂的東西，而全力追求人人都可以分享的眞善和至善，才是他的新的生活目標。他發現人的憂愁和苦惱皆「起於貪愛變滅無常的東西」。而「愛好永恆無限的東西卻可以培養我們的心靈，使得它經常歡欣愉快，不會受到苦惱的侵襲」❾。從這裏我們可以清楚看到，他的哲學之所以表現出那樣強烈的倫理傾向，這正是他從親身痛苦經驗中深悟出來的眞理。海涅說得對：「把他（指斯賓

---

❽　斯賓諾莎：《知性改進論》，頁18-21。
❾　斯賓諾莎：《知性改進論》，頁20。

諾莎）教育成人的不僅是學校，而且還有生活，這點使他和一切其他哲學家有所區別」❿。

幸喜在這暴風惡浪的時期中，斯賓諾莎並沒有缺少眞誠的朋友，朋友給他帶來了勇氣、信心和力量。正如我們前面所講過的，早在被放逐之前，斯賓諾莎就有一批志同道合的朋友，他們都是一些對自然科學、哲學和神學感興趣的醫生、商人和自由職業者，他們大多是門諾派和社友會成員，對社會抱有一種朦朧的烏托邦理想。當斯賓諾莎被迫離開阿姆斯特丹的時候，他們並沒有因爲斯賓諾莎被詛咒而與他疏遠，他們反而經常同他來往，並把他磨製的鏡片拿到市裏去賣，其中有一個名叫西蒙・約斯登・德・福里的商人，甚至想要給斯賓諾莎一筆二千佛羅林的饋贈，以補斯賓諾莎生活之用，但被斯賓諾莎拒絕了。此時他們似乎建立了一個以斯賓諾莎爲中心的哲學小組，經常集中在一起和斯賓諾莎討論哲學和神學問題。斯賓諾莎第一部哲學著作《神、人及其幸福簡論》可能就是在這一時期爲他們撰寫的，書中最後告誡他們說：

> 不要爲這裏所闡發的新觀點感到驚訝，因爲你們完全知道，事物並不因爲它沒有爲許多人所接受就不是眞理，並且你們也不會不知道我們生活的時代的特徵，因此我極其眞誠地懇求你們，把這些觀點告訴他人時，務必要十分謹慎❶。

---

❿　海涅：《論德國宗教和哲學的歷史》，頁66。
❶　斯賓諾莎：《神、人及其幸福簡論》，頁253。

看來，斯賓諾莎這時已經預感到他的哲學與當時正統觀念的
對立，他撰寫這部著作並不是爲了公開出版，而是把他多年思索
的哲學結論提交朋友們討論。可能正是由於斯賓諾莎的告誡，他
的朋友後來在他死後編彙的《遺著》裏沒有刊行這部著作，以致
我們直到 1860 年，也就是二百年之後才發現了這部著作的手抄
本。

五、體系創建──萊茵斯堡時期 (1660—
　　1663)

1660 年，斯賓諾莎終於離開了汲汲於名利的嘈雜商業城市
阿姆斯特丹，遷居於萊茵斯堡，這是位於萊登西北約六、七公里
處的一個小村莊。它的優雅的農舍、狹窄的小徑、靜謐的水道以
及古雅的中世紀教堂正好與阿姆斯特丹相反，呈現出一派古老世
界的風貌。

在十七世紀，萊茵斯堡是社友會 (Collegiants) 教徒的大本
營。我們已經知道，斯賓諾莎的朋友大多是社友會教徒，他來到
萊茵斯堡很可能就是根據他的某位社友會朋友的建議。無論如
何，在 1660 年初他似乎就在那裏有自己的寓所了，可能是從一
個名叫赫爾曼・霍曼的外科醫生那裏租得的。這個寓所在一條狹
窄的小巷裏，是幢新建的小房子，不過室內陰暗潮濕，特別是那
間存放磨製鏡片機器的工作間。現在這條小巷以「斯賓諾莎巷」，
這個寓所以「斯賓諾莎之寓」(Spinoza-huis) 或斯賓諾莎博物館
而聞名，以作爲紀念這位哲學家的聖地。

　　促使斯賓諾莎去尋找一個幽靜的隱避之地的一個理由，可能是他在心靈經過衝突而漸趨於平靜之時想以某種系統的方式記下他自己的思想。這樣一種想法，正如我們上面所說的，實際上在他來萊茵斯堡之前就已經產生了，《神、人及其幸福簡論》就是這種嘗試的第一個產物，只不過這部書在噪雜的阿姆斯特丹還沒有最後定稿。因此他來到萊茵斯堡的第一個任務就是完成《神、人及其幸福簡論》。從 1661-1662 年初他給友人的幾封信看來，在 1660-1661 年，他不僅完成了《神、人及其幸福簡論》的拉丁文稿，而且還似乎應不懂拉丁文的朋友的要求將該書翻譯成荷蘭文。這部著作可以說是斯賓諾莎未來哲學體系最初的大綱。

　　在完成了《神、人及其幸福簡論》之後，斯賓諾莎感到他抨擊的都是宗教和哲學上的大問題，而對於哲學研究方法的必要條件尚沒有作出任何初步的說明，對於他自己論述的方法也沒有給以任何恰當的證明，於是下一步他把他的注意力轉向了認識論和方法論問題，開始寫作他的《知性改進論》。這本書大約是在 1661 年多至 1662 年春寫就的，因爲他在 1662 年 4 月寫給奧爾登堡的一封信裏提到過這篇著作的手稿。全書共分五章，第一章論哲學的目的，尤爲重要，它突出地表現了斯賓諾莎哲學的倫理目的，一般可以看作是斯賓諾莎全部哲學的導言。可惜現存的《知性改進論》只是一個殘篇。但值得注意的是，《知性改進論》告訴我們這位偉大的哲學家在這時也正思考和計畫撰寫他的哲學代表作《倫理學》，書中屢次談到「我將於我的哲學中加以說明」，這裏所說的「我的哲學」無疑就是指當時他計畫要寫的《倫理學》一書。

當時斯賓諾莎不僅在萊茵斯堡甚至在萊登大學的一些教授和
學生中間似乎也享有某種聲譽。這可能是由於他參加了社友會教
徒在萊茵斯堡舉行的討論會的緣故。這些討論宗教問題的會議，
只要願意，任何人都可以參加。附近的萊登大學的學生經常出席
這些會議並參加辯論。大約在1662年，萊登大學神學系有一個名
叫約翰尼斯·卡則阿留斯的學生來到萊茵斯堡，向斯賓諾莎求習
哲學。這個學生當時大約十九歲，思想並未成熟，性情也未定，
甚至「貪愛新奇勝於追求真理」，為此斯賓諾莎不願向他公開講
解自己的哲學觀點，而改授笛卡爾的《哲學原理》。在講授過程
中，斯賓諾莎用幾何學方法撰寫了笛卡爾《哲學原理》第二章和
第三章一部分。當他把撰寫的這部分拿到阿姆斯特丹給他的朋友
們看時，他們立即說服他以同樣的方法撰寫笛卡爾《哲學原理》
第一章。斯賓諾莎花了兩個星期就完成了這項工作。他的朋友又
懇求他讓此書出版，這樣，此書連同他平日有關形而上學重要問
題討論和思索的〈形而上學思想〉作為附錄，在友人梅耶爾替該
書作了序言，聲明這並不是闡發斯賓諾莎自己的觀點之後，拉丁
文原本於 1663 年在阿姆斯特丹問世，一年之後，荷蘭文譯本出
版。這是斯賓諾莎生前以他自己真名發表的唯一的一本著作。

萊茵斯堡時期是斯賓諾莎一生學術活動最豐富的時期。他在
這裏雖然只住了三年，但完成了幾部重要哲學著作，並着手構思
他的代表作《倫理學》，這幾年無疑是他多產的幾年。而且更重
要的，這幾年也是他思想趨於成熟、與笛卡爾徹底分道揚鑣的幾
年，如果說，在 1662 年以前，斯賓諾莎還沒有明確區分實體和
屬性，只承認神與自然的等同，而沒有承認神與實體的等同，從
而他的哲學還保留某些笛卡爾哲學殘餘，那麼，在 1662 年底或

1663 年初，斯賓諾莎完全明確地區分了實體和屬性，他不僅承認神與自然的等同，而且也承認神與實體的等同，因而從單純的「神或自然」過渡到「神或自然或實體」，終於完成了與笛卡爾哲學根本不同的斯賓諾莎自己哲學體系的創造。這幾年無論如何是斯賓諾莎哲學生命最重要的時期。

從這時期斯賓諾莎的通信可以看出，他的朋友交往範圍也遠遠超出了那個哲學小團體之外，他和當時英國皇家學會的首任秘書亨利・奧爾登堡 (Henry Oldenburg, 1615?-1677) 建立了友誼，並通過奧爾登堡和著名的英國科學家波義耳 (R. Boyle, 1627-1691) 進行了學術討論。奧爾登堡本是德國不來梅人，英荷戰爭期間，他作爲外交使臣派往英國，以後就留居英國，由於他學識淵博，在 1660 年被聘任爲新成立的英國皇家學會（其前身是葛雷賢學會）秘書，負責國際學術交流。1661 年奧爾登堡途經荷蘭訪問萊登大學時，從神學教授約翰尼斯・考克西瓊斯 (Johannes Coccejus) 那裏得識斯賓諾莎的學術成就，從而在 1661 年 7 月到萊茵斯堡拜訪了斯賓諾莎。奧爾登堡當時要比斯賓諾莎大17歲，但他對斯賓諾莎相當尊敬，稱他爲「穎敏好學之士」，盛讚他秉賦了大自然和勤奮給他的一切仁慈和美德，並熱切地希望同他保持永久的友誼。由於奧爾登堡的中介，波義耳把他的《物理學論文集》轉寄給斯賓諾莎，請求斯賓諾莎給予批評，從而引起了他們兩人關於經驗和實驗方法的討論，當然，一個經驗主義的科學家和一個理性主義的哲學家最終是很難取得一致見解的。不過，此時斯賓諾莎確已聲名雀躍，一些大科學家如惠根斯、胡德和萊布尼茲等人都對他有所聞，不久之後就和他進行了通信。

六、政論闘爭——伏爾堡時期 (1663—1670)

1663 年夏， 斯賓諾莎遷居於伏爾堡， 居住在一個名叫但尼爾·鐵德曼的油漆匠家裏。此人在海牙還有一個兄弟，斯賓諾莎有時從伏爾堡到海牙去，一般都住在他兄弟的家裏。

斯賓諾莎到伏爾堡的第一椿事就是集中精力撰寫他的《倫理學》一書。從他的書信可以看出，此時期斯賓諾莎用力頗勤，除維持生計外，他把大部分時間都花在研究和著述上，常常是好幾天不出家門，把自己關在寢室裏埋頭寫作，因此第二年，也就是1664 年， 他就將《倫理學》第一章初稿寫成， 至 1665 年已將第四章寫就。正如《笛卡爾哲學原理》一樣，《倫理學》也是用幾何學方法陳述的。斯賓諾莎爲什麼要用幾何學方法來寫他的哲學著作呢？他說：「因爲數學不研究目的，僅研究形相的本質和特點，可提供我們以另一種眞理的典型」，「我們將要考察人類的行爲和欲望，如同我考察線、面和體積一樣」❷。據他的朋友梅耶爾說，此書原名不叫《倫理學》，而叫《論神、理性靈魂和最高幸福》，這種說法看來是有根據的，因爲斯賓諾莎第一部作爲他未來體系大綱的哲學著作的書名就是《神、人及其幸福簡論》，可見，神、人和人的幸福乃是縈繞斯賓諾莎一生思想的三個根本問題。現存的《倫理學》五章實際上可以分爲三個部分，第一章卽第一部分，是論神的一般性質，第二章卽第二部分，是論人的心靈的性質和起源，第三、四、五章合爲第三部分，是論人的幸

---

❷　斯賓諾莎：《倫理學》，頁36、90。

福和自由。這三部分分別構成斯賓諾莎哲學體系的三大部分，卽本體論、認識論和倫理學。

　　斯賓諾莎本來可以在伏爾堡將《倫理學》一書一氣呵成，但是 1665 年秋，他似乎已不再繼續完成這部著作了，奧爾登堡在 1665 年 9 月寫給他的一封信裏曾經詼諧地談到：「我覺得，假如我可以這麼說的話，與其說您是在進行哲學家的思考，還不如說您是在做神學家的工作，因爲您現在正在撰寫您關於天使、預言和奇蹟的想法」⑬。斯賓諾莎此時爲什麼放棄《倫理學》的寫作而轉向神學問題呢？這要從當時荷蘭政治鬥爭的形勢來理解。正如我們在第一章斯賓諾莎的時代中所說過的，當時荷蘭圍繞著政體問題存在著相當嚴重的兩派之爭，一派是以奧倫治皇族爲代表的君主派，他們利用荷蘭農民和水手對皇室的感恩情緒和加爾文教，鼓吹建立一個高度中央集權的君主制國家，一派是以德‧維特兄弟爲代表的共和派，其主要成員是城市市民和商人階級，他們主張最大限度的地方自治，加強貿易和反對戰爭，在宗教信仰方面執行開明寬容政策。 1664 年正值英荷第二次戰爭， 戰爭中由於奧倫治是否能擔任陸海軍統帥的所謂「除名條例」而更加深了荷蘭內部這兩派的鬥爭。斯賓諾莎和他的那些志同道合的朋友都是贊成共和派的，而斯賓諾莎此時與共和派的領導人德‧維特還有更深一層生死之交的友誼關係。

　　正如前面所述，斯賓諾莎在萊茵斯堡時就已聲名雀躍了，許多大科學家都已與他進行了學術交往，其中最有名的一個人就是土星環的發現者、擺鐘的製造者和光的波動學說的創立者克里斯

---

⑬　《斯賓諾莎書信集》，1928年英文版，頁205。

蒂安・惠根斯。在 1664-1666 年間，惠根斯就住在斯賓諾莎近處，由於對於製作和改進透鏡懷有共同的興趣，他們兩人當時來往甚密。通過惠根斯的介紹，斯賓諾莎結識了阿姆斯特丹市長約翰・胡德 (Johan Hudde, 1628-1704)。胡德雖然是市政官員，但對科學特別是透鏡技術很感興趣。胡德很可能把斯賓諾莎介紹給他政界方面的一些朋友，毫無疑問，對於斯賓諾莎當時的處境來說，獲得這種政治上層人物的保護和支持是很有幫助的，正如他在 1663 年 7 月下旬致奧爾登堡的一封信中所明確說明的，他之所以想讓不代表他自己觀點的《笛卡爾哲學原理》一書問世，是「想趁此機會，使得那些在我的國家身居要職的大人物中，有人可能極想看到我的其他著作，而這些著作我承認確實是表達了我自己的見解的，那時他們將會使我出版它們而不致有觸犯國家法律的任何危險」❶ 。

可能正是通過胡德，斯賓諾莎認識了共和派領導人荷蘭州州長德・維特。德・維特是位開明的政治家，同時對於哲學也很感興趣。他們一經認識，就成了莫逆之交。為了支持斯賓諾莎的哲學研究，德・維特給他提供了一筆二百佛羅林的年金，這筆年金甚至在德・維特死後仍繼續支付。德・維特主張政權和教權分離，提倡思想自由和信仰自由，他的主張無疑會遭到以奧倫治為首的君主派和加爾文教的反對，特別是在 1665 年戰爭期間，他們更是變本加厲地攻擊德・維特的政治主張和宗教政策，認為荷蘭所面臨的困難乃是上天對這個國家的統治者的不信神的行為所進行的懲罰。為了反駁反對派的攻擊和造謠，德・維特除了自己

---

❶ 《斯賓諾莎書信集》，英文版，頁123-124。

撰著文章發表政見外，還鼓勵斯賓諾莎著書討論政教問題，以佐自己的主張。在這危急的時刻，作爲「傑出的共和主義者」的斯賓諾莎深感到有必要在反對宗教偏執和不容異說的戰鬥中盡到他應盡的責任，並向公眾公開表明自己的宗教立場，爲此，他暫把《倫理學》停頓一下，而集中全力著述《神學政治論》一書。斯賓諾莎在給奧爾登堡的覆信中曾經講了促使他寫作這部論著的三條理由就是：第一，他需要駁斥普通神學家的偏見，使宗教信仰無礙哲學的探討；其次，他需要洗刷連續不斷地加在他頭上的無神論的罪名；第三，他要用他力所能及的一切辦法保護思想和言論的自由，以免遭受專制者和牧師們的肆無忌憚的損害❶❺。據說斯賓諾莎被開除教籍時，曾經爲自己寫了一篇〈自辯書〉，他也把這個內容寫進了《神學政治論》。由於奧倫治支持的加爾文教在反對共和派的宣傳中經常援引《聖經》，因此斯賓諾莎在《神學政治論》中以對《聖經》作科學的歷史的解釋來闡述他的宗教政治觀點。這部書的難度是可想而知了，直至 1670 年才完成。爲了避嫌，此書匿名在阿姆斯特丹出版，隨後短期內先後出了五種版本。

在《神學政治論》裏，斯賓諾莎大膽地寫道：

> 政府最終的目的不是用恐怖來統治或約束，也不是強制使人服從，恰恰相反，而是使人免於恐懼，這樣他的生活才能極有保障；……政治的目的絕不是把人從有理性的動物變成畜牲或傀儡，而是使人有保障地發展他們的心身，沒

---

❺　《斯賓諾莎書信集》，英文版，頁206。

有拘束地運用他們的理智；既不表示憎恨、忿怒或欺騙，
也不用嫉妬、不公正的眼加以監視。實在說來，政治的眞
正目的是自由⑯。

自由比任何事物都爲珍貴。我有鑑於此，欲證明容納自
由，不但於社會的治安沒有妨害，而且若無此自由，則敬
神之心無由而興，社會治安也不鞏固……讓人人自由思想
說他心中的話，這是統治者保留這種權利和維護國家安全
的最好的辦法⑰。

斯賓諾莎在伏爾堡一直住了七年，由於德·維特的邀請，
1670 年他從伏爾堡遷至海牙。

七、人生歸途──海牙時期 (1670—1677)

斯賓諾莎在海牙的第一個寓所位於凡克特街，由一個名叫
凡·維倫的寡婦供他膳宿。三層樓上的一個單間既是他的臥室、
工作室，又是他的會客室。不過，在這裏他只住了一年，第二年
他搬到了一個鄰近巴維羅恩斯洛雷特的地方，在一個名叫韓德立
克·凡·杜·斯畢克的油漆匠家裏租了兩個不大的房間，斯賓諾
莎在這裏一直住到他去世爲止。

海牙之所以對斯賓諾莎有吸引力，可能是這城市可以使他得
到市政當權人士特別是德·維特的更有力的支持，而這種政治上
的支持在當時對於斯賓諾莎更爲必要。因爲雖然在德·維特的

---

⑯ 斯賓諾莎：《神學政治論》，頁272。
⑰ 同上書，頁12、16。

支持下，《神學政治論》於 1670 年出版了，但立即遭到了政治
上的守舊派和神學家的惡毒誹謗和猛烈攻擊，他們到處攻擊此書
乃是「一個叛逆的猶太人和魔鬼在地獄裏杜撰而成」，各個教會
紛紛要求政府立即取締此書，有的還揚言要處死斯賓諾莎。鑑於
此種惡境，斯賓諾莎感到有必要遷居海牙，借重政治領導人物的
力量保護自己的安全。

誰知事態的發展事與願違。當反動派的神學家發現這本書是
經德·維特的默許而出版時，他們紛紛把矛頭轉向德·維特，認
爲德·維特乃是這樁邪惡事件的罪魁禍首。此時正值英法兩國對
荷宣戰，一支十二萬人的法軍入侵毫無戒備的聯省共和國，反動
派和加爾文教徒利用這一時機立刻展開了一場支持年輕的奧倫治
公爵反對德·維特的鬪爭，他們在 1672 年煽動一些不明眞相的
羣眾鬧入海牙一所監獄，把當時正在那裏探視他兄弟的德·維特
殺死。斯賓諾莎聞知這一暴行，義憤填膺，置生死而不顧，立即
寫了一張「野蠻透頂」的標語，欲張貼街頭，伸張正義。後因其
房東斯畢克恐其遭到暗算，將他鎖在家裏不讓外出，才免一死。
德·維特死後，反動派和神學家就對斯賓諾莎肆無忌憚地污蔑和
攻擊，幸喜此時斯賓諾莎還有一些像阿姆斯特丹市長胡德這樣的
保護人，以致他本人未受到人身傷害。不過即使這樣，過了兩
年，斯賓諾莎的《神學政治論》連同霍布斯的《利維坦》仍一道
被認爲是一種包含了「許多不敬神的、侮辱宗教的和無神論的學
說」的書，以荷蘭總督奧倫治三世名義正式禁止發售和傳播。

但是，斯賓諾莎的聲譽並不因爲這種惡劣的攻擊而降低，反
而由於他的《神學政治論》而威望大增。斯賓諾莎早期傳記家魯
卡斯說，斯賓諾莎當時在海牙如同名勝古蹟一樣；凡遊歷海牙的

人，無不以瞻仰斯賓諾莎丰采而爲榮幸。當時荷蘭和法國正發生
戰爭，法軍兵臨荷蘭，其軍統帥恭德親王對於藝術、科學和哲學
有特殊愛好，早已聞知斯賓諾莎之名，故派人召斯賓諾莎到法國
軍營會晤。斯賓諾莎也想藉此機會促成法國與荷蘭兩國達成和
議，在徵得當時海牙市政當局的同意後，於 1673 年 5 月前往烏
特勒支，可惜恭德親王此時已返法國，斯賓諾莎在法國軍營等了
數星期不見恭德親王回來，他就返回海牙。臨行時法人告訴他，
假如他願意寫一本書獻給法王路易十四，他就可獲得一項年金，
但是斯賓諾莎堅決地謝絕了。誰知斯賓諾莎這次造訪法軍的行爲
引起海牙不了解內情的羣眾極大憤怒，他們懷疑斯賓諾莎犯有叛
國間諜罪，欲以投擲石子來傷害他，但斯賓諾莎問心無愧，挺身
而過。房東害怕暴民闖入家中，斯賓諾莎鎮靜地說道：「我是無
罪的。我們的一些主要政治家是了解我爲什麼去烏特勒支的。一
旦有人來騷鬧，我將出去找他們去，即使他們會用對待善良的德·
維特那樣的辦法對待我。我是一個道道地地的共和主義者，我的
願望是爲共和國謀福利」⑱。

　　1673 年 2 月，普魯士帕拉廷選帝侯卡爾·路德維希親王，
正如他的姐姐伊利莎白公主眷戀笛卡爾一樣，也眷戀斯賓諾莎的
哲學天才，要他的參議海德堡大學教授法布里烏斯給斯賓諾莎寫
了一封信，聘請他到海德堡大學任哲學教授。斯賓諾莎對這一邀
請最初非常感興趣，認爲這是他能公開講學的好機會，但後來一
想到邀請書中說「你將有充分的自由講授哲學，深信你將不會濫
用此種自由以動搖公共信仰的宗教」，他猶豫了六個星期，最後

---

⑱　引自格布哈特編《斯賓諾莎全集》卷 3，《傳記·附錄》，頁73。

他以「我不知道為了避免動搖公共信仰的宗教的一切嫌疑，我的哲學講授的自由將被限制於何種範圍」的答覆，婉言拒絕了這一邀請[19]。

　　斯賓諾莎在海牙無疑有不少新朋友，雖然正統派的權勢和他所遭受的惡名迫使人們對於知道他和讚美他的事情都不得不絕對審慎地保守秘密。其中最忠實的朋友之一是 J・M・魯卡斯 (Lucas)，他是一位內科醫生，由於對斯賓諾莎的深情，他在斯賓諾莎死後曾經寫了現存最早的一部斯賓諾莎傳記，一開篇就感嘆地寫道：

> 我們的時代是很文明的，但並非因此對待偉大人物就比較公正。雖然我們時代的最可貴的文明都歸功於這些偉大人物，並從而幸運地獲得了好處，但是或來自妒忌，或來自無知，我們這個時代竟不容許任何人來讚美他們。使人更驚異的是，一個人為了給這些偉人作傳，他自己不得不躲藏起來，好像他在從事於犯罪活動似的。……但是，不論要在這麼一條坎坷的道路上冒多大的風險，我仍毅然決然地要寫他的生平和格言[20]。

另一個忠實的朋友是 席勒 (G. H. Schuller)，他也是內科醫生，據說斯賓諾莎最後就是在席勒身邊與世長辭的。由於席勒的介紹，斯賓諾莎認識了後來也是哲學家的謝恩豪斯 (E. W. v. Tschirnhaus, 1651-1708)，謝恩豪斯當時是一位年輕的德國伯

---

[19]　參閱《斯賓諾莎書信集》，英文版，頁265-267。
[20]　引自 A. 沃爾夫編：《斯賓諾莎最早期傳記》，頁41。

爵，由於研究笛卡爾，他在 1674 年便與斯賓諾莎通信了，接著又拜訪了斯賓諾莎。 1675 年他去到巴黎結識了萊布尼茲，從而使斯賓諾莎與萊布尼茲相接觸。萊布尼茲其實很早就知道斯賓諾莎，曾經讀過他的《笛卡爾哲學原理》一書，並且在 1671 年曾把自己的光學論文送給他，斯賓諾莎也曾經回送了一冊《神學政治論》以表答謝。不過自那時以前，萊布尼茲並未與斯賓諾莎有過直接接觸。 1675 年萊布尼茲在巴黎會見了謝恩豪斯，得知斯賓諾莎正在撰寫《倫理學》，於是在 1676 年專程到荷蘭拜訪斯賓諾莎，與他作了長時間的交談，並得到了一冊斯賓諾莎《倫理學》手抄本。

在海牙，斯賓諾莎最主要的工作，當然是把他擱置了五、六年的《倫理學》儘快寫完，直到 1675 年此書才完成。如果從 1661 年著手算起，這本書前後斷斷續續共經歷了十四年。在這裏，他以最系統的形式闡述了他的整個哲學思想和構造了他的整個哲學體系。相對於這部著作，他的其他一些著作只可以看成是它的補充和導言。哲學家本想在他生前能够將這部著作公諸於世，但當時斯賓諾莎的敵人在神學家陣營中放出謠言，說他又寫了一部比《神學政治論》還更瀆神的書，在這種情況下，斯賓諾莎不得不延緩《倫理學》的出版，而著手撰寫《政治論》。《政治論》與《神學政治論》不同，幾乎完全沒有引用《聖經》，而是帶有霍布斯遺風的純粹政治理論。鑑於當時荷蘭實行君主制已是不可避免的事，斯賓諾莎在書中著重探討了如何建立一個好的君主制國家，按照斯賓諾莎的意見，這種君主制應當有著最低限度的專制制度的特點，而保持最大限度的共和制度的優越性和自由，斯賓諾莎實際上是君主立憲制的第一個理論家。不過，斯賓

諾莎的政治理想仍是共和制,而不是君主制,他是在貴族政治的形式下來設想共和國。這本《政治論》旣是紀念傑出的政治家德‧維特的最好禮物,又是斯賓諾莎爲他的國家留下的一份「倫理的遺囑」。隨同《政治論》,斯賓諾莎還著述了《希伯來簡明語法》一書。據說斯賓諾莎還用希伯來文翻譯過《聖經》,只是在他死前被他燒毀了。正當《政治論》寫到第十一章時,斯賓諾莎不幸被病魔纏住了,這是他長期磨製鏡片吸入塵埃所招致的惡果。1677年2月21日,斯賓諾莎終因肺病而過早逝世,一個偉大哲學家的心臟停止了。四日後,斯賓諾莎被安葬在斯波耶新教堂,鄰近不遠處就是德‧維特的墓地。二百年後,人們爲了紀念他,在海牙他最後居住的房子附近建立了一座銅像,至今成爲世界各國學者和遊客到荷蘭參觀的名勝之一。

斯賓諾莎死後遺留下來的世俗財產很少,主要是大約一百六十本書,這些書以及他還留下的一些透鏡所得的價款正好夠支付他應償還的所有債務和喪葬的費用,至於他的墓地僅是一塊租用的墓地,在他死後若干年還得要再租用。

斯賓諾莎的一生是爲眞理和自由而奮鬥的一生。他爲人公正、善良、滿腔熱情,終身爲人類進步和正義事業而鬥爭。德國哲學史家文德爾班在紀念斯賓諾莎逝世二百年時說過:「爲眞理而死難,爲眞理而生更難」❹。在斯賓諾莎身上,眞能體現我國古代「貧賤不能移、威武不能屈、富貴不能淫」的道德美譽。他的一生正是他的哲學理想的體現,我們旣可以說「哲學如其人」,又可以說「人如其哲學」,哲學理想和哲學實踐達到最高度的統一。斯賓諾莎可以說是眞正意義上的一位「哲學家」。

❹ 文德爾班:《斯賓諾莎論文集》卷1,頁111。

第三章　斯賓諾莎著作考釋

斯賓諾莎生前只出版過兩部著作，一部是 1663 年以他眞名發表的《笛卡爾哲學原理附形而上學思想》，一部是 1670 年匿名出版的《神學政治論》。

在斯賓諾莎死後不久，也就是 1677 年11月，他的一些最親密的朋友在社友會的一所孤兒院裏彙編了他生前未發表的一些主要著作，在阿姆斯特丹出版了一部以《遺著》(*Opera Posthuma*)爲書名的拉丁文著作集。由於避嫌起見，該著作既無編輯者和出版者的名字，又無出版地點，作者的名字只簡單地刊以「B. D. S.」這三個縮寫字母❶。這部著作集共包括斯賓諾莎五篇著作：《倫理學》、《政治論》、《知性改進論》、《希伯來簡明語法》和《書信集》。稍後，《遺著》又出版了荷蘭文版 (*De nagelate Schriften*)。不幸，這部《遺著》在出版後幾個月就被荷蘭政府查禁，直到十九世紀初未曾重印。

1687 年，阿姆斯特丹曾經匿名刊行了一篇名爲〈虹的代數測算〉的論述自然科學的文章。從《遺著》編者那裏，我們知道

---

❶　顯然，這三個縮寫字母是巴魯赫·德·斯賓諾莎 (Baruch de Spinoza)這一名字的縮寫。

斯賓諾莎曾經寫過這樣一篇文章，而且據斯賓諾莎早期傳記家柯勒魯斯說，有一些名人曾經看到過並且讀過這篇論文，所以一般斯賓諾莎研究家認爲這是斯賓諾莎的一篇已失傳多年的著作。大約在同一個時候，阿姆斯特丹還刊行了另一篇論述數學概率論的文章〈機遇的計算〉，由於這篇文章的內容和寫法與《斯賓諾莎書信集》第38封信雷同，所以也被認爲是斯賓諾莎失傳的著作。

自 1703 年以來，人們從斯賓諾莎在世時所認識的一位書商那裏得知斯賓諾莎還有一部用荷蘭文寫的但不是用幾何學方法證明的《倫理學》早期草稿，經過一個多世紀的搜集，在 1851 年發現了該書一篇荷蘭文提要，後在 1860 年左右終於發現了該書的兩個荷蘭文抄本，書名是《神、人及其幸福簡論》。現在我們知道，這部書並不是《倫理學》的草稿，而是斯賓諾莎一部獨立的早期著作。該書於 1862 年第一次由范·弗洛頓(Van Vloten)在其《別湼狄克特·德·斯賓諾莎著作補遺》裏刊行問世。

再以後發現的斯賓諾莎著作，除了是一些已經出版的著作的更完善的原版本外，主要是一些散失的信件。在《遺著》裏刊行的《書信集》包括斯賓諾莎在 1661 年至 1676 年間與友人的往返信件共75封（其中有一封作爲《政治論》一書的序言），以後逐漸新發現了斯賓諾莎的書信11封，其中 1882 年以前新發現 9封， 1882 年以後新發現 2 封， 因此在 1882-3 年弗洛頓和蘭德的版本裏，《書信集》不再是75封，而是84封，而在以後的標準版本裏又增加爲86封。 1899 至 1977 年間，我們又發現了斯賓諾莎書信 4 封，因此現在我們擁有斯賓諾莎與友人往返信件共90封，其中52封是斯賓諾莎寫給別人的，38封則是別人寫給斯賓諾

莎的❷。

　　《斯賓諾莎著作集》，除了最早的《遺著》拉丁文版和荷蘭文版出版於 1677 和 1678 年外，直到十九世紀才有新的版本，至今共有七種版本，計: 1802-1803 年耶拿版本，兩卷本，編者保羅斯 (G. Paulus); 1830-1831 年斯圖加特版本，編者格弗羅勒 (A. Gfroerer)；1843-1846 年來比錫版本，三卷本，編者布魯德 (H. Bruder); 1875-1882 年海德堡版本，四卷本，編者金斯貝爾格 (H. Ginsberg); 1882-1883 年海牙版本，編者弗洛頓和蘭德 (J. V. Vloten et J. P. N. Land)，這一版本是斯賓諾莎著作的標準版，初版時是兩卷本，但 1895-1896 年再版時，改爲三卷本，1914年三版時，又改爲四卷本。第六種版本是 1925 年由格布哈特 (C. Gebhardt) 主編校訂的海德堡版本，共四卷，這是一部現行通用的《斯賓諾莎著作集》拉丁文版本，1972 年加以修訂後重新出版。最後一種版本是布魯門斯托克 (V. K. Blumenstock) 於 1967 年開始出版的《斯賓諾莎全集》拉丁文德文對照本，出版地是達姆斯塔特，共四卷，但至今只出了兩卷。

　　關於《斯賓諾莎著作集》的英譯本有愛爾維斯 (R. H. M. Elwes) 譯的《斯賓諾莎重要著作集》（倫敦，1883/84; 牛津，1955/56），兩卷本；懷德 (J. Wild) 出版的《斯賓諾莎選集》（倫敦，1930）；最近還有柯萊 (E. Curley) 編譯的《斯賓諾莎著作集》（普林斯頓大學出版社，1985），不過至今只出了第一卷。

---

❷　因此，在1928年出版的 A. 沃爾夫譯的《斯賓諾莎書信集》英文版裏只收錄了斯賓諾莎書信86封，而在1977年出版的格布哈特和瓦爾特譯的《斯賓諾莎書信集》德文版裏共有斯賓諾莎書信90封。

《斯賓諾莎著作集》的德文譯本，有克席曼 (J. H. v. Kirchmann) 和夏爾施密特 (C. Schaarschmidt) 譯的《斯賓諾莎哲學著作全集》，柏林，1868-1869 年；克席曼、夏爾施密特和拜恩希 (O. Baensch) 合譯的《斯賓諾莎全集》，兩卷本，來比錫，1871-1905 年；格布哈特主編的《斯賓諾莎全集》，共四卷，來比錫，1914-1922 年。此版本係最好的德譯本，自 1965 年至 1977 年，漢堡的邁勒出版社在哲學叢書裏分七卷重新修訂再版，計：㈠《神、人及其幸福簡論》，1965（哲學叢書 91）；㈡《倫理學》，1976（哲學叢書92）；㈢《神學政治論》，1976（哲學叢書93）；㈣《笛卡爾哲學原理附形而上學思想》，1977（哲學叢書94）；㈤《知性改進論》──《政治論》，1977（哲學叢書95）；㈥《書信集》，1977（哲學叢書96a）；㈦《傳記和談話》，1977（哲學叢書96b）。在 1982 年這家出版社還出版了一個補充卷《虹的代數測算。機遇的計算》，荷蘭文和德文對照本。

至此，我們可以把斯賓諾莎的著作歸納爲如下三類：

㈠完整的著作：

1. 《笛卡爾哲學原理附形而上學思想》

2. 《神學政治論》

3. 《倫理學》

4. 《神、人及其幸福簡論》

㈡殘篇著作：

1. 《知性改進論》

2. 《政治論》

3. 《希伯來簡明語法》

4. 《虹的代數測算》

5. 《機遇的計算》

㈢《書信集》

其中屬於斯賓諾莎早期哲學著作的有《神、人及其幸福簡論》、《笛卡爾哲學原理附形而上學思想》和《知性改進論》；屬於斯賓諾莎成熟時期哲學著作的有《倫理學》、《神學政治論》和《政治論》，其中《倫理學》是斯賓諾莎最重要的哲學代表作。而《書信集》既包括了斯賓諾莎早期思想，又包括斯賓諾莎後期直至死前一年的思想，是我們研究斯賓諾莎哲學思想的發展不可或缺的重要資料。

下面我們就這些著作的寫作年代和歷史意義分別作一簡潔考察。

一、《神、人及其幸福簡論》

《神、人及其幸福簡論》在斯賓諾莎生前沒有出版，同時也未被收入斯賓諾莎死後不久於1677年11月出版的《遺著》裏面。《遺著》序言的作者甚至沒有特別提到它，只是說了這樣一段話：「雖然可以相信，我們的哲學家也可能有某些尚未收錄在此集中的著作仍保留在這個人或那個人手中，然而可以斷定，在那裏絕不會發現在這些著作中沒有被反覆論述過的東西」❸，這也就是說，《遺著》的編者很可能知道斯賓諾莎的《神、人及其幸福簡論》，只是因為他認為這部著作是《倫理學》的一部早期手稿，故未設法收錄在《遺著》裏面。

---

❸　格布哈特編：《斯賓諾莎傳記和談話》，頁 5。

1703 年，哥特李勃・斯多爾 (Gottlib Stolle) 和哈爾曼 (Hallmann) 博士到荷蘭實地考察，在他們 1704 年寫的旅行報告中終於證實了斯賓諾莎這部著作尚留存於人間。他們在阿姆斯特丹會見了斯賓諾莎的朋友、出版商詹・利烏魏特茨 (J. Rieuwertsz, 1617-?)，利烏魏特茨向他們陳示了幾部斯賓諾莎著作的稿本，其中有一本就是《神、人及其幸福簡論》的荷蘭文本，按照利烏魏特茨的看法，這就是《倫理學》的最早形式，只不過它不是用幾何學方法寫的，而且還包括了《倫理學》刪去了的論魔鬼一章。但遺憾的是，他們的這一旅行報告直到1878年才發表，因而很長時期人們是不知道斯賓諾莎有這部著作的。

直到 1851 年，德國哈勒大學哲學教授愛德華・波麥 (Edward Boehmer) 爲了搜尋斯賓諾莎著作重新去到荷蘭，在一個名叫繆勒的書商那裏購得一本柯勒魯斯寫的《斯賓諾莎傳》繕本，該本第十二節十分簡要地論述了這位哲學家未刊印的著作，其中說到在某些哲學愛好者中間還保存了斯賓諾莎一部著作的手抄本，雖然它論述的內容與《倫理學》相同，但不是用幾何學方法寫的，並且在該繕本的最後還附有一篇〈別涅狄克特・德・斯賓諾莎論神、人及其幸福的綱要〉。1852 年波麥出版了這篇綱要，這無疑對尋找《神、人及其幸福簡論》一書起了新的推動作用。以後不久終於發現了這部著作的兩個荷蘭文抄本。1862 年范・弗洛頓博士在其《別涅狄克特・德・斯賓諾莎著作補遺》中第一次刊行了斯賓諾莎這部荷蘭文著作以及拉丁文譯本，幾乎經過了一個半世紀的努力，斯賓諾莎這部早期著作才重見光明。

在斯賓諾莎的書信集中，唯一可能與這部著作有關的材料是1662 年春斯賓諾莎寫給奧爾登堡的信，在此信中斯賓諾莎寫道：

「關於您新提出的問題，即事物是怎樣開始存在的，以及它們和第一原因之間是什麼依賴關係，我已經撰寫了一部完整的小冊子，就是論述這些問題以及知性的改進的，現在我正忙於抄寫和修改這部著作」❹。根據現代斯賓諾莎研究學者（如雪格瓦特、格布哈特等人）的考證，這部完整的小冊子就是指《神、人及其幸福簡論》，只是在當時斯賓諾莎想把它和《知性改進論》合併爲一本書，以後者作爲前者的導言❺。按照這種看法，《神、人及其幸福簡論》一書至少是在 1661 年或 1661 年之前完成的，但從 1661 年間斯賓諾莎與奧爾登堡的通信看來，1661 年斯賓諾莎主要探討知性的方法和改進問題，也就是說，主要是從事撰寫《知性改進論》，因此《神、人及其幸福簡論》一定是在 1660 年，最晚也是在 1661 年初就完成，我們一般確定它是斯賓諾莎在 1658 至 1660 年間的產物。斯賓諾莎寫此書最初的目的，是想系統地整理一下自己的哲學思想，因爲他在被猶太教公會開除教籍而經過與世俗欲念的內心鬥爭後，深感到「愛好永恒無限的東西，可以培養我們的心靈，使得它經常歡欣愉快，不會受到苦惱的侵襲，因此最值得我們用全力去追求，去探尋」❻。所以最初他並未想把此書出版，只是把它交給朋友們去討論。但是在 1661 年底或 1662 年初，斯賓諾莎可能在朋友勸說下有某種出版的打算，因此他在 1662 年春給奧爾登堡的信中說他「正忙於抄寫和修改這部著作」。

很長時期，人們一直把《神、人及其幸福簡論》看成是《倫

---

❹　《斯賓諾莎書信集》，英文版，頁98。
❺　參閱格布哈特爲《神、人及其幸福簡論》德文版寫的導言，見該書頁95–105。
❻　斯賓諾莎：《知性改進論》，頁20。

理學》的一部早期手稿，只是它不是用幾何學方式闡述的。這種看法一方面可能使人忽略了《神、人及其幸福簡論》這部早期著作和《倫理學》這部重要代表著作之間的明顯差別，從而對《倫理學》裏所表述的斯賓諾莎最後確立的哲學觀點發生誤解，另一方面也可能否認《神、人及其幸福簡論》乃是一部代表斯賓諾莎早期哲學思想的獨立著作的重要意義。實際上《神、人及其幸福簡論》對我們研究斯賓諾莎哲學思想的發展具有很重要的作用，也就是說，雖然《神、人及其幸福簡論》並沒有給予我們有如《倫理學》那樣完整代表斯賓諾莎最後思想的正當形式，但它卻給我們提供了有關他的思想發展的引論，因爲我們在這本書裏看到的不是這種思想的最後完成的系統的形式，而是它的處於發展和生成過程中的非完整的形式。在《倫理學》中我們只能看到一幢已經竣工的宏偉大厦，而在《神、人及其幸福簡論》裏我們卻看到了這幢大厦所奠基的磚瓦以及它的具體施工步驟，從這方面說，《神、人及其幸福簡論》一書無疑具有極其珍貴的歷史價值。

二、《知性改進論》

《知性改進論》在 1677 年出版的《遺著》裏作爲斯賓諾莎第三篇著作第一次公開問世。《遺著》的編者在序言中說，這篇著作無論在格式方面還是在內容方面都是屬於我們哲學家的一部早期著作，是「著者在許多年以前就已經寫下的」，並且編者還指出這裏只是一個殘篇，「雖然著者常常想要完成這部著作，但是他爲許多別的工作所阻撓，而後來他就死了，以致他一直未能如願完成他的著作。我們考慮到這部未完成的著作包含著很多很

好的和有益的思想，這些思想無疑對於每個認眞追求眞理的人都有不少的用處，我們不願意剝奪讀者閱讀這書的機會」❼。

在斯賓諾莎書信集中，最早提到這部著作的就是斯賓諾莎在 1662 年春寫給奧爾登堡的那封信，在那裏他說他正忙於抄寫和修改一部「完整的小册子」，這本小册子是論述「事物是怎樣開始存在的，它們與第一原因之間有什麼依賴關係」以及「知性的改進的」。正如我們前面考證的，這部完整的小册子是指《神、人及其幸福簡論》，但是這部著作顯然並沒有論述知性的改進這一內容，所以很可能斯賓諾莎在當時想把《知性改進論》和《神、人及其幸福簡論》加以合併，以使《知性改進論》作爲《神、人及其幸福簡論》一書的方法論導論❽，可是由於他在《知性改進論》裏提出的問題相當困難，以及不久後他放棄了出版《神、人及其幸福簡論》一書的計畫，這部著作一直未能完成。如果我們這種推測是正確的，《知性改進論》一書的著述時間只能是 1661 年，最晚也不能超過 1662 年春❾。

我們這種推測是可以找到旁證的，因爲在斯賓諾莎和奧爾登堡於 1661 年的書信交往中，我們可以看到斯賓諾莎當時正從事

---

❼　見 E. 柯萊編譯《斯賓諾莎著作集》卷 1，頁 6。

❽　格布哈特就曾提出過這種看法，他認爲1662年春那封信提到的完整小册子是指一部分爲兩部分的著作，其中《知性改進論》作爲更爲系統的《神、人及其幸福簡論》的方法論導論，見格布哈特的《斯賓諾莎的知性改進論》，頁10。

❾　在這方面，我們不同意阿萬那留斯的觀點，他認爲《知性改進論》寫於 1655 至 1656 年間，因爲這時期正是斯賓諾莎被逐出猶太教門時期，他不可能致力於抽象的知性探討。阿萬那留斯這種觀點是基於他關於《神學政治論》撰寫時間的錯誤假設，見他的《斯賓諾莎泛神論前兩個階段以及第二階段與第三階段的關係》，頁105。

於認識論的研究,特別是對培根和笛卡爾的認識論的研究。斯賓諾莎在 1661 年 9 月給奧爾登堡的信中寫道:「您問我,在笛卡爾和培根的哲學裏,我發現了哪些錯誤。雖然我是不習慣於揭露別人的短處,然而我仍準備滿足您的要求。第一個和最大的錯誤就在於他們兩人對於一切事物的第一原因和根源的認識迷途太遠;其次,他們沒有認識到人的心靈的眞正本性;第三,他們根本沒有認識錯誤的眞正原因」❿ 。這樣一種全面而又深刻地對培根和笛卡爾認識論的批判,不難使我們推測當時斯賓諾莎已對認識論問題,特別是對知性的本性問題作了深入而系統的研究,而這種研究的結晶就是《知性改進論》。事實上,《知性改進論》這一書名就是來源於培根的《新工具》,培根在那裏常常提到「校正知性」、「淨化知性」或「淨化知性的方式」,但與培根不同,斯賓諾莎不認爲知性本身有病,須加醫治或校正,而是認爲知性是自然之光,本身無病,只須改進和擴充。因此,我們認爲《知性改進論》是斯賓諾莎在 1661 年研究的成果,也就是說,它是斯賓諾莎緊接著《神、人及其幸福簡論》這樣一部簡明完整論述整個哲學體系的著作之後專門論述認識論和方法論問題的著作。

長期以來,《知性改進論》被認爲是一部導論性的著作,但究竟是斯賓諾莎一部什麼著作的導論,在斯賓諾莎研究學者裏有不同的看法,大部分學者認爲《知性改進論》是斯賓諾莎主要代表作《倫理學》的導論,例如格布哈特在其《知性改進論》德譯本導言中說:

---

❿　《斯賓諾莎書信集》,英文版,頁76。

《倫理學》預先以《知性改進論》作爲它的導論，如果說斯賓諾莎在他的主要代表作中是如此直接了當地和不加證明地提出他的學說的基本概念，那麼他之所以這樣做，是因爲他認爲他的讀者已通過這篇導論性的論文作了充分的準備⑪。

但是，也有些學者認爲《知性改進論》就是《神、人及其幸福簡論》一書的導論，因爲斯賓諾莎在 1662 年春寫的那封信明確地把《知性改進論》與《神、人及其幸福簡論》放在一起，準備出版，而《神、人及其幸福簡論》又可看作是斯賓諾莎闡述他的整個哲學體系的一部早期哲學著作。我們認爲這兩種看法都有問題存在，因爲根據我們在《知性改進論》裏找到的斯賓諾莎自己暗示此書是他的一部哲學著作的導論的十六處地方來看⑫，這部以「知性改進論」爲導論的哲學著作至少應當滿足兩個必要條件：一是它必須是未完成的著作，因爲斯賓諾莎屢次說「我將於適當地方指出」、「我將於我的哲學中說明」和「以後將於我的哲學中加以解釋」；另一是該著作至少應當包括形而上學或本體論問題、認識論問題和倫理學問題這三方面的內容。這部哲學著作是否就是指《神、人及其幸福簡論》呢？看來似乎不是，因爲，首先正如我們前面所考證的，《神、人及其幸福簡論》在他撰寫

---

⑪ 見格布哈特編譯《知性改進論・政治論》頁11。

⑫ 參見《知性改進論》第 4 節註釋；第 7 節註釋；第11節；第13節；第13節註釋；第31節註釋 1；第31節註釋 2；第34節註釋；第36節註釋；第45節；第51節；第76節註釋；第83節；第87節；第102節；第103節。

《知性改進論》之前就已完成了，如果斯賓諾莎是指這部著作，他就無需說「我將於怎麼怎麼」而可以明確告知「請參閱該書第幾篇第幾章第幾節」，其次，就《神、人及其幸福簡論》的內容來看，它並未完全包括上述三方面全部內容，特別是關於知性的起源、性質和力量以及正確完善的認識方法，因此我們認爲《知性改進論》不是《神、人及其幸福簡論》一書的導論。那麼這部哲學著作是否就是指我們現在所有的《倫理學》呢？看來也似乎不是，因爲我們知道，《倫理學》作爲書名第一次是出現在1665年３月13日斯賓諾莎致布林堡的書信中，如果是指《倫理學》，那麼至少在 1665 年３月以後斯賓諾莎應當把《知性改進論》與《倫理學》加以合併，可是直到 1675 年與謝恩豪斯的通信中，斯賓諾莎從未說明《知性改進論》是《倫理學》的導論，而且，如果我們考察一下現存的《倫理學》一書的形式和內容，我們也不能得出這個結論，一方面《倫理學》是用幾何學形式寫的，它怎麼可以用一篇不是用幾何學形式寫的論文作爲它的導論呢？另一方面在那裏也並不完全解釋了《知性改進論》所提出要進一步加以解釋的東西，如什麼是知性的天賦力量、理智作品和心中尋求。因此，我們至少可以說，《知性改進論》所暗指的哲學著作不是現存的《倫理學》。 當然，我們這樣說並不否認《知性改進論》作爲一部獨立的早期著作在斯賓諾莎哲學思想發展中的意義，特別是它作爲「最足以指導人達到對事物的眞知識的途徑」所闡述的眞觀念推演方法，無疑爲我們正確理解《倫理學》提供了一把有益的鎖匙。

三、《笛卡爾哲學原理附形而上學思想》

《笛卡爾哲學原理附形而上學思想》出版於 1663 年阿姆斯特丹，是斯賓諾莎生前唯一用他眞名出版的一部著作。關於這部著作和出版的經過，在《斯賓諾莎書信集》裏保存了幾封有關的書信⑬，尤其是 1663 年 7 月斯賓諾莎從伏爾堡寄給奧爾登堡的一封信，他寫道：

高貴的先生：

盼望已久的信終於收到了。在開始答覆您之前，我想簡略地告訴您，爲什麽我沒有立即給您回信。

當我四月份搬到這裏後，我就動身到阿姆斯特丹去了，因爲在那裏有一些朋友請我把一部依幾何學方式證明的笛卡爾哲學原理第二篇和闡述某些重要形而上學問題的著作提供給他們，這部著作是我以前在向一個青年人講授哲學時，由於不願向他公開講解自己的觀點而撰寫成的。他們又進而請求我，一有機會就把《哲學原理》第一篇同樣也用幾何學證明方式寫出來。爲了不辜負我的朋友們的願望，我立即開始了這項工作，兩個星期就把這個任務完成了，並親手交付給他們。接著他們又懇求我讓它出版。不過我提出了一個條件，要他們當中哪一位朋友爲我這本著作的文字作一番潤飾功夫，並且加上一個短序，向讀者聲

---

⑬ 參閱《斯賓諾莎書信集》第 8、9、13、15封信。

明：我並不承認這本著作所闡發的全部觀點是我自己的，
甚至我自己的看法正與寫在這本著作中的許多觀點相反。
而且他還應當列舉一兩個例子來證明這點。所有這些都由
一位負責經管這部著作的朋友允諾去做了。這就是我在阿
姆斯特丹躭擱的緣由⓮。

　　情況是這樣，大約在 1662 年至 1663 年間，萊登大學一個
青年學生名叫約翰尼斯‧卡則阿留斯（J. Casearius）來萊茵斯
堡向斯賓諾莎求習哲學，不過這個學生在斯賓諾莎看來「還太年
輕，性情未定，並且貪愛虛榮勝於眞理」⓯，因而他不願向他講
授自己的哲學，而改授以笛卡爾哲學。在講授過程中斯賓諾莎用
幾何學方式撰寫了笛卡爾《哲學原理》第二篇和第三篇一部分。
1663 年 4 月斯賓諾莎剛從萊茵斯堡搬到伏爾堡時，他想再次探
望一下他的老朋友而到了阿姆斯特丹，在那裏他大約逗留了兩個
月。在這次訪問阿姆斯特丹時，他給他的朋友看了他用歐幾里德
幾何學方式對笛卡爾《哲學原理》第二篇的證明。雅里希‧耶勒
斯、路德維希‧梅耶爾以及其他一些信仰笛卡爾哲學的朋友立即
說服他對笛卡爾《哲學原理》的第一篇也作出同樣的證明。他就
在逗留阿姆斯特丹期間（大約五月份）花了兩個星期完成了這項
工作，並且又彙集了他平日關於一些形而上學問題討論和思索的
結果完成《形而上學思想》，一併交付給了他們。可是他的朋友
們希望他能允許他們將這部著作出版，不過斯賓諾莎提出一個條

⓮　《斯賓諾莎書信集》，英文版，頁122-123。
⓯　同上書，頁105。

件，卽他的朋友應當爲此書寫一序言，聲明它不是闡發自己的觀
點，而是陳述他並不贊同的笛卡爾的觀點。在友人梅耶爾按照他
的要求寫了序言並作了些文字潤飾之後，這部《笛卡爾哲學原理
附形而上學思想》拉丁文原本就於1663年秋在阿姆斯特丹問世。
出版者是他的朋友利烏魏特茨。一年之後，斯賓諾莎另一位朋友
巴林將此書譯成荷蘭文出版。

　　理解這部著作一個關鍵的地方就是這部著作並不像斯賓諾莎
其他著作那樣是闡發他自己的觀點，而是用幾何學方式陳述他自
己並不贊成的笛卡爾觀點⑱。斯賓諾莎爲什麼用自己名字出版的
不是闡發自己觀點的著作，而是陳述另一位哲學家的而且又是他
所不贊同的觀點的著作呢？要理解這一點，我們必須回憶斯賓諾
莎當時的處境。正如我們前面在斯賓諾莎時代裏所說的，當時荷
蘭內部正面臨著君主派和共和派的政治鬥爭，這場政治鬥爭必然
反映到意識形態裏來，君主派的奧倫治皇族和加爾文教牧師爲了
維護自己的權利和統治，竭力反對新思想，甚至笛卡爾也遭到
他們的仇視。烏特萊希特大學評議會和萊登高等學院董事會早在

---

⑱　令人驚異的是，像叔本華這樣的大哲學家對這一點也未能知曉他
　　在他的《論意志自由》一書中，誤認爲斯賓諾莎在《笛卡爾哲學
　　原理附形而上學思想》裏所闡發的觀點乃是斯賓諾莎自己的觀
　　點，從而認爲斯賓諾莎思想是前後矛盾的。他在摘引了斯賓諾莎
　　在《倫理學》、《書信集》關於意志不是自由的而是必然的論述
　　後寫道：「值得注意的是，斯賓諾莎是在他最後（卽40歲）年代
　　才達到這種見解，而在他以前，卽1665年，當他還是笛卡爾學生
　　時，在他的《形而上學思想》裏是主張並且極力維護與此相反的
　　觀點，甚至對同樣一個例子卽布里丹的驢子也得出與《倫理學》
　　裏完全矛盾的結論：如果在這種均衡狀態中的不是驢子而是人，
　　如果這人也因饑餓而死去，那麼他就決不是一個能思的事物，而
　　是最愚蠢的驢子。」（《叔本華著作集》，蘇黎世狄奧根尼出版
　　社，1977年，卷6，頁118）。

1642 和 1648 年就禁止新哲學在大學講授，1656 年荷蘭國家還
頒佈一條敕令，禁止所有荷蘭大學開設笛卡爾哲學課程。在這樣
一個新思想遭到嚴密控制的時代，像斯賓諾莎這樣一位剛剛遭到
猶太教會「永遠開除教籍和詛咒」的自由思想家和異教徒，當然
就不能謹愼考慮是否讓自己的著作出版。他在前一年寫給奧爾登
堡的信中就已經對他的《神、人及其幸福簡論》一書是否出版感
到擔心，他說：「的確，我害怕當代神學家們會憎惡這部著作，
會以他們慣有的仇恨來攻擊我」⑰。儘管奧爾登堡多次勸他打消
顧慮，但他終於未能讓它出版。這次出版一部不是闡述他自己觀
點的著作，對他來說，可能提供一個機會，正如他在我們上面一
開始所引的信中所說的，「使得那些在我們國家身居要職的大人
物中有人極願看到我的其他著作，而這些著作我承認是我自己
的，這樣他們就會盡這樣的責任，使我能夠出版它們而不至於有
觸犯國家法律的危險」⑱。不過，以後的事實證明，斯賓諾莎這
種期望是落空的，他的絕大部分著作在他生前都未能得到出版，
此後唯一出版的一部書卽《神學政治論》還是匿名發表的。

　　附錄〈形而上學思想〉大約成於 1663 年前幾年，是斯賓諾
莎關於經院哲學和笛卡爾哲學研究與批判的一篇札記。德國哲學
史家庫諾·費舍（Kuno Fischer）在其《近代哲學史》裏，認為
斯賓諾莎寫〈形而上學思想〉的目的，首先在於同笛卡爾進行辯
論，如果不是直接辯論，就是間接辯論，因而認為〈形而上學思
想〉是《笛卡爾哲學原理》的反對篇，以便澄清梅耶爾在序裏所

---

⑰　《斯賓諾莎書信集》，頁98。
⑱　《斯賓諾莎書信集》，頁124。

說的差別⑲。 而另一個研究斯賓諾莎的德人弗洛依登塔爾 (J. Freudenthal) 則認爲，在《笛卡爾哲學原理》寫作之前，斯賓諾莎就編成了〈形而上學思想〉，爲了同《笛卡爾哲學原理》一起發表，這位哲學家又重新修訂一下，它的基本內容不是反對笛卡爾主義，而是反對經院哲學⑳。事實上，如果我們仔細研究一下〈形而上學思想〉字裏行間的意思，那麼我們將看到，斯賓諾莎在這裏不僅反對經院哲學，而且也揭示了他和笛卡爾哲學觀點的分歧。

四、《神學政治論》

《神學政治論》出版於 1670 年初，它是斯賓諾莎生前公開發表的第二部、同時也是最後的一部著作。不過在當時該書是匿名發表的，出版處署名漢堡，其實是在阿姆斯特丹。

　　這部著作大概是斯賓諾莎在 1665 年開始寫作的，因爲奧爾登堡在 1665 年 9 月寫給斯賓諾莎的一封信中講道：「我覺得，如果我可以這麼說的話，與其說您是在進行哲學家的思考，還不如說您是在做神學家的工作，因爲您現在正在撰寫您關於天使、預言和奇蹟的想法」㉑，繼後斯賓諾莎在回信中明確承認他「現在正在撰寫一本解釋《聖經》的論著」㉒，因此，斯賓諾莎可能是在 1665 年夏秋之際著手撰寫《神學政治論》的。正如我們前

---

⑲　庫諾・費舍：《近代哲學史》卷 2，頁299。
⑳　弗洛依登塔爾：《斯賓諾莎和經院哲學》，頁94。
㉑　《斯賓諾莎書信集》，英文版，頁204。
㉒　同上書，頁206。

面關於斯賓諾莎的生平所講到的，此時斯賓諾莎本在緊張地撰寫《倫理學》，但由於荷蘭政治鬥爭的形勢的需要，特別是他的朋友共和派的領導人德·維特的要求，斯賓諾莎才決定暫把《倫理學》停頓一下，而集中全力著述《神學政治論》一書。誰知這本書竟耗費了我們哲學家四年多時間，直至 1670 年才問世。

按照斯賓諾莎最初的打算，此書至少應當包括三方面的內容：揭露神學家的偏見，在比較謹慎的人們的思想中肅清他們的影響；反駁連續不斷地加在他頭上的無神論的罪名；維護哲學思考的自由和言論的自由，他說他要「全力為這種自由進行辯護」㉓。然而在最後定稿時，似乎第二項內容被取銷了，這很可能是因為匿名出版而無法對神學家加給他的無神論罪名進行反駁。不過，即使這樣，我們在《神學政治論》裏還是可以找出這方面的一些蛛絲馬跡，例如在第十二章中斯賓諾莎就說過「人人都可以斷定我既沒說任何反對《聖經》的話，也沒提出任何立腳點可以為不敬神的根據」㉔。因此，《神學政治論》一書的根本觀點可以歸為兩點：一是正確解釋《聖經》，消除神學家的偏見，一是闡明和維護思想自由和言論自由，前者屬於神學內容，後者屬於政治內容，兩者合起來就構成名符其實的《神學政治論》。

鑑於加爾文教牧師們和神學家經常援引《聖經》來論證他們那些荒謬的論點，斯賓諾莎在本書中提出的中心任務就是科學地歷史地解釋《聖經》。他認為解釋《聖經》的方法應當與解釋自然的方法一樣，解釋自然既然在於解釋自然的來歷，且從此根據一些不變的公理以推出自然現象的釋義，所以解釋《聖經》也應

㉓　《斯賓諾莎書信集》，頁206。
㉔　斯賓諾莎：《神學政治論》，頁179。

當在於「據《聖經》的歷史以研究《聖經》」。由此斯賓諾莎提出了他的非常著名的歷史的批判的《聖經》解釋三條原則：1.根據《聖經》作者所使用的語言的性質和特徵以解釋《聖經》的語句；2.將《聖經》中每篇內容分門別類，把對同一問題的論述合併歸類，分清字面的意思和比喻的意思；3.考證《聖經》每篇作者的生平、行為、學歷以及該篇寫作年代和使用語言。

《神學政治論》一出版，立即引起了一場極大的轟動，一方面贊成它的人到處奔走相告，認為這本書給他們帶來了宗教和政治的福音，以致在四年之內連續出了五版，而且有英譯本、法譯本在歐洲其他國家問世和傳播，致使斯賓諾莎名聲遠揚國外；另一方面反對它的人四處密謀策劃，攻擊這部書中的無神論和所謂不道德原則，說這本書是「一個叛逆的猶太人和魔鬼在地獄裏煉就而成」，「值得給他帶上鐐銬和加以鞭笞」，以致在 1674 年，此書與霍布斯的《利維坦》和梅耶爾的《哲學是聖經的解釋者》同被荷蘭總督奧倫治三世以「侮蔑宗教和宣傳無神論」的罪名而禁止發售和傳播，致使斯賓諾莎本人在他死後一百多年間一直處於「死狗」的地位。

五、《倫理學》

《倫理學》第一次發表在斯賓諾莎死後不久由他的朋友編輯出版的《遺著》中。這是斯賓諾莎一生中最重要的一部哲學代表作。

從我們現在所掌握的材料來看，這部著作也是斯賓諾莎一生中著述時間最長和用力最勤的一部著作。我們上面已經說過，斯賓

諾莎在 1661 年撰寫《知性改進論》時就已經有一個打算，想著述一部全面系統闡述他的哲學的著作，不過當時他可能並未想探用幾何學的陳述方式，因爲他曾經想把非幾何學方式陳述的《知性改進論》作爲該著作的導論。但是在 1661 年秋，斯賓諾莎似乎決定了他要用幾何學方式論述他的哲學思想，而且已經用幾何學方式撰寫了三個界說、四個公理、三個命題和一個附釋，這一點我們在斯賓諾莎於1661年 9 月寫給奧爾登堡的信中可以明確看出，他曾經把他寫的這部分作爲附件寄給奧爾登堡，並請他予以評判❷。雖然這些界說、公理、命題和附釋並不完全等同於現存的《倫理學》開頭部分，但主要觀點還是一致的，而且《遺著》編者也指明這些乃是「《倫理學》第一部分開始至命題四」的內容❷。因此我們有理由認爲《倫理學》的撰寫最早是從 1661 年 9 月開始的。當然，由於當時他正忙於《知性改進論》的寫作以及《神、人及其幸福簡論》的抄寫和準備出版，差不多有一年的時間他未再回到這項工作上來。但是，在 1663 年 2 月24日德·福里給斯賓諾莎的信中，我們發現斯賓諾莎在 1662 年多盡管有向一個青年人講授笛卡爾哲學的任務，但他又繼續在撰寫《倫理學》了，並且給他在阿姆斯特丹的朋友寄去了至少相等於現存《倫理學》第一部分前十九個命題的手稿。從這以後，斯賓諾莎似乎就一直在集中精力撰寫《倫理學》，直至1665年。

斯賓諾莎第一次提到《倫理學》這個書名，是在 1665 年 3

---

❷ 參見《斯賓諾莎書信集》，英文版，頁76。雖然這個附件現在已闕失了，但德人格布哈特根據這一年的幾封信重構了這個附件，參閱上書頁371-373。

❷ 《斯賓諾莎書信集》，英文版，頁76原註。

月13日給布林堡的信中，而且在同年 6 月寫給鮑麥斯特的信還明確告知此書的進展情況，他說：「關於我的哲學第三部分，如果您要翻譯它的話，我將立即寄一些給您或我的朋友德‧福里，雖然我曾打算在完稿以前不再寄給您們，但是時間之長超過了我的預料之外，我不想讓您們期待太久，我將把大約前八十個命題先寄給您們」❷⁷。 從這裏我們至少可以看出兩點： 首先， 《倫理學》一書此時大概已接近尾聲，因爲斯賓諾莎說他本想完稿後一次寄給他的朋友，其次，此時《倫理學》仍不是終極的形式，因爲他說他已把第三部分前八十個命題寫出來了，而現存的《倫理學》第三部分實際上只有五十九個命題，可見斯賓諾莎當時把現存 《倫理學》 第四部分的內容也放進第三部分。 這一點並不奇怪，因爲斯賓諾莎很早就確定了他的哲學體系是由三大部分所組成， 卽論神、 論人的心靈和論人的幸福， 正如他的早期著作、《神、人及其幸福簡論》一書書名所表明的，而且他的朋友梅耶爾也明確告知我們， 《倫理學》原名乃是「論神、理性靈魂和最高幸福」。

　　但是，正如我們前面所說的，正當斯賓諾莎在 1665 年卽將完成《倫理學》的時候，荷蘭政治形勢的急劇惡化以及他的朋友共和派領導人德‧維特的要求，斯賓諾莎不得不暫時中斷《倫理學》的撰寫，而全力配合共和派對君主派的鬥爭，集中著述《神學政治論》。這樣，《倫理學》的撰寫工作至少停頓了四年之久，直至 1670 年《神學政治論》出版之後才重新開始。

　　1670 年以後的情況，我們就不太清楚了，但至少可以肯定，

----

❷⁷　《斯賓諾莎書信集》，英文版，頁202。

斯賓諾莎對他的《倫理學》作了一個極大的變更，一方面是形式上的變更，即把原來的三部分變爲五部分，另一方面是內容上的變更，例如第四部分明顯地反映了霍布斯自然權利學說的影響，這在他 1665 年寫給布林堡的信中是看不到的。可能正是由於這種內容和形式上的極大變更， 本來要在 1665 年完成的 《倫理學》似乎從1670年直至1674年尚未全部完稿，因爲從 1674 年10月謝恩豪斯和斯賓諾莎的通信中可以看出，當時謝恩豪斯尚未讀過《倫理學》全稿，他談的斯賓諾莎的自由定義，並不是從《倫理學》最後部分得知的，正如斯賓諾莎說的，「這個定義，他說是我的，但我不知道他是怎樣得知的」❷。只有到了 1675 年 7月我們才得知《倫理學》最後總算完成了，因爲這月22日奧爾登堡給斯賓諾莎的信中說： 「從您 7 月 5 日的覆信中，我知悉了您要出版您那五部分的論著，爲不辜負您對我的忠厚情誼，請允許我勸告您，其中不要有任何對當今宗教道德實踐的觸犯」❷。由此可見，五部分的《倫理學》最後一定是在 1675 年前半年完成的，下半年斯賓諾莎正在籌備它的出版。

這樣，《倫理學》從 1661 年開始，直至 1675 年才完成，其中斷斷續續，共經歷十四年之久。在這漫長的十四年撰寫過程中，《倫理學》似乎經歷了三個階段： 1661 年最初草稿仍保留笛卡爾思想殘餘，實體和屬性並未明確區分；1662 年底至 1665年，雖然斯賓諾莎自己體系確立了，但仍保持他早期著作《神、人及其幸福簡論》的三大部分的劃分；1670 年至 1675 年，《倫理學》取得了它最終的五部分形式，並且明顯增加了霍布斯自然

---

❷ 《斯賓諾莎書信集》，英文版，頁294。

❷ 同上書，頁303。

權利學說內容。因此，《倫理學》旣經歷了徹底肅淸笛卡爾思想殘餘的變革，又經歷了吸收和改造霍布斯學說的變更，系統表現了斯賓諾莎哲學體系的最後完成形式。

　　儘管斯賓諾莎在 1675 年忙於《倫理學》的出版，但最後他的出版計畫終遭失敗， 1675 年 9 月斯賓諾莎給奧爾登堡寫了這樣一封信，當他到阿姆斯特丹準備刊印《倫理學》的時候，「一種謠言在各處傳開了，說我有一本論神的書要出版，在書中我力圖證明神不存在。 許多人聽信了這種謠言。 因此一些神學家們（或許就是這個謠言的泡製者）就乘機在公爵和地方長官面前誹謗我，而且愚笨的笛卡爾學派人因爲有人認爲他們支持我，爲了擺脫這種嫌疑，甚至到現在還一直在各處攻擊我的觀點和論著。當我從一些可信賴的人那裏得悉了這整個情況，他們還告訴我神學家們正在各處密謀籌劃反對我，於是我決定直到我了解情況將如何發展之前暫停出版」❸⓿。 事實上是， 斯賓諾莎直到他去世時，此書也未被出版，只有他的手稿流傳在他的朋友的手中。

六、《希伯來簡明語法》

　　《希伯來簡明語法》第一次發表於斯賓諾莎死後出版的《遺著》中，《 遺著 》編者關於這部書有這樣一段〈告讀者言〉：「親愛的讀者，這裏提供給您們的《希伯來簡明語法》乃是作者應他的一些熱切研究《聖經》語言的朋友的請求而撰寫的，因爲這些朋友正確地認識到，作者從他少年時代開始就受教於這種語

---

　　❸⓿　《斯賓諾莎書信集》，頁334。

言， 並且在以後的許多年中又勤勉地鑽研這種語言， 以致對這種語言的最內在的本質有一個完全的理解。所有那些熟識這位偉大人物的人將珍愛和崇敬這部著作，雖然它正如作者的許多其他著作一樣，也由於作者的過早謝世而是未完成的殘篇。親愛的讀者，我們之所以把這部不完整的著作呈現給您們，是因爲我們並不懷疑作者和我們的努力將會對您們有很大裨益，而且完全值得您們研究」❸。

我們現在很難確定《希伯來簡明語法》的具體撰寫時間，不過有一點是可以肯定的，卽這部書應當是緊接著《神學政治論》出版之後而撰寫的，因爲哲學家並非語言學家，他之所以要撰寫一部單純語言學的著作，一定有某種哲學的目的。我們從《神學政治論》中可以看到， 斯賓諾莎曾經提出的歷史的批評的《聖經》解釋第一個原則，就是根據《聖經》作者所使用的語言的性質和特徵來解釋《聖經》的語句，他曾經在那裏寫道： 「《舊約》和《新約》的作者都是希伯來人。所以，了解希伯來文是極其必要的，不但是爲了解用希伯來文寫的《舊約》是如此，爲了解《新約》也是如此， 因爲， 雖然 《新約》 是用別的語言發表的，但其特點是屬於希伯來文的」❸。因此， 斯賓諾莎很可能在撰寫《神學政治論》的時候就感到他應當著述一部論述希伯來語言詞彙構成和句法規則的書，以便使人對《聖經》有正確解釋，特別是當時他已深深感到這種語言在古代希伯來的各種教派之間普遍的使用所造成的種種歧義已經使人對《聖經》無法正確地進行解釋了，他曾經這樣悲嘆地說道： 「古時說希伯來話的人沒有

❸ 斯賓諾莎: 《希伯來簡明語法》，頁1-2。
❸ 斯賓諾莎: 《神學政治論》，頁109。

把這種話的任何原則基礎留給後世。他們沒有傳給我們任何東西，字典、文法、修飾學，一無所有。現在希伯來國已把它的優美之點都喪失淨盡，只保留了希伯來語一些零碎的片斷和少數的幾本書。差不多所有關於果實、禽鳥、魚類的名字以及許多別的字，代久年湮，都一無所存了。並且，見於《聖經》的許多名詞與動詞的意思，不是完全喪失了，就是難以確定。不但這些已經遺失無存，而且我們也欠缺關於希伯來語句法的知識。時光不留情，差不多把所有的希伯來語特有的短語、慣語，都給磨滅了。所以我們對於這些是一無所知了。有此原因，我們雖欲借希伯來語的慣例，以研究一句話的意思，而不可得。並且有許多短語，意思曖昧，完全不可索解，雖然其中每個字的意思是至為清楚的」[33]。他的這種想法立即得到了他的那些熱切研究《聖經》的朋友的贊同和支持，因此他們請求他趕快寫一本希伯來語言的書，以求對《聖經》語言有一個正確的理解。他們這一要求也是很合理的，因為斯賓諾莎自己就是一個猶太人，從小諳熟希伯來文，他有條件和能力勝任此項工作。如果我們這種推測是正確的，那麼《希伯來簡明語法》應當是在 1670 年以後開始撰寫的，不過由於此期間他的著述任務太繁重，既要完成《倫理學》，又要撰寫《政治論》，因而直到他死前尚未完稿。

現存的《希伯來簡明語法》只是斯賓諾莎打算要寫的著作的第一部分，即希伯來語言詞源學規則、詞彙構成、動詞變化和詞尾變格表，至於第二部分即希伯來句法規則，正如《遺著》編者所說的，「由於作者的過早謝世」而沒有寫就。

---

[33] 斯賓諾莎: 《神學政治論》，頁116-117。

七、《政治論》

《政治論》第一次也是發表在斯賓諾莎死後不久由他的朋友編輯出版的《遺著》(1677)中。這也不是一部完整的著作，作者寫到第十一章就不幸去世。

斯賓諾莎究竟何時開始撰寫《政治論》，我們沒有確切的證據，但有一點至少是可以肯定的，卽《政治論》一定寫於《神學政治論》出版之後，因爲在這以前，不管是在斯賓諾莎的著作裏，還是在他的通信裏，他從未提到過他在研究或著述單純政治理論的著作。只是到1671年2月，他在給耶勒斯的一封信中提到有位朋友送給他一本名爲《政治人》的小册子，發現這本書是一本很有害的書，「寫這本書的人的最高目的是金錢和榮譽。他使他的學說適應於這一目的，並且指出達到這一目的的途徑」，他說：「當我讀過這本書後，我就想寫一本小册子來間接反駁它，其中我將首先探討最高的目的，然後論述那些乞求金錢妄想榮譽的人的無窮的悲慘景況，最後用清晰論據和許多例證來指明由於這種不知足的渴求榮譽和金錢，國家必定會毀滅和已經毀滅」❸❹。從這裏我們可以看到，雖然斯賓諾莎這時想寫一本關於政治的小册子，但它還不是純粹政治理論的。

在斯賓諾莎書信裏，最早提到霍布斯的地方是在1674年6月2日他給耶勒斯的信中，在那裏他寫道：

---

❸❹ 《斯賓諾莎書信集》，頁260。

關於您問的，我的政治學說和霍布斯的政治學說有何差別，我可以回答如下：我永遠要讓自然權利不受侵犯，因而國家的最高權力只有與它超出臣民的力量相適應的權利，此外對臣民沒有更多的權利。這就是自然狀況裏常有的情況❸。

我們知道，霍布斯的主要著作《利維坦》雖然拉丁文本早在1651年就出版，但荷蘭文本卻是在1667年於阿姆斯特丹問世的。這本書無疑在荷蘭知識界和政治界引起一場轟動，因爲該書所主張的自然權利學說對荷蘭當時究竟建立君主制還是民主制具有現實的意義，我們可以想像，斯賓諾莎在當時，特別是在《神學政治論》出版後，一定有一段時間研討過霍布斯的《利維坦》（現存的斯賓諾莎圖書裏就有一本荷蘭文本的《利維坦》），1674年他給耶勒斯的信就證明了他已對霍布斯政治學說作了批判的研究，並確定了自己與霍布斯的差別。

1672年，德·維特兄弟在海牙被一些受加爾文教宣傳不明真相的的眾在奧倫治黨徒的直接縱容下被殺死，這場政治悲劇不能不在哲學家的思想裏引起極大的震動，這場震動不僅使他不顧個人生命安危要出去張貼標語，伸張正義，而且有可能使我們哲學家重新考慮荷蘭究竟應當建立什麼樣的政治制度，特別是經過這場政治悲劇後，荷蘭君主派勢力佔據了明顯的優勢，荷蘭已出現了一種爲君主制而背棄共和政體的明確傾向。因此我們可以進

---

❸　《斯賓諾莎書信集》，頁269。

一步認爲,斯賓諾莎一定是在 1672 年德・維特死後,特別是經過一段時間冷靜地觀察了荷蘭政治形勢新發展之後才開始撰寫《政治論》的。事實上,從1676年斯賓諾莎給一個不認識的朋友的信中(此信在《遺著》裏作爲《政治論》的序言)我們就可以看到,他是在這之前不久在這位朋友的敦促下開始撰寫《政治論》的,而且當時他只寫完六章,正在開始寫第七章。根據這些歷史材料,我們有理由認爲斯賓諾莎大約是在1675年下半年,最遲也是1676年初開始撰寫《政治論》,在這之前他不僅仔細地研討過霍布斯的政治學說,而且對荷蘭在 1672 年後政治形勢的發展有過深入的觀察和分析。

正因爲《政治論》是在荷蘭君主派戰勝共和派並已經使荷蘭處於應選擇其去向的交叉路口之時而撰寫的,所以我們看到斯賓諾莎在《政治論》一書所主張的政治觀點與他以前在《神學政治論》裏主張的觀點存在有一種差別。在《神學政治論》裏,斯賓諾莎主要攻擊目標是君主派和加爾文教,強調思想自由和政教分離,在國家政治學說上他嚮往的是共和制度,特別是民主制的政體,他說:

> 我特別是立意在此;因爲我相信,在所有政體之中,民主政治是最自然,與個人自由最相合的政體[36]。

但在《政治論》裏我們看不到這種對民主制度的鼓吹,書中更多的考慮乃是如何對君主制度作一些重要修正。正如該書扉頁中說

---

[36] 斯賓諾莎:《神學政治論》,頁219。

「其中證明君主政體和貴族政體如何組建才不會蛻變爲暴政，公民的和平和自由才不會受到損害」。按照斯賓諾莎的意見，君主制如果有著最低限度的專制主義特點，而保持最大限度的共和主義的優越性和自由，可以是一個很穩固的政體。斯賓諾莎實際上是君主立憲的第一個理論家，他所憧憬的理想國乃是一種貴族政體的共和國。《政治論》是斯賓諾莎爲他的國家留下的最後一份「倫理的政治和神學遺囑」(Ethical Will and Testament)。

八、《書信集》

《書信集》第一次也是發表在斯賓諾莎死後不久於 1677 年出版的《遺著》中。當時斯賓諾莎與友人的通信只有75封，其中有一封信還收在他的《政治論》裏作爲序言。根據當時編者的口氣，斯賓諾莎與友人的通信，除已發表的這些外，似乎還有一些，但由於各種各樣的理由，被他們刪掉了或銷毀了，他們只收錄了一些「對於解釋作者的其他著作不無裨益」的書信。編者的這種謹愼態度是可以理解的，因爲在 1672 年德·維特兄弟被殺害和 1674 年《神學政治論》遭查禁之後，一些與斯賓諾莎和德·維特有著友誼關係的人的名字出現在斯賓諾莎書信裏，無疑對這些人來說是危險的。所以在斯賓諾莎書信裏我們找不到一封德·維特或與德·維特有關係的人的書信，甚至在當時所發表的斯賓諾莎書信裏，斯賓諾莎的荷蘭通信者的名字也被全部刪掉了。

自《遺著》出版以來二百多年內，由於一些斯賓諾莎研究家的苦心收集，終於新發現了斯賓諾莎的書信11封，其中 1882 年以前新發現 9 封， 1882 年以後新發現 2 封，它們是第15、28、

29、30、49、69、70、72、79，和第48A、67A封，因此在 1882年
范·弗洛頓和蘭德的《斯賓諾莎著作集》海牙版裏，《書信集》
不再是75封，而是84封，而在 1895 年以後的《斯賓諾莎著作
集》標準版裏又增加爲 86 封。1899 至 1977 年間，我們又新發
現了斯賓諾莎書信 4 封，即第 12A、30(2)、48A、48B$_1$ 封，因
此現在我們擁有斯賓諾莎與友人往返書信共90封，其中52封是斯
賓諾莎寫給別人的，38封則是別人寫給斯賓諾莎的。

　　研究《斯賓諾莎書信集》一個值得注意的地方是關於書信序
號的問題。在最早的《遺著》版裏，書信的序號主要是以通信者
爲單元進行排列，例如，所有斯賓諾莎和奧爾登堡的書信，包括
奧爾登堡寫給斯賓諾莎的信和斯賓諾莎答覆奧爾登堡的信，全都
放在一起，然後按照時間秩序再給它們加以編排，這樣一種編排
無疑要以全部佔有斯賓諾莎書信爲前提。後來由於發現了新的書
信，無法再保持這種順序，因此范·弗洛頓和蘭德在 1882 出版
的《斯賓諾莎著作集》海牙版裏，決定嚴格按照時間順序對書信
重新加以編號，由於當時只發現了 9 封，因此該版本共編了84
封信。自此以後，這一編排序號成爲世界各國學者引用斯賓諾莎
書信的標準序號。凡是在 1882 年以後發現的書信，爲了避免打
亂這一標準序號，只在同一時期的書信序號後面加上 A、B字
樣，如12A、48A、48A、67A。爲了便於讀者檢查，我們把現在
我們所用的標準序號與《遺著》的原書信序號列一對照表如下：

現在所用標準序號	《遺著》原序號	現在所用標準序號	《遺著》原序號	現在所用標準序號	《遺著》原序號
1	1	30(1)	—	56	60
2	2	30(2)	—	57	61
3	3	31	14	58	62
4	4	32	15	59	63
5	5	33	16	60	64
6	6	34	39	61	42
7	7	35	40	62	43
8	26	36	41	63	65
9	27	37	42	64	66
10	28	38	43	65	67
11	8	39	44	66	68
12	29	40	45	67A	73
12A	—	41	46	67	
13	9	42	48	68	19
14	10	43	49	69	—
15	—	44	47	70	—
16	11	45	51	71	20
17	30	46	52	72	—
18	31	47	53	73	21
19	32	48	54	74	22
20	33	48A	—	75	23
21	34	48B	—	76	74
22	35	$48B_1$	—	77	24
23	36	49	—	78	25
24	37	50	50	79	
25	12	51	55	80	69
26	13	52	56	81	70
27	38	53	57	82	71
28	—	54	58	83	72
29	—	55	59	84	《政治論》序

　　斯賓諾莎的通信者共 20 人，我們可以將這些人大致分爲三類: 一類是他比較知己的朋友，如德‧福里 (Simon Joosten de Vries,？1633-1667)、梅耶爾 (Lodewijk Meyer, 1630-1681)、巴林 (Peter Balling, 生年不詳，死於 1664-1669 年間)、鮑麥斯特 (Johan Bouwmeester, 1630-1680)、耶勒斯 (Jarig Jelles,？

-1683) 和席勒 (Georg Hermann Schuller, 1651-1697)。這些人大多是商人、醫生或其他自由職業者，他們是門諾派和社友會 (Collegiants) 成員，堅決反對加爾文教派的不容異己的宗教門戶政策，在政治理想上帶有朦朧的烏托邦色彩。他們在阿姆斯特丹建立了一個以斯賓諾莎爲中心的哲學小組，經常聚集一起討論科學、哲學和神學問題，卽使在斯賓諾莎被革出猶太教會後，他們仍與他保持密切的聯繫。斯賓諾莎一生受惠於他們之處頗多，不僅在生活上得到他們資助，而且他的著作 （不論是生前出版的，還是死後出版的） 都是在他們的幫助和支持下才得以問世的。斯賓諾莎與他們之間的通信可以說是學習理解斯賓諾莎哲學的入門書，這些人原來都是笛卡爾派的信徒，看他們的書信就可以了解笛卡爾哲學和斯賓諾莎哲學的異同，以及斯賓諾莎如何繼承、發展和改造笛卡爾哲學的。

第二類是當時的政治要人和世界有名的科學家、哲學家，如阿姆斯特丹市長和光學研究家胡德 (Johan Hudde, 1628-1704)、英國皇家學會首任秘書奧爾登堡 (Henry Oldenburg,?1615-77)、英國著名化學家和物理學家波義耳 (Robert Boyle, 1627-91)、海德堡大學哲學和神學教授法布里齊烏斯(Johann Ludwig Fabritius, 1632-97)、德國著名哲學家和數學家萊布尼茲 (Gottfried Wilhelm Leibniz, 1646-1716)、荷蘭共和派政治要人兼科庫姆市行政秘書博克賽爾 (Hugo Boxel)、德國伯爵和哲學家謝恩豪斯 (Ehrenfried Walther von Tschirnhaus, 1651-1708) 等。這批人大都是敬佩斯賓諾莎的學問和人品，以與斯賓諾莎相結識爲榮，他們有的把自己的學術著作寄贈斯賓諾莎批評指正，有的推薦斯賓諾莎去大學擔任哲學教授，有的直接向斯賓諾莎請教一些

有關他的哲學的問題。當然這些人並不完全是斯賓諾莎的知己，例如奧爾登堡由於害怕被牽涉，曾經與斯賓諾莎中斷了十年通信往來；而萊布尼茲雖然在信中高度評價了斯賓諾莎的學識，並且研讀過斯賓諾莎的《倫理學》，但在他與其他人的通信中以及他自己的著作中隻字不提斯賓諾莎的名字，並且因為自己的名字出現在斯賓諾莎《遺著》書信集裏而感到很惱火。

最後一類通信者可以說是斯賓諾莎的論敵，如布林堡(Willem van Blyenbergh, ?-1696)、凡爾底桑 (Lambert van Vellhuysen, 1622-1685)、斯蒂諾(Nicholas Steno, 1638-1687)、博許 (Albert Burgh, 1651-?) 等。這些人中有些人原是斯賓諾莎的學生，如博許和斯蒂諾，年輕時向斯賓諾莎學習過哲學，可是後來改信了天主教，並秉承羅馬教會的指示，用信來惡毒攻擊斯賓諾莎，妄圖要斯賓諾莎「改邪歸正」，皈依天主教。有一些人一開始就站在對立的立場，對斯賓諾莎的觀點進行反駁，如威廉‧布林堡，他本是一個狂熱的宗教信徒，按照他自己的說法，指導他思想的有兩個基本原則，一是神學原則，一是理性原則，當這兩個原則發生矛盾時，他寧願採取神學原則而放棄理性原則。這些人都是反對《神學政治論》的，他們認為斯賓諾莎這一本書是「瀆神的著作」，他們與當時的神學家合演了一場瘋狂反對斯賓諾莎的大合唱。

第四章　形而上學體系

　　要了解斯賓諾莎的整個哲學體系，我們首先需要找尋一條接近它的正確途徑。

　　斯賓諾莎曾經在給奧爾登堡的一封信裏舉了一個這樣的例子：假如一個生活在血液裏的寄生蟲想感知它周圍的環境和事物，那麼從寄生蟲的觀點來看，每一滴血粒都是一個獨立的整體，而不是作為一個較大整體的一部分，因為這寄生蟲並不知道所有這些血粒是如何為血液的一般本性所支配的，它們彼此是如何按照血液的一般本性的要求而相互適應的，也就是說，這個寄生蟲並不認識到每一滴血粒之所以有這樣的性質和狀態，乃是由整個血液的本性所決定。但事實上，斯賓諾莎繼續說，每一滴血粒只是整個血液的一部分，要理解每一滴血粒，我們必須把它同一個由血、淋巴、乳糜等液質所組成的整體聯繫起來，由這個整體來說明每一滴血粒的性質和狀態，而且斯賓諾莎進一步說，即使血液這個整體也是另一個更大整體的一部分，要理解血液的本性，我們必須把它同另一個更大整體聯繫起來，由這個更大整體來說明血液的本性。斯賓諾莎認為，我們人類生活在宇宙中，就如同這個寄生蟲生活在血液裏一樣，如果我們要想正確認識和理解我們周圍的事物，我們就決不能像那個寄生蟲那樣，把圍繞我

們四周的物體看成是彼此獨立的整體，而應當把它們都看成是一
個整體的部分，而這個整體又是另一個更大整體的部分，否則我
們就會像寄生蟲那樣犯了近視的錯誤。在斯賓諾莎看來，整個宇
宙就是一個無限的麗大整體，宇宙中的每一個事物都只是這個整
體的一個極其小的部分，它們彼此相聯繫，而與宇宙整體相一
致。他說：

> 對自然界中的所有物體，我們可以而且也應當用像我們這
> 裏考察血液的同樣方式來加以考慮。因為自然中的所有物
> 體都被其他物體所圍繞，它們相互間都被規定以一種確定
> 的方式存在和動作，而在它們的全部總和中，也就是在整
> 個宇宙中，卻保持同一種動和靜的比例。因此我們可以推
> 知，每一事物，就它們以某種限定的方式存在而言，必定
> 被認為是整個宇宙的一部分，與宇宙的整體相一致，並且
> 與其他部分相聯繫❶。

　　從這裏我們就可以清楚地理解，斯賓諾莎哲學的根本出發點
是一種我們現在可以稱之為系統論的認識論觀點，這種認識論觀
點的特徵在於它把整個宇宙不是看成一簇疏鬆的孤立不發生聯繫
的個別事物的堆積，而是把它看成是由所有存在事物所組成的一
個麗大的有機系統，雖然這個系統內的各個事物都有極其多樣的
性質和轉化，但是它們都是這個系統的一部分，都服從統一的自
然規律和法則。我們要認識系統的每一部分時，首先必須把握整
個系統，只有理解了整個系統的性質，我們才能清楚地知道它的

---

❶　《斯賓諾莎書信集》，英文版，頁211。

部分的性質。換句話說，這種認識論不是以個別對象或個別現象作為研究的中心，而是以個別對象或個別現象所構成的整體或系統作為認識的中心，它否認那種以個別事物或個別現象本身來進行孤立研究和認識的實物中心論觀點，而是主張把個別事物或個別現象當成它們所構成的整體（或者說它們的類或種）的體現者來認識、把事物當作它們所隸屬的那個系統的一個部分來加以揭示的系統中心論觀點。它認為只有把一種現象和所有其他與之相關的現象的共同性質弄清楚，把該現象所隸屬的那一系統的根本規律弄清楚，才能真正認識這一現象的個別性和獨特性。斯賓諾莎曾經說：

> 事物被我們認為真實的，不外兩個方式，或者是就事物存在於一定的時間及起點的關係中去加以認識，或者是就事物被包含在神內，從神聖的自然之必然性去加以認識❷。

這裏神就是指整個宇宙這個龐大存在系統，顯然，前一種認識方式就是指那種以個別事物本身進行孤立研究的實物中心論觀點，而後一種認識就是指那種以個別事物作為系統的一部分來加以認識的系統中心論觀點。斯賓諾莎認為，唯有這後一種觀點才是更高一級的認識方式，因為它「乃由於我們在永恒的形式下去認識事物，而事物的觀念包含有永恆無限的神的本質在內」❸。據說斯賓諾莎有一次對萊布尼茲說過：

---

❷　斯賓諾莎：《倫理學》，頁239。
❸　斯賓諾莎：《倫理學》，頁239-240。

一般哲學是從被創造物開始，笛卡爾是從心靈開始，我則
從神開始❹。

這裏清楚地表明斯賓諾莎非常明確他的哲學出發點與一般哲學家
和笛卡爾的哲學出發點有著根本差別，也正是這個原因，斯賓諾
莎有一次對他的通信者講到他的哲學時說：「我並不認爲我已經
發現了最好的哲學，我只知道我的哲學是一種眞正的哲學」❺。

正因爲斯賓諾莎強調從整體認識其部分，從系統認識其組成
元素，從神認識其事物，所以斯賓諾莎主張最好的方法乃是那種從
能夠表示自然全體的根源和源泉的觀念進行推導的方法，他說：

為了使心靈能夠充分反映自然的原樣起見，心靈的一切觀
念都必須從那個能夠表示自然全體的根源和源泉的觀念推
繹出來，因而這個觀念本身也可作為其他觀念的源泉❻。

在他看來，「凡是能指示我們如何指導心靈使依照一個最完善存
在的觀念爲規範去進行認識的方法，就是最完善的方法」❼。這
個最完善存在的觀念就是那個能夠表示自然全體的根源和源泉的
觀念，也就是他稱之爲神、自然或實體的最高存在系統。從這個
最高存在系統推知一切事物的方法就是他所創導的由神到事物、
由整體到部分、由實體到樣態的理性演繹方法或幾何學方法。

---

❹　斯太因（L. Stein）：《萊布尼茲和斯賓諾莎》，頁283。
❺　《斯賓諾莎書信集》，頁352。
❻　斯賓諾莎：《知性改進論》，頁31-32。
❼　同上。

一、神、自然或實體

自然界中所有存在的事物，在斯賓諾莎看來，都是處於緊密的相互聯結和普遍聯繫中，它們都服從或遵循普遍的固定不移的秩序和規律，整個宇宙就是由這些相互聯繫在一起並遵循普遍不移規律的部分所構成的一個和諧的有機總體或系統。他把這個總體或系統稱之為自然、神或實體。

如果我們從哲學史上考察，「神」、「自然」和「實體」這三個名詞或概念顯然都不是斯賓諾莎自己的創造，它們都分別有其哲學起源地。斯賓諾莎的「神」概念主要來自猶太神學和中古猶太經院哲學。斯賓諾莎在青少年時代曾潛心研究過猶太聖經和經法聖傳，對於猶太神學和哲學有很高的造詣。中世紀猶太哲學家阿本・以斯拉、摩西・麥蒙尼德和卡斯達・克雷斯卡都對他發生過很大的思想影響，這些人在對《聖經》的評註中所闡發的以無限圓滿的神作為最高存在的觀念，使斯賓諾莎最早確立了宇宙應當從一個最高統一的東西進行解釋的一元論觀點，這種觀念在他思想裏是這樣根深蒂固，以致在他前後的所有著作中，他都用「神」這一概念表述他的最高存在。斯賓諾莎的「自然」概念主要來自布魯諾和文藝復興時期的自然哲學家，布魯諾提出的神與自然同一的思想對斯賓諾莎影響很大，從布魯諾那裏他吸取了自然神聖性和宇宙無限性的泛神論思想。這種影響在斯賓諾莎的早期著作《神、人及其幸福簡論》裏是非常明顯的。斯賓諾莎的「實體」概念無疑是得自古希臘哲學和笛卡爾哲學，笛卡爾哲學

對於斯賓諾莎哲學體系的形成起了決定性的作用。萊布尼茲曾經
說過，「在自然主義方面，斯賓諾莎是從笛卡爾結束的地方開始
的」❽，我們可以說，斯賓諾莎哲學雖然與笛卡爾哲學有質的不
同，但他的哲學出發點卻是笛卡爾哲學，他的一元論實體學說
是在繼承、批判和改造笛卡爾的實體學說的基礎上形成的。因
此，斯賓諾莎同時使用「神」、「自然」和「實體」這三個概
念，正反映了斯賓諾莎哲學的不同來源，表明他的哲學融會了許
多哲學派別。不過，我們決不能因此就認為斯賓諾莎的世界觀就
是這許多哲學派別的機械的合併或總和，正相反，斯賓諾莎哲學
而是在特定的歷史條件下所形成的具有質的不同的嶄新的哲學體
系。

正如我們在第一章裏所說過的，斯賓諾莎哲學形成的時代正
是尼德蘭資產階級戰勝封建貴族階級和資本主義急劇發展的時
代。經濟的繁榮帶來了科學和藝術的發展，特別是反映資產階級
要求的新思想體系的形成。如果說笛卡爾哲學就已經反映了這種
新思想體系的形成，那麼斯賓諾莎哲學正表現了這一新思想體系
的進一步發展。

首先，把神與自然等同起來，最鮮明地表現了斯賓諾莎哲學
與中世紀經院哲學和宗教神學的對立，最鮮明地反映了十七世紀
革命的資產階級思想體系對封建的宗教唯心主義世界觀的鬥爭。
按照中世紀經院哲學家和神學家的觀點，神與自然是對立的，神
是自然的創造者，自然是神的創造物，神是精神性的主宰，自然
是物質性的世界，神與自然完全是兩個東西。甚至在近代笛卡爾

---

❽　《萊布尼茲選集》，頁269。

那裏，神也是某種在世界之外的超自然的精神實體。斯賓諾莎反對這種觀點，他說：

> 我對於神和自然持有一種非常不同於那些近代基督教徒慣常所主張的觀點，我認為神是萬物的內因，而不是外因❾。

並且還明確表示「我不把神同自然分開」❿。他之所以提出「神是萬物的內因，而不是外因」，就是反對把神置於萬物之上的有神論觀點。在斯賓諾莎看來，神作為世界的支持力量是不能同被支持的世界分離的，神作為世界的原因是不能同作為結果的世界分離的，原因和結果不是兩個東西，它們只是從不同的兩方面看的同一個東西，所以神就是自然本身，神就是世界總體，這裏表現了斯賓諾莎卓越的無神論觀點。

　　其次，把神同實體等同起來，最鮮明地表現了斯賓諾莎哲學與笛卡爾和笛卡爾學派哲學的對立，最鮮明地反映了近代資產階級哲學思想內部的先進和保守的鬥爭。我們知道，笛卡爾曾把實體分為思想的實體和廣延的實體，即精神(心靈)實體和物質（身體）實體，精神實體的屬性是思想，物質實體的屬性是廣延。在他看來，這兩個實體都沒有自身存在的根據，它們只能是相對實體，而作為它們存在的真正根據則是在它們之外的另一個絕對實體，這就是神。因此，作為無限的絕對實體的神如何產生和決定作為有限的相對實體的精神和物質，以及彼此獨立的截然不同的

---

❾　《斯賓諾莎書信集》，頁343。
❿　同上書，頁99。

精神實體和物質實體、心靈和身體又如何能相互作用、相互影響，這就成了笛卡爾哲學的主要困難和笛卡爾學派主要解決的問題。以荷蘭醫生勒·盧阿 (H. Le Roy, 1598-1679) 爲代表的笛卡爾派機械唯物論者試圖通過主張「靈魂是肉體的樣態，思想是機械運動」，用取消精神實體的辦法來克服笛卡爾的二元論，反之，以法國神父馬勒伯朗士 (L. Malebranche, 1638-1715) 爲代表的笛卡爾派唯心論者則試圖通過承認精神（上帝）是唯一的實體，用取消物質實體的辦法來克服笛卡爾的二元論。與所有這些試圖相反，斯賓諾莎首先區分了實體和屬性，把精神和物質、思想和廣延不看成獨立的實體，而看成依賴於實體的屬性，其次把實體和神加以等同，只承認一個唯一的絕對的無限的實體，神不僅具有思想的屬性，而且具有廣延的屬性，從而從笛卡爾的二元論走向了一元實體論。

這樣，我們就可以理解斯賓諾莎體系裏神、自然和實體三合一的辯證規定了。神、自然和實體本分屬於三個不同的領域，各有其不同的本質規定和內涵，斯賓諾莎把它們等同地加以使用，實際上就是讓它們相互制約和相互補充，以使他的最高存在範疇的意義和性質得到更全面和更充分的表述。

神本是神學概念。這個概念最本質的內涵就是世界的創造者和普遍原因，因此它具有本源性和能動性。可是在宗教神學裏，這樣一個概念被極大的歪曲了，它變成了居於世界之外、君臨萬物之上的精神統治者，成爲全知、全能和全善的眞宰，它彷彿人間的統治者一樣能憑自己的自由意志發號施令、賞善罰惡，以致如斯賓諾莎在《倫理學》第一部分附錄中所揭露的,「一當疾風暴雨、地震和疾病發生，人們就牽強解說，認爲這些不幸事情的發

生，不是因爲人有罪過，瀆犯天神，故天神震怒，以示懲戒，便是由於人們祀奉天神禮節欠周，有欠虔誠，招致天譴」⑪。因此，這樣一種神的概念必須徹底改造，首先，它應當以實體概念來補充，使其具有物質性和內在實在性，而不能居於世界之外充當精神主宰，其次，神也必須用自然概念來補充，它應當具有絕對必然性，而不能有任何自由意志，所以斯賓諾莎說：

> 神只是由它的本性的必然性而存在和動作……萬物都預先爲神所決定——並不是爲神的自由意志或絕對任性所決定，而是爲神的絕對本性或無限力量所決定⑫。

自然本是科學概念。這個概念最本質的內涵是宇宙的無限性、多樣性以及現象事物之間的因果必然性。在自然概念下，宇宙萬物閃現著感性的光輝，迥然成一有生機的整體，成爲我們科學研究洞察奧秘的對象。但是斯賓諾莎不滿足這一概念，他認爲光有自然概念，可能陷於機械的必然性和現象的多樣性，不足於表現宇宙的本源性、能動性和統一性，因此這一概念需要神的實體概念來補充。所以斯賓諾莎說：

> 顯而易見，所有的自然現象，就其精妙與完善的程度來說，實包含並表明神這個概念。所以我們對於自然現象知道的愈多，則我們對於神也就有更多的了解……對於神的

---

⑪　斯賓諾莎：《倫理學》，頁35-36。
⑫　斯賓諾莎：《倫理學》，頁34。

本質，也就是萬物的原因就有更多的了解⑬。

實體主要是形而上學概念。按照古希臘哲學家的看法，實體
是萬物的基礎，能自己存在而其存在並不需要別的事物，是萬變
中本身不變的東西。因此實體這一概念最本質的內涵是統一性和
自我存在的實在性。不過，實體概念雖然具有這種統一性和自我
根據性，但缺乏能動性、多樣性和無限性，因此也需要用神和自
然概念來補充。斯賓諾莎說：

> 除了神以外，不能有任何實體，也不能設想任何實體……
> 神是唯一的，這就是說，宇宙間只有一個實體，而且這個
> 實體是絕對無限的⑭。

因此，當斯賓諾莎說「神或自然」、「神或實體」（這裏
「或」sive 就是等於的意思），也就是把這三個本不屬於同一
領域的概念等同地加以使用時，他是想用「自然」概念來補充
「神」概念所缺乏的必然性，以限制它的自由意志，補充「實體」
概念所缺乏的無限性，以限制它的單一性；他是想用「實體」概
念來補充「神」概念所缺乏的實在性，以限制它的精神性，補充
「自然」概念所缺乏的統一性，以限制它的現象性；他是想用
「神」概念來補充「實體」概念所缺乏的能動性，以限制它的惰
性，補充「自然」概念所缺乏的本源性，以限制它的被動性。我
們可以簡單地用一張圖表來表示這三個概念之間的互補關係（實

---

⑬ 斯賓諾莎：《神學政治論》，頁68。
⑭ 斯賓諾莎：《倫理學》，頁13。

線框表示該概念具有的性質，虛線框表示該概念所缺乏的性質，箭頭表示補充）。

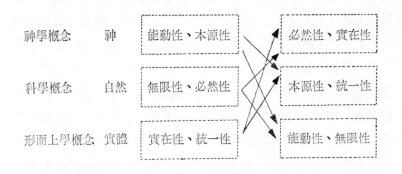

二、實體和樣態

實體（Substantia）和樣態（Modus）是斯賓諾莎哲學體系裏的一對根本範疇。我們也可以說，斯賓諾莎是根據這一對根本範疇來構造他的哲學體系的框架的。按照他的定義，所謂實體是「在自身內並通過自身而被認識的東西，換言之，形成實體的概念，可以無須借助於他物的概念」，所謂樣態是「實體的狀態，亦即在他物內並通過他物而被認識的東西」[15]。因此，實體和樣態的區別就是在自身內並通過自身而被認識的東西和在他物內並通過他物而被認識的東西的區別，簡言之，即自存物和依存物的區別。

從西方哲學史上看，把存在物分爲「在自身內」和「在他物

―――――――――――――

[15]　斯賓諾莎：《倫理學》，頁3。

內」兩類東西，是一個很古老的傳統。早在亞里士多德那裏，就有所謂實體和偶性的劃分，他說：「有些事物可以單獨存在，有些事物不可以單獨存在，前一種單獨存在的事物就是實體」⑯。按照他的十範疇表，實體與其他如性質、數量、關係等九個範疇的根本區別在於它乃是「旣不可以用來述說一個主體又不存在於一個主體裏面的東西」⑰，而他所謂「不存在於一個主體裏面」，就是指它無須別的主體，自己本身就能獨立存在，也卽在自身內而存在。中世紀經院哲學家根據亞里士多德關於實體和偶性的劃分，首先把一切存在物分爲居住於寓所內的東西和不居住於寓所內的東西，以後又明確分爲在自身內的東西和在他物內的東西，例如阿爾波(Joseph Albo)就說過：「凡存在的事物首先分爲兩類，卽存在於自身內的事物和存在於他物內的事物」⑱。近代笛卡爾在其《哲學原理》裏也有類似的劃分，他說：

> 所謂實體，我們只能看作是能自己存在而其存在並不需要別的事物的一種東西。眞正說來，除了上帝沒有什麼別的能相應於這種作爲絕對自我保持的存在物的描述，因爲我們覺察到，沒有其他的被創造物能夠無需他的能力的保持而存在⑲。

這裏他顯然把上帝和被創造物作了區分，上帝是絕對自我保持而無需別的事物的東西，而被創造物則是需要別的事物（上

---

⑯ 亞里士多德：《形而上學》XII, 5, 1071ᵃ1。
⑰ 亞里士多德：《範疇篇》2a 10-12。
⑱ 參見 A. 沃爾夫森(Wolfson)：《斯賓諾莎的哲學》卷1，頁62。
⑲ 笛卡爾：《哲學原理》，第1章，第51節。

帝）才能保持的東西。由於他使用實體一詞相當廣，他把上帝稱爲眞正的絕對的實體，而把被創造物稱爲相對的有限的實體。斯賓諾莎在其早期著作〈形而上學思想〉裏就有過這種存在物分爲兩類的說法，他說：

> 存在物應當分兩種：一種是按其本性必然存在的存在物，即其本質包含存在的存在物；另一種是它的本質僅只包含可能存在的存在物❷。

所謂本質包含必然存在的存在物，就是其存在原因在自身內的存在物，所謂本質僅只包含可能存在的存在物，當然就是其存在的原因不在自身內而在他物內的存在物。最明確作出這兩類東西的劃分的，是在《倫理學》裏，在該書一開始所提出的公則裏，第一條公則就是「一切事物不是在自身內，就必定是在他物內」，第二條公則是「一切事物如果不能通過他物而被認識，就必定通過自身而被認識」❷。正是根據這兩條公則，斯賓諾莎給他的實體和樣態分別下了定義。

　　定義是採取本體論——認識論綜合的形式，從本體論和認識論這兩個方面來揭示實體和樣態的內容和意義。首先是本體論上的意義，實體是「在自身內」的東西，即實體是獨立自存的東西，它的存在無需依賴於他物，實體自身即是自己存在的原因或根據，而樣態是「在他物內」的東西，即樣態不是獨立自存的東

---

❷　斯賓諾莎：《笛卡爾哲學原理附形而上學思想》，頁135-136。
❷　斯賓諾莎：《倫理學》，頁4。

西，它的存在需要依賴於他物，樣態自身不是自己存在的原因或根據。其次是認識論上的意義，實體是「通過自身而被認識」的東西，即認識實體，無需借助於他物的概念，而樣態是「通過他物而被認識」的東西，即認識樣態，需要借助於他物的概念。這裏存在和認識有一種平行的同一關係。

從斯賓諾莎下的定義可以看出，他所謂實體和樣態的對立並不同於後來康德的物自體和現象的對立。在斯賓諾莎體系裏，樣態並不是我們關於實在所認識的現象，實體也不是我們只可思之不能認識的本體，雖然斯賓諾莎主張有完全的知識和部分的知識的區別，但他並不認爲存在的東西和被認識的東西有不可逾越的鴻溝，他的本體論——認識論綜合形式的定義充分表明了這一點，不僅樣態可以「通過他物而被認識」，就是實體自身也是可以「通過自身而被認識」。另外，實體和樣態的對立也不是事物和性質的對立，這一點他與亞里士多德的觀點不同。英國著名的斯賓諾莎註釋家 H. H. 約金姆（Joachim）曾在其《斯賓諾莎《倫理學》研究》一書中說，「實體和它的樣態或情狀的對立是事物和性質這個一般對立的更精確的表達，是主詞和謂詞這種邏輯對立的形而上學相關物」[22]，看來是不正確的，因爲性質並不是一種存在物，雖然在最早的時候，即1661年間斯賓諾莎還沿用亞里士多德關於實體和偶性的劃分，把偶性與他的樣態混同使用[23]，然而斯賓諾莎在 1663 年出版的〈形而上學思想〉裏就明確把樣態和偶性分開，他說：

---

[22] 約金姆：《斯賓諾莎《倫理學》研究》，頁15。
[23] 參閱《斯賓諾莎書信集》，頁82，那裏出現「樣態或偶性」的說法。

> 我只想指出一點，我已經明白地說過，存在物分為實體和
> 樣態，而不是分為實體和偶性，因為偶性只是思想的樣態，
> 因而它只表明一種關係㉔。

可見，對於斯賓諾莎來說，實體和樣態的區分決不是事物和性質
的區分，而是兩種存在物的區分，一種存在物是其存在原因在自
身內並且通過自身而被認識，另一種存在物是其存在的原因不在
自身內而在他物內，而且只有通過他物才能被認識。斯賓諾莎與
亞里士多德更為重要的一點不同是，實體在亞里士多德那裏是多
數，而在斯賓諾莎這裏是單數，也就是說，亞里士多德承認一切
個別事物都是實體，而斯賓諾莎認為一切個別事物乃是唯一的一
個實體的諸多樣態，他的實體是一種普遍的實體，萬有的本源、
支柱和整體。綜上所述，我們可以認為，在斯賓諾莎體系裏，樣
態就是指世界上個別存在的具體事物，按照他對廣延樣態和思想
樣態的劃分，這些具體事物既包括自然界中的個別物體，又包括
人類精神裏的個別觀念、個別情感和個別意願等，而實體就是指
所有這些個別東西的普遍始基和唯一本體。實體自身就有自己存
在的原因，它是自因（causa sui），其本質包含必然存在，即無
須依賴於他物而獨立存在，而樣態只是實體的表現或狀態，它們
需依賴於實體而存在。

在斯賓諾莎哲學體系裏，實體和樣態也可以表述為神和萬
物，因為神按照斯賓諾莎的定義是絕對無限的存在，其存在的原

㉔　斯賓諾莎：《笛卡爾哲學原理附形而上學思想》，頁136。

因只能在自身內並通過自身而被認識，而世界萬物存在的原因不在自身內而在他物內，要認識它們需借助他物的概念。但更爲專門的表述是「產生自然的自然」和「被自然產生的自然」❷。這對術語是斯賓諾莎從中世紀經院哲學家和文藝復興時期布魯諾那裏借來的一對富有辯證意義的名詞，所謂產生自然的自然，按斯賓諾莎的定義，是指「在自身內並通過自身而被認識的東西，或者指表示實體的永恒無限的本質的屬性，換言之，就是指作爲自由因的神而言」，所謂被自然產生的自然，則是指「出於神或神的任何屬性的必然性的一切事物，換言之，就是指神的屬性的全部樣態」❷。顯然，「產生自然的自然」和「被自然產生的自然」的區別，也就是在自身內的東西和在他物內的東西、神和世界萬物、實體和樣態的區別，這些都是同義詞。

問題在於如何理解實體和樣態的關係。表面上看來，斯賓諾莎似乎在這裏把存在物分爲兩類，一類是「在自身內的存在物」，即實體，另一類是「在他物內的存在物」，即樣態。「在自身內的存在物」是在「在他物內的存在物」之外，而「在他物內的存在物」則是在「在自身內的存在物」之外，它們之間存在有絕對不可逾越的鴻溝。現代相當流行的一種看法就是從這種表面現象出發的。按照這種看法，斯賓諾莎的神或實體與世界或樣態是截然不同的兩種東西，實體不在樣態內，樣態也不在實體內，實體不僅不包括作爲樣態的千差萬別的個別事物，而且連運動（因爲運動在斯賓諾莎體系裏亦是一種樣態）也排斥在外，樣態是運動

❷ Natura naturans 和 Natura naturata 也可以譯爲「造物」和「物造」、「能動的自然」和「被動的自然」，或「作爲原因的自然」和「作爲結果的自然」。

❷ 斯賓諾莎：《倫理學》，頁27-28。

變化，有生有滅，實體則是不變不動，不生不滅，因此有人認爲斯賓諾莎的實體完全是一個脫離一切自然事物、本身不變不動的純粹抽象物。如果眞是這種看法，那麼斯賓諾莎的神豈不就是宗教上的那個創造世界萬物而自身凌駕於世界之上的創世主了嗎！豈不就是笛卡爾那個超越於自然之外的上帝了嗎！「神與自然是同一個東西」又作何解釋呢？如果實體是在樣態之外，樣態是在實體之外，那麼實體又怎麼成爲樣態的根柢，樣態又怎麼成爲實體的狀態呢？「樣態是出於神或神的任何屬性的必然性的一切事物」又作何解釋呢？再，如果實體是不變不動、不生不滅的，樣態是運動變化、有生有滅的，那麼不變不動不生不滅的實體如何產生既變又動有生有滅的樣態呢？「神不但是萬物存在的致動因，而且也是萬物本質的致動因」又如何解釋呢？這不是又回到了早在兩千多年以前亞里士多德就提出過的而且直到笛卡爾也尚未解決的那個老問題了嗎❷❼？這一系列問題不得不使我們對上述那種看法質疑，而且我們認爲，實體和樣態的關係正是斯賓諾莎哲學的靈魂，他的整個哲學體系就是根據實體和樣態的關係加以推演和發展的，因此，正確理解實體和樣態的關係正是正確理解斯賓諾莎哲學的關鍵。

　　爲了正確理解實體和樣態的關係，我們有必要弄清斯賓諾莎所提出的兩種認識觀點，卽理智的觀點和想像的觀點。在《倫理

---

❷❼　亞里士多德在其《形而上學》卷 1，第 9 章991ᵃ 裏曾經向柏拉圖的理念論信徒提出這樣一個問題：如果形式（指柏拉圖的理念）不是在那些分有它們的特殊事物裏面，它們又如何能引起可感覺的東西的運動和變化呢？它們對於人們認識事物以及對於事物的存在有什麼幫助呢？當笛卡爾把上帝認爲是脫離一切具體事物的絕對的精神實體時，也產生了作爲絕對實體的上帝如何產生具體事物以及如何引起具體事物運動這同樣的矛盾問題。

學》第一部分命題十五附釋裏，斯賓諾莎爲了證明有形實體亦是
無限的、必然的、唯一而不可分的實體，提出我們對於量有兩種
理解，一種是想像的觀點，一種是理智的觀點，就想像來看，量
是有限的、可分的、並且是由部分所構成的，但就理智來看，量
則是無限的、唯一的和不可分的，前一種是抽象的表面的量，後
一種是實體的量，他說：

> 凡是能辨別想像與理智之不同的人，對於這種說法將會甚
> 爲明瞭；特別是倘若我們想到，物質到處都是一樣，除非
> 我們以種種方式對物質作歪曲的理解，物質的各個部分並
> 不是彼此截然分離的，換言之，就物質作爲樣態而言，是
> 可分的，但就物質作爲實體而言，則是不可分的。例如，
> 就水作爲水而言，這處也有，那處也有，其部分彼此分
> 離，則我們便認水爲可分，但就水作爲有形體的實體而
> 言，便不能認爲它是可分的，因爲它既不可分離，又不可
> 分割。再者，就水爲水而言，是有生有滅的；但就水作爲
> 實體而言，是不生不滅的❷❸。

在這裏，斯賓諾莎表露了這樣一種觀點：如果我們單就事物作爲
孤立存在的個別現象看，則事物彼此都是分離的、可分的、有生
有滅的，但是如果我們從總體的觀念出發，把整個自然界看成一
個有機的體系，其中各個物體都是相互作用和相互聯繫的，那麼
就這個總體而言，事物就不是分離的、可分的，也不可能說是有

---

❷❸ 斯賓諾莎：《倫理學》，頁17。

生有滅的。想像的觀點就在於它只看到孤立的個別事物，沒有看到事物的相互聯繫的整體，故認爲實體只能是實體，不能看成樣態，樣態只能是樣態，而不能看成實體，實體和樣態是截然分開的兩個東西。反之，理智的觀點則是從事物相互聯繫的整體觀念出發，它既看到事物有孤立的個別存在一面，又看到事物相互聯繫相互作用構成一個有機整體一面，因而同樣一種物質，如水，既可以看成樣態，又可以看成實體，實體和樣態不是截然分開的兩個東西，而只是從兩個不同的方面看的同一種實在。這種一體兩面的觀點斯賓諾莎稱之爲理智的觀點。同樣，在《倫理學》最後一部分裏，斯賓諾莎把這種對同一事物的兩面看法說成是兩種認識方式，他說：

> 事物被我們認爲是眞實的，不外兩個方式：或者是就事物存在於一定的時間及地點的關係中去加以認識，或者是就事物被包含在神內，從神聖的自然之必然性去加以認識㉙。

可見，斯賓諾莎所闡明的是我們對事物的認識，一般可以從兩方面去看，既要看到事物有單獨個別的存在，又要看到事物與整體處於相互緊密的聯繫中。事物作爲單獨個別的存在，是處於一定的時間和地點的關係中，因而是條忽卽逝的，而事物相互聯繫的整體可以存在於一切時間和地點的關係中，因而是永恒的。我們決不能因爲事物的表面單獨存在而否定事物與整體的聯繫。應當

㉙　斯賓諾莎：《倫理學》，頁239-240。

說，這裏表現了斯賓諾莎把宇宙認為是各種事物相互聯繫的總體或系統的辯證思想。

正是基於這樣一種對同一事物有兩面認識的理智觀點，我們認為，在斯賓諾莎那裏，在自身內的東西和在他物內的東西，神和世界，或者實體和樣態，決不是截然分開的兩種存在物，而是同一個存在物的兩個不同的方面，或者說是對同一個實在的兩種不同的看法或表述。從其原因本源看，是在自身內的東西，是神或實體，從其結果產物看，則是在他物內的東西，是世界或樣態；從其整體統一性看，是在自身內的東西，是神或實體，從其部分多樣性看，則是在他物內的東西，是世界或樣態；從其無限性看，是在自身內的東西，是神或實體，從其有限性看，則是在他物內的東西，是世界或樣態。在自身內的東西和在他物內的東西、神和世界萬物、實體和樣態處於對立的同一關係中。

在自身內的東西也是在他物內，這一點我們可以從斯賓諾莎所論述的神與世界同一找到說明。他之所以提出神是世界萬物的內因，而不是世界萬物的外因，就是為了表明神和世界萬物並不是兩個東西，神並不存在於世界萬物之外，神就在世界萬物之中。他說：「神是一個內因，而不是外因，因為神是在自身內而不是在自身外產生一切東西的，因為在它之外就根本不存在任何東西」❸ 。對於斯賓諾莎來說，在自身內的神決不能離開在他物內的世界萬物，離開了世界萬物，神也就不復存在了。從這裏我們可以認為斯賓諾莎關於神存在的論證，雖然也是一種本體論證明，然而與安瑟倫和笛卡爾的論證有完全不同的結果，他實際上

---

❸ 斯賓諾莎：《神、人及其幸福簡論》，頁159。

不是證明神有獨立的存在，而是證明神只有作爲世界萬物才能存在，實際上也就是證明神（宗教意義上的上帝）的不存在，他與其說是肯定神，毋寧說是肯定世界萬物，他的學說不是無世界論（Akosmismus），而是無神論。

　　另一方面，在他物內的東西也可以說是在自身內，因爲這裏所說的他物，歸根到底就是指神，即在自身內的東西。世界萬物在斯賓諾莎看來是不可能獨立存在的，它們必須存在於神內，都受神的本性的必然性所決定而存在和動作，並且通過神才能認識。他說：「一切存在的東西都存在於神之內，沒有神就不能有任何東西存在，也不能有任何東西被認識」③①，「樣態是在他物內並通過他物而被認識的東西，這就是說，樣態只有在神之內，只能通過神而認識」。斯賓諾莎在一封致友人的信中還說過：

　　　　我和保羅一樣，可能也同所有古代的哲學家一樣，主張一
　　　　切事物都存在於神內，並且在神內運動③②。

可見，在他物內的東西是決不能離開在自身內的東西，只有存在於在自身內的東西之中，在他物的東西才能存在和認識。

　　實體和樣態的這種對立的同一關係也明顯表現在斯賓諾莎所謂「產生自然的自然」和「被自然產生的自然」這兩重性自然的關係上。這裏同一個自然加以一個主動的形動詞 naturans 和一個被動的形動詞 naturata 而分爲兩個表述，可見斯賓諾莎在這

---

③①　斯賓諾莎：《倫理學》，頁14、24。
③②　《斯賓諾莎書信集》，頁343。

裏並不是給自然分類，一類是產生自然的自然，一類是被自然產生的自然，有如我們把生物分成動物和植物兩類，而是說只有一個自然，這個自然我們可以從兩方面去看，從其原因和主動性看，自然是產生自然的自然，從其結果和被動性看，自然就是被自然產生的自然；從其統一性和無限性看，自然是產生自然的自然，從其多樣性和有限性看，自然又是被自然產生的自然，它們並不是兩個不同的自然，而根本就是同一個自然，只不過是我們從不同的方面去看罷了，因此它們的差別只是邏輯上或認識上的差別。斯賓諾莎這種一體兩面的學說就是所謂 hen kai pan（一和多）原則，即一是一切，一切是一，這一原則最早出現在赫拉克利特的一封信上，而以後成為主導德國古典哲學發展的根本原則。

正因為實體和樣態、神和世界、產生自然的自然和被自然產生的自然，是同一個實在，同一個宇宙整體，同一個自然，所以自然內的每一個事物就成了宇宙整體的一部分、神自身的一部分，這一部分對神的愛和知識就是神對自身一部分的愛和知識，所以斯賓諾莎提出知神就是神自知，愛神就是神愛自身，他說：

> 心靈對神的理智的愛，就是神借以愛它自身的愛，這並不是就神是無限的而言，而是就神之體現於在永恒的形式下看來的人的心靈的本質之中而言，這就是說，心靈對神的理智的愛乃是神藉以愛它自身的無限的愛的一部分……因此神對人類的愛，與心靈對神的理智的愛是同一的[33]。

---

[33] 斯賓諾莎：《倫理學》，頁242-243。

這裏所謂「不是就神是無限的而言，而是就神之體現於……人的心靈的本質之中而言」正是斯賓諾莎一體兩面觀點的典型表述，表明人的心靈這個個別事物與神的關係乃是同一個東西的部分與整體的關係，也正因為這樣一種關係，所以「我們對於自然現象知道的愈多，則我們對於上帝也就有更多的了解」❸，可見，神就是世界個別事物的整體，神與世界是同一個東西。

　　當然，斯賓諾莎也講到「實體按其本性必先於它們的樣態」❸，似乎他也主張實體有離開樣態和先於樣態的存在。實際上這裏所謂「按其本性先於」（prior est natura）這個短語大有講究，早在古希臘時代，亞里士多德就曾經使用過這種說法，希臘文是 προτερον τῃ φύσει，在亞里士多德那裏，「本性上先於」有兩種意思，第一種意思是「更好些」、「更優異些」，例如屬比個體更優異些；第二種意思是指「是……的原因」，例如屬是個體本質的原因❸。在中世紀，除了這兩種意思外，還有第三種意思，那就是「更普遍些」，「更一般些」，例如在本性上動物性先於人性，這就是說，動物性比人性更普遍些，人性是動物性中的一種。因此斯賓諾莎在使用這種說法時，他實際上不是指時間過程，而是指邏輯本性，即普遍、原因和優異這三種意思，實體的邏輯本性在先性不等於它的時間在先性。這一點我們從《倫理學》第一部分命題十七的附釋裏可以看出，「無限多的事物在無限多的方式下都自神的無上威力或無限本性中必然流出，這就是說，一切事物從永恆到永恆都以同等的必然性自神而出，正如三

❸　斯賓諾莎：《神學政治論》，頁68。
❸　斯賓諾莎：《倫理學》，頁4。
❸　亞里士多德：《範疇篇》12、14ᵇ。

內角之和等於兩直角是從三角形的必然性而出那樣」[37]，這裏斯賓諾莎明確地把因果關係等同於邏輯推論的關係，顯然，我們決不能說三角形在時間上比其本性（三內角之和等於兩直角）在先，因為三角形和其本性（三內角之和等於兩直角）實際上是同時的，它們只有邏輯本性或認識上的差別，而無時間上的先後。所以我們認為，實體和樣態、神和世界萬物，在斯賓諾莎的體系裏，只是指同一個實在，它們的差別只是邏輯本性或認識的差別，而所謂邏輯本性或認識上的差別，就是從兩個不同的方面或角度看，包含有原因和結果、一般和個別、全體和部分這些差別的意思，只有這樣我們才能正確理解斯賓諾莎關於實體和樣態的學說。

比如，斯賓諾莎在處理實體和樣態的關係時，經常談到它們之間的各種差別，如實體是無限的，而樣態是有限的；實體是單一的，而樣態是雜多的；實體是不可分的，而樣態是可分的；實體是不生不滅的，而樣態是變滅無常的；實體是永恒的，不可用時間來規定，而樣態只有綿延，可以用時間來量度等等，如果我們不理解斯賓諾莎這種一體兩面的理智觀點，那麼我們很可能認為斯賓諾莎在這裏把實體和樣態形而上學地割裂為兩個世界，一個是永恒無限不變的實體世界，一個是短暫有限多變的樣態世界，但是如果我們理解了斯賓諾莎實體和樣態一體兩面的關係，那麼我們就會知道斯賓諾莎在這裏是就全體和部分這兩方面或角度來說的，實體之所以是單一、無限、永恒的，是因為從整體來把握世界，把世界看成是各種物體相互聯繫的一個有機的系統，

---

[37] 斯賓諾莎：《倫理學》，頁19。

就世界是一個空間上無限時間上持續的整體而言，世界當然是單一的、無限的、永恒的和不生不滅的，正如他所說的，如果我們了解萬物的普遍聯繫的話，那麼，「我們不難理解整個自然界是一個個體，它的各個部分，換言之，卽一切物體，雖有極其多樣的轉化，但整個個體可以不致有什麼改變」❸。而樣態之所以是雜多的、有限的、可分的和變滅無常的，是因爲光就個別的事物而言，或者說是光就有限的因果聯繫而言。如果我們光就個別事物單獨考察，那麼事物當然就是雜多、有限、可分和有生有滅的。例如物種是永恒的，而個別的個體則要消逝，個體滅亡，而類長存。斯賓諾莎在這裏表述了這樣一個非常重要的思想：由實體所表現的無限自然界的統一，不能歸結爲構成實體的許多有限事物或樣態的總和，整個自然界是與個別事物的總和在質上不同的東西，正如無限決不是有限的無窮集合、線決不是由點所組成一樣❸。所以我們認爲，斯賓諾莎關於實體不變樣態多變、實體永恒樣態綿延的說法，與其說是表示實體與樣態相反，是靜止不動的形而上學論斷，還不如說是他表述了整體或系統存在的常住性和自然界基本規律的不變性（如守恒定律）的原理，表述了不

---

❸　斯賓諾莎：《倫理學》，頁56。

❸　斯賓諾莎在一封致梅耶爾的信中，曾經淸楚地講到實體和部分的辯證關係，實體決不是部分的總和，而是部分的統一，實體的性質不同於樣態的性質：「所有那些斷言廣延實體是由各個實際上不同的部分或物體所組成的人，不是在說瘋話，就是在說蠢話。因爲這正如有人企圖憑藉單純地增加或累積許多圓去組成一個正方形、三角形或某種其他本質上完全不同的東西一樣。因此。那些哲學家們企圖用來一般證明廣延實體的有限性的諸多論證也就自身崩潰瓦解了，因爲所有這類論證都假定，有形實體是由部分所組成的，同樣，其他自以爲線是由點組成的人也能够找到許多證據，證明線並不是無限分割的。」（《斯賓諾莎書信集》，頁117-118）。

斷變化的樣態世界整體及其運動變化所依據的規律是永恒的這一
辯證思維論斷。

　　綜上所述，我們可以認爲，斯賓諾莎在解決實體和樣態的關
係問題上，有他獨到之處，他不像他以前的哲學家那樣，把實體
和樣態分割爲兩個互相隔截的世界，而是把它們看成同一個實在
的兩個不同方面，這兩方面共同組成一個不可分離的整體。實體
不是在世界萬物或樣態之外的東西，而只是表現爲世界萬物或樣
態的東西，同樣，世界萬物或樣態也不是與實體完全脫離或無關
的東西，而只是實體的表現或狀態，它們兩者之間並沒有絕對不
可逾越的鴻溝。實體和樣態的關係，正如我們現在所謂本質和現
象的關係，本質不是在現象之外的某種東西，而只是表現爲現象
的東西，現象不是與本質無關的東西，而是表現了本質的東西。
我們也可以說，實體和樣態的關係，也是我們現在所謂一般和個
別的關係，一般並不存在於個別之外，而是在個別之中並表現爲
個別的東西，個別不是與一般無關、在一般之外，而是體現了一
般、表現了一般的東西。同樣，我們也可以說，實體和樣態的關
係，也是我們現在所謂原因和結果的關係，原因不是在結果之外，
而是自身產生結果的東西，結果不是在原因之外，而是原因自身
的結果。實體說明了物質整體對個別事物的制約性，樣態說明了
個別事物對整體的依從性，光有樣態，沒有實體，樣態無從存
在，光有實體，沒有樣態，實體無從表現。實體要取得這種表
現，原因就必須有結果，本質就必須有現象，一般就必須有個
別，產生自然的自然就必須有被自然產生的自然。如果說實體表
現了統一性、能動性和無限性，那麼樣態則表現了多樣性、被動
性和有限性，而眞理就在於統一性和多樣性、能動性和被動性、

無限性和有限性的辯證統一。

三、實體和屬性

在斯賓諾莎的哲學體系裏，除了實體和它的樣態之外，再不存在有任何其他的東西，實體和樣態就構成他的體系的全部實在。他說：「一切存在的事物不是在自身內必是在他物內，這就是說，在知性外面，除了實體和它的樣態以外，沒有別的東西」❹。那麼屬性（Attributio）在斯賓諾莎體系裏究竟是指什麼呢？

斯賓諾莎在《倫理學》裏給屬性下的定義是：「屬性，我理解為由知性看來是構成實體的本質的東西」❹，也就是說，實體的屬性是當我們認識和理解實體時構成實體本質性的東西，或者說，屬性是被理解的實體的本質自身。這裏有三個問題需要澄清：一、實體和屬性究竟是一個東西，還是兩個東西？二、屬性究竟是實體本身固有的性質，還是人們主觀的感知形式？三、屬性在斯賓諾莎體系究竟有什麼意義和作用？

把屬性等同於實體，似乎是斯賓諾莎早期著作（甚至在《倫理學》中還有殘跡）未能擺脫笛卡爾哲學影響和用語的一個殘餘。在很多地方，他仍傾向於把廣延和思想這兩個屬性叫做實體，有時乾脆互換使用。例如在《神、人及其幸福簡論》一書中，他說：

在神的無限理智中，除了在自然中有其形式存在的實體或

---

❹ 斯賓諾莎：《倫理學》，頁5。
❹ 同上書，頁3。

屬性外，沒有什麼其他的實體或屬性㊷。

「實體或屬性」這種用法就表明，在他看來，廣延和思想是叫做實體，還是叫做屬性，似乎無關緊要，相互都可通用。我們查這一時期斯賓諾莎寫的一些書信（主要是第 2 封、第 4 封和第 9 封）以及斯賓諾莎《倫理學》第一部分早期手稿（散見於《斯賓諾莎書信集》第 1、 2、 3、 4、 8 和 9 封等信內），我們可以認爲，當時斯賓諾莎是在同一個意義上使用實體和屬性的，例如在1661年9月寫給奧爾登堡的一封信中，他說：

> 屬性，我理解爲凡是通過自身被設想並且存在於自身內的一切東西，所以它的概念不包含任何其他事物的概念。例如，廣延就是通過自身被設想，並且存在於自身內的，反之，運動就不是這樣，它是在他物內被設想的，它的概念包含廣延㊸。

這裏給屬性下的定義顯然等同於《倫理學》中給實體下的定義，並把廣延定義爲通過自身被設想並存在於自身內的東西，這完全是笛卡爾的意思。另外，斯賓諾莎在 1663 年寫給他的朋友德·福里的一封信中說：

> 所謂實體，我理解爲存在於自身中的，並且通過自身被設想的東西，這也就是說，它的概念並不包含任何其他事物

㊷ 斯賓諾莎：《神、人及其幸福簡論》，頁141 。
㊸ 《斯賓諾莎書信集》，頁75。

的概念。所謂屬性，我理解為同樣的東西，而它之所以稱之為屬性，是因為與知性有關，知性將這樣一種性質歸給實體。

並且說「這個界說是足夠清楚地把我所理解的實體或屬性表達出來了」[44]，而且，為了說明他這種可以用兩個名詞來稱呼同一個東西的觀點，他還舉了兩個例子：「第一，我可以用以色拉爾名字來稱呼愛爾茲瓦特三世，同樣，我也可以用雅各伯來稱呼他，他之所以有這個名字，是因為他抓住了他兄弟的腳跟；第二，我把平面理解為毫無變樣地反射一切光線的東西，我把白色也理解為同樣的東西，不同的只是所說的白色是同那個觀看平面的人有關」[45]。這裏很清楚地表明了斯賓諾莎當時所受的笛卡爾思想和用語的影響，在他看來，實體和屬性只是表示同一個東西的兩個名字，他們之間並沒有什麼重大區別，把廣延稱為屬性和稱為實體，在他看來，似乎是一樣的。而且我們還可以說，就是斯賓諾莎以後的成熟作品《倫理學》也並未能完全擺脫這種影響，例如在第一部分命題十五附釋裏，他說「有廣延的實體是神的無限多的屬性之一」[46]。

　　明確區分實體和屬性的，還是在《倫理學》中，在這裏斯賓諾莎分別給實體和屬性下了兩個不同的定義，一個是「在自身內並通過自身而被認識的東西」，一個是「由知性看來是構成實體本質的東西」，從這兩個定義，屬性只能是構成實體本質的東

---

[44]　同上書，頁108。

[45]　《斯賓諾莎書信集》，頁108。

[46]　斯賓諾莎：《倫理學》，頁14。

西，因而就不再能與實體等同了，屬性只能是實體這個主詞的賓詞，從屬於實體的東西，離開了實體，屬性也就不存在。廣延和思想現在不再像笛卡爾所說的那樣，是兩個獨立自存的實體，而是唯一的一個實體的兩個屬性，這裏表明斯賓諾莎已從笛卡爾的二元論轉為一元論。當笛卡爾最後想用上帝這個無形體的絕對的精神實體來統一精神和物質這兩個相對的有限的實體，從而從二元論倒向唯心主義一元論時，斯賓諾莎卻明確把這個絕對無限的唯一實體理解為客觀存在的自然本身，從而他的哲學就構成唯物主義的實體一元論。用語的改變表明哲學觀點的根本改變。

　　問題在於如何正確理解和解釋斯賓諾莎的屬性概念。按照斯賓諾莎給予的屬性定義，卽「由知性看來是構成實體的本質的東西」，可能產生兩種不同的理解。如果在這個定義裏所強調的是「由知性看來」，那麼屬性只是在知性內的 (in intellectu)，這樣，屬性只是一種主觀的思想形式，而不是實體自身客觀所有;但如果在這個定義裏所強調的是「構成實體的本質的東西」，那麼屬性就是在知性外的 (extra intellectum)，它們就不是人們主觀的感知形式，而是構成實體本質的客觀實在的東西。按照前一種解釋，被知性所知覺就是被知性所發明 (invented)，屬性完全沒有客觀的存在，只是主觀的感知形式，按照後一種解釋，被知性所知覺就是被知性所發現 (discovered)，因為屬性本身是客觀存在的，它們是構成實體本質的東西。由於斯賓諾莎的屬性定義可能產生這兩種理解，因而斯賓諾莎的註釋家和研究家對斯賓諾莎的屬性概念有各種不同的解釋，一派認為斯賓諾莎所謂屬性就是實體本身固有的本質，我們可以把這種解釋叫做客觀的解釋，另一派如黑格爾、埃爾德曼 (J. E. Erdmann)、開爾德等

哲學史家認爲屬性只是人類認識的形式，不是實在地爲神或實體所有，而是人類思想賦予的。如開爾德在其《斯賓諾莎》一書中說：「屬性並不是實體自身的本質，而是相對於我們知性的本質」[47]，甚至像海涅這樣激進的政論家和詩人也在其《論德國宗教和哲學的歷史》一書中說：「不過我們所謂上帝的諸屬性，歸根到底都只是我們的直觀的不同形式，而這些不同的形式在這個絕對的實體中卻是同一的」[48]，這種解釋我們叫做主觀的解釋。還有一派，像庫諾·費舍、約金姆等人所採取的一種綜合解釋，即認爲屬性不僅僅是人類思維的主觀形式，而且也是神或實體的本質的表現，神或實體的實在性質。如約金姆在其《斯賓諾莎《倫理學》研究》一書中說：「屬性不是我們心靈的創造，不是任意的想像，在這個意義上，屬性是『在知性之外』；但是屬性是被認識的實在，所以它又不是『在知性之外』」[49]。應當說，有很大一部分哲學史家如梯利等都是接受這種綜合解釋的。

　　究竟哪一種解釋是正確的呢？我們認爲，要正確理解一位哲學家所提出來的概念的性質，是決不能離開這位哲學家所處的歷史條件和當時的理論水平的。事實上，在斯賓諾莎時代，新興的資產階級剛登上歷史舞臺，迫切要求發展科學和技術，把生產力從封建生產關係的桎梏下解放出來，在當時的生產和自然科學突飛猛進中還沒有提出康德所認爲的那種認識論問題，還沒有感到要在認識過程中提出康德所謂的「先天感性形式」和「先驗知性範疇」作爲認識的條件，因此在斯賓諾莎思想裏並沒有什麼認

---

[47]　開爾德：《斯賓諾莎》，頁146。
[48]　海涅：《論德國宗教和哲學的歷史》，頁68。
[49]　約金姆：《斯賓諾莎倫理學研究》，頁26。

識對象和認識者之間的帷幕問題，理性認識的東西在他看來就是
客觀事物本身所固有的東西，而不是有什麼主觀的成分夾雜在裏
面。 思維的形式和內容在斯賓諾莎那裏， 不僅有思想上的實在
性，而且也一定有客觀的確實性，他自己就明確說過：「理性的
本性在於眞正地認識事物，或在於認識事物自身」❺⓪。所以對於
他來說，不可能有什麼表示事物本質的屬性只是主觀的感知形式
的想法。

在斯賓諾莎早期的《神、人及其幸福簡論》一書裏，我們就
看到他把屬性只了解爲實體自身固有的本質，他說：

> 屬性必定屬於任何具有本質的存在物，我們歸之於存在物
> 的本質愈多，那麼我們歸之於它的屬性也就一定愈多。因
> 此，如果存在物是無限的，那麼它的屬性也一定是無限的❺①。

可見屬性只是表示實體的本質的東西。所謂事物的本質在斯賓諾
莎那裏就是事物最根本的內在性質，是區別該事物與其他事物的
根本標誌，是一個事物得以存在的東西，他說：

> 所謂一物的本質， 卽有了它， 則那物必然存在， 取消了
> 它，則那物必然不存在，換言之，無本質則一物旣不能存
> 在也不能被理解，反之，沒有那物，則本質也旣不能存在
> 又不能被理解❺②。

❺⓪　斯賓諾莎：《倫理學》，頁77。
❺①　斯賓諾莎：《神、人及其幸福簡論》，頁143。
❺②　斯賓諾莎：《倫理學》，頁41。

所以，當斯賓諾莎把屬性定義爲構成實體的本質的東西時，屬性必然是實體的根本性質，是實體得以存在的東西，沒有屬性，實體既不能存在也不能被設想，正如沒有實體，屬性也既不能存在又不能被設想一樣。由此可見，屬性決不能是人類主觀的感知形式，否則實體的存在就成爲問題了。

最能說明屬性是實體本身固有的實在本質，是《倫理學》第一部分命題十的附釋，在那裏斯賓諾莎寫道：

> 由於實體所具有的一切屬性都始終同在實體內，一個屬性不能產生另一個屬性，但每一個屬性都各自表示這實體的實在性或存在。所以說一個實體具有多數屬性，決不是不通的；因爲任何事物必借其屬性才可以認識，而每一事物的存在或實在性愈多，則表示它的必然性、永久性及無限性的屬性也就愈多，這是再明白不過了。因此絕對無限的存在必然應規定爲具有無限多屬性的存在，它的每一個屬性都各自表示它的某種永恒無限的本質，這也是最明白不過的㊿。

斯賓諾莎在這裏明確地說明實體所具有的一切屬性都始終同在實體內，它們每一個都各自表示這個實體的實在性或存在，實體必藉其屬性才可以認識，並說每一事物的存在或實在性愈多，則表示它的必然性、永久性和無限性的屬性也就愈多，這裏絲毫沒有屬性是在知性之內的意思。同樣，在命題十九裏，斯賓諾莎說

㊿　斯賓諾莎：《倫理學》，頁9-10。

「神的屬性應當理解爲表示神聖實體的本質的東西，亦卽屬於實體的東西」⑭，並且在命題四的證明裏斯賓諾莎還明確說屬性在知性之外，「在知性外面除了實體以外，或者換句話說，（他引證屬性的界說），除了實體的屬性和狀態以外，沒有任何東西可以用來區別眾多事物之間的異同」⑮。綜上所述，屬性在斯賓諾莎體系裏是以實體必不可少的質的規定性出現的，實體如果沒有這種質的規定性，實體便不能存在，也不能被認識，屬性表現了實體的實在本質和內容。沒有屬性不是實體的屬性，沒有實體不是具有屬性的實體，實體的屬性愈多，表明實體的本質和內容愈豐富圓滿。所以我們認爲，唯有認爲屬性是實體本身固有的實在本質的客觀解釋才是比較符合斯賓諾莎原意的解釋。

由於屬性是實體本身固有的實在本質，所以斯賓諾莎認爲實體具有的種種性質，屬性也應當毫無例外地具有，他論證「實體的每一個屬性都必然是通過自身而被認識的」（見《倫理學》第一部分命題十）、「神的一切屬性都是永恒的」（《倫理學》第一部分命題十九）、「永恒性旣然屬於實體的本性，所以每一種屬性都包含永恒性，因此一切屬性都是永恒的」、「神的每一個屬性必然是無限的」（見《倫理學》第一部分命題十一和界說二、六，當然這裏的無限指自類無限，與實體的絕對無限不同）。正是因爲屬性和實體有著共同的性質，所以斯賓諾莎把實體和屬性同樣都算作爲「產生自然的自然」。這樣，我們可以看到，正如實體和樣態是一般和個別的關係一樣，屬性和樣態也是處於一般和個別的關係之中，在斯賓諾莎體系裏，是沒有抽象的屬性的，

⑭　斯賓諾莎:　《倫理學》，頁 5 。
⑮　同上書，頁21。

任何屬性都是表現在無限數目的樣態之中，廣延屬性表現於無限數目的具有特殊形狀和大小的個別物體裏，思想屬性表現於無限數目的特殊的觀念、情感和意願活動中，永遠不會有純粹抽象的思想，一段空無所有的思想，也永遠不會有純粹抽象的廣延，一段空無所有的廣延，有的總是特殊的具體的物體和特殊的具體的觀念，不過，這些特殊的具體的物體和觀念卻不能離開它們的屬性而存在，脫離它們的屬性而被設想，例如，我們不能設想物體的運動和靜止而沒有廣延，不能設想個別觀念或個別意志而沒有思想。正是在這點上，斯賓諾莎表現了優於當時科學家的卓越見識，他不像牛頓那樣主張有所謂純粹抽象的「絕對空間」，對於他來說，任何屬性都是具體表現在個別事物之中的，離開了個別事物，屬性既不能存在，也不能被認識。

　　屬性既然是實體本身固有的實在本質，那麼斯賓諾莎為什麼要在定義中加上限定詞「由知性看來」呢？所謂「由知性看來」，我們認為有兩種意思：首先，它是指知性是從實體的哪一方面去考察認識實體，因為我們所能認識的屬性有思想和廣延。究竟我們是從思想方面還是從廣延方面去認識實體，就這點而論，屬性是與進行考察的知性分不開的。譬如，我們看一幅風景畫，如果我們單從顏色方面看，那麼這是一幅五顏六色的顏料堆積物，我們看不到這幅畫究竟畫的是什麼，但是，如果我們從圖畫的表現內容去看，那麼這是一幅非常優美的風景畫。顯然，這幅畫的顏料和內容決不是看的人們所主觀附加上去的，而是這幅畫本身所固有，如果沒有顏料和表現內容，那麼也就無所謂這幅畫。這幅畫的顏料性質是我們從顏料這個方面去考察所得知的，這幅畫的表現內容則是我們從內容方面所理解的。這幅畫的顏料和內容雖

然是這幅畫所固有，但要區分它們和表述它們，卻是與知性從哪一方面去考察有關。同樣，思想屬性是我們從思想這方面去考察實體所認識的實體這方面的本質，廣延屬性是我們從廣延這方面去考察實體所認識的實體這方面的本質，雖然這兩種屬性都是實體本身客觀所固有，但要區分它們和表述它們則是與知性從哪一方面去考察有著直接的聯繫，所以斯賓諾莎說，屬性是由知性看來構成實體本質的東西。

其次，斯賓諾莎說「由知性看來」，還有第二層意思，那就是實體在斯賓諾莎看來並不是只有兩種屬性，而是有無限多個屬性，只是我們所能認識到的，只有兩種屬性，這就是廣延屬性和思想屬性，他說：

> 我並不是說我能完全認識神，不過我能認識神的某些屬性，當然不是一切屬性，也不是大部分屬性，雖然我們對絕大部分屬性不認識，但確實不能阻止我們對其中某些屬性有知識[56]。

因此，我們對於實體所能夠說到的只是我們所能認識的兩種屬性，在這個意義上，屬性總是和人們的認識分不開。我們可以說，屬性既不是離開認識的實在，又不是離開實在的認識，而是我們所知道的或所能知道的實在，實體的屬性愈多，表明我們認識的實體愈完善。正是基於這種看法，斯賓諾莎才把屬性定義為「由知性看來是構成實體的本質的東西」。

---

[56] 《斯賓諾莎書信集》，頁289。

不過，在這裏斯賓諾莎觸及了人類認識過程中的一個十分複雜的問題，這就是經驗認識和理性認識的權限和確定性問題。既然我們對於實體所能認識的只有思想和廣延這兩種屬性，那麼我們怎樣知道實體有無限多個屬性呢？這無限多個屬性的概念是從何而來的呢？譬如，我看見一個東西只有兩種顏色，我又怎麼知道它有無限多種顏色呢？按照經驗論者的觀點，這完全是不可能的，因爲我的認識來源於經驗，我能經驗的就是我所認識的，認識不能超出經驗之外，而且我根本也不能說到經驗的限制，因爲說到經驗的限制，就意味我還知道限制之外還有其他的東西，這樣就產生了思維的矛盾，我可以經驗我所不能經驗的東西。當然，作爲唯理論者，斯賓諾莎是答覆不了這一問題的，他只是從邏輯上進行推論，既然有兩種屬性，就一定有三種或更多的屬性存在，神是無限的存在，所以它一定有無限多個屬性，可見，他之所以得出實體有無限多個屬性，完全是從數學得來的一種邏輯推導。

這樣我們就可以對斯賓諾莎體系裏屬性這一概念有個比較全面的認識了。屬性概念在斯賓諾莎體系裏應當說起了相當重要的作用，除了在本體論上由於這個概念的提出，把思想和廣延從實體降爲屬性，從而避免了笛卡爾的二元論，使斯賓諾莎哲學走向一元論外，在認識論上屬性至少還有如下兩層意義：

（一）屬性概念表達了人類對於世界的本質可以認識的信念。我們在現實世界中所認識的，正是這個世界本質的內容，在認識對象卽世界和我們認識者之間並不存在有不可逾越的鴻溝，觀念的秩序和聯繫與事物的秩序和聯繫是同一的因果秩序和聯繫，人類認識的規律與自然事物的規律是相同的，實在就是我們

認識的實在，我們認識的實在就是實在本身的內容。斯賓諾莎在世時，有人向他提出既然你對神的絕大部分屬性是無知的，你又如何知道你對其中兩種屬性有清楚的知識呢？斯賓諾莎在信中答覆說：

> 這是確定不疑的，我們對於絕大多數屬性的無知並不妨礙我們對它們之中某一些屬性有所知。當我學習歐幾里德的幾何原本時，我首先理解的是三角形的三內角之和等於兩直角，雖然當時我對於三角形其他許多特性還是無知的，但對三角形這一性質卻清楚地理解了[57]。

因此，在斯賓諾莎看來，雖然我們對於實體只能認識其兩種屬性，但關於這兩種屬性的知識則是完全可靠的，它們反映了實體的本質屬性。

（二）屬性概念表達了人類對於世界最終認識的限制和界限。雖然斯賓諾莎認為存在的東西和我們所知道的東西之間沒有鴻溝或帷幕，但他認為實體的全部內容和我們的部分知識之間卻存在有不可逾越的界限：實體的無限屬性是有限的人類認識永遠達不到的，有限的人類只能認識無限實體的很少的兩種屬性。因為在斯賓諾莎看來，理智不管是有限的還是無限的，只能算作被自然產生的自然，即只能算作樣態，有限的樣態要去理解無限的東西，總是不完全的，因此人類的認識只能是非常有限的。從這裏我們可以看出，他不是說，我們不能用今天我們的認識界限去

---

[57] 《斯賓諾莎書信集》，頁289。

否定客觀世界可能有的而我們今天尚未認識的本質和規律，我們不能用今天我們對於宇宙的未知數去否定客觀世界本身可能有的、但今天是未知的將來卻是可知的東西，他是說，我們今天所不能認識的客觀世界的其他屬性將是永遠不能爲我們所認識的，我們今天對於客觀世界的未知數將永遠是未知數。所以屬性概念在斯賓諾莎那裏並不是表達相對眞理和絕對眞理關係的辯證認識原理，而是表達認識的界限或限制。

屬性概念的這兩層意思，一方面表現了斯賓諾莎堅持世界是可知的這一正確的認識論觀點，另一方面也表現了斯賓諾莎不懂得認識的辯證法，不了解從相對眞理到絕對眞理的辯證發展過程。固然，我們應當把我們在一定歷史條件下所認識的客觀事物的本質和規律性與客觀事物的本來面目和全部內容區別開來，應當承認由於一定的歷史條件和人們認識能力的限制，我們今天所認識的事物的本質和規律性只是客觀世界本身所具有的本質和規律性的一部分或表面現象，而對於整個宇宙的一切事物的眞實聯繫，我們仍然缺乏深刻的了解。但這僅僅是我們今天的認識界限，而決不是人類認識的永遠界限，科學史上的事實充分證明了科學上的每一發現和每一成就都在不斷擴大和加深我們對於世界的認識，都在不斷揭示我們原來還未認識到的事物本質聯繫和規律性。所以斯賓諾莎關於神有無限多屬性而我們只能認識其中兩種屬性的思想並不表述辯證法的認識原理，而是一種認識論上的宿命論，這只能說明他的形而上學思維方法的局限性。

四、思想和廣延

神是絕對無限的存在，是具有無限多屬性的唯一實體，而我們所能認識的神的屬性只有思想屬性和廣延屬性。斯賓諾莎說：「思想是神的一個屬性，或者神是一個能思想的東西」⑱，「廣延是神的一個屬性，換言之，神是一個有廣延的東西」⑲。因此，思想和廣延就是我們對實體所認識的唯一兩種最根本 的 本質。

斯賓諾莎之所以認爲思想和廣延是我們所認識的實體的唯一兩種屬性，顯然是根據於我們人類是心靈和身體的複合體。按照斯賓諾莎的看法，人乃是由心靈和身體這兩部分所組成，是心靈和身體的統一體，構成人的心靈的現實存在的最初成分是一個現實存在著的個別事物的觀念，而構成人的心靈的觀念的對象只是現實存在的身體或某種廣延樣態，簡言之，人的心靈是人的身體的觀念，而人的身體則是人的心靈的對象。因爲這個有限樣態是由心靈（觀念）和身體（物體）這兩種樣態所組成，所以我們可以推知神或實體具有兩種屬性，卽思想屬性和廣延屬性，人的心靈（觀念）是神的思想屬性的樣態，人的身體（物體）則是神的廣延屬性的樣態。

把思想和廣延作爲神或實體的兩種屬性，在哲學史上一個重要的結果，就是擺脫笛卡爾的二元論走向一元論。在笛卡爾看來，宇宙間存在有兩種實體，卽具有廣延屬性的身體（物體）實

---

⑱ 斯賓諾莎：《倫理學》，頁42。
⑲ 同上書，頁43。

體和具有思想屬性的心靈（精神）實體，他說：「每一實體各有
一種主要的屬性，心靈的屬性是思想，身體的屬性則是廣延」
⑩，這兩個實體構成了兩種互不依賴的本源，即物質本源和精神
本源。雖然他有時爲了調和這兩個實體的對立，提出上帝才是
眞正的絕對的無限的實體，然而思想和廣延仍被他認爲是兩個彼
此獨立的相對的有限的實體，它們旣不能相互產生，又不能相互
決定。斯賓諾莎早期雖然受笛卡爾的實體學說影響很深，但他自
己的哲學活動卻是從批評笛卡爾的二元論開始的。在他早期寫的
〈理智、愛情、理性和欲望之間的第一篇對話〉裏，他就假借批
判欲望這個抽象人物來抨擊笛卡爾的二元論，他說：

> 欲望，我告訴你，你認爲有種種不同的實體，那是錯誤
> 的，因爲我淸楚地看到，只有唯一的一個實體，它通過其
> 自身而存在並且是一切其他屬性的根基。

當笛卡爾派人說世上的萬事萬物，凡是佔有空間的物體都是物質
的樣態，依賴於物質，凡是觀念都是精神的樣態，依賴於精神，所以
物質和精神應當是兩個獨立存在的實體時，斯賓諾莎卻回答說：

> 如果你把物質和精神因爲諸樣態依賴於它們而稱之爲實
> 體，那麼你也必定因爲它們依賴於實體而把它們稱之爲樣
> 態，因爲它們並沒有被你設想爲通過其自身而存在的。……
> 所以我從你自己的證明中得出結論：無限的廣延和思想這
> 兩者連同所有其他種種無限的屬性（或者按照你的說法，

---

⑩　笛卡爾：《哲學原理》，頁20。

其他種種實體）都只是那個唯一的、永恒的、無限的、通過其自身而存在的存在物的種種樣態，所有這些，正如已經說過的，我們斷定爲一個單一體或統一體，在它之外絕不能想像任何其他東西存在[61]。

同樣，在《神、人及其幸福簡論》裏，斯賓諾莎明確論證了只能有一個絕對無限的實體卽神，而不能有兩個相同的無限的實體。他的論證是這樣，所謂神只能是通過自身而存在的絕對無限的實體，如果有兩個實體，則一個實體就在另一個實體之外，因此它們就相互限制，彼此都不是無限的，這和上述神的定義相矛盾，所以只能有一個實體，這個實體就是絕對無限的神，而思想和廣延只是神的無限多屬性中我們所能認識的兩種屬性，他說：「我們只有一句話，那就是：我們所知道的這些屬性僅僅是兩種，卽思想和廣延」[62]。由此可見，斯賓諾莎從他哲學活動一開始，就是作爲笛卡爾派實體學說的反對者和批評者出現的，也可能正是這一點，哲學史家們從未因爲斯賓諾莎的思路和用語非常接近笛卡爾而把他算作笛卡爾學派成員之一。

如果說，在斯賓諾莎早期著作和書信裏有時還有把實體和屬性混同使用因而未能徹底擺脫笛卡爾用語的影響的話，那麼在斯賓諾莎後期成熟的代表作《倫理學》裏，實體和屬性就有了明確的區分，斯賓諾莎簡潔地把他的思想概括爲如下兩點：

第一，神是唯一的，也就是說，宇宙間只有一個實體，而

---

[61] 斯賓諾莎：《神、人及其幸福簡論》，頁150-151。
[62] 同上書，頁147。

且這個實體是絕對無限的；第二，廣延的東西與思想的東西，如果不是神的屬性，必定是神的屬性的分殊[63]。

《倫理學》所構造的整個哲學體系就是建立在這種一個實體兩個屬性的一元實體論基礎上的。

思想是神的一個屬性，這在哲學史上並不是一個新的提法，早在亞里士多德的「第一推動者」和柏羅丁的「太一」裏就包含有神是思想本質的說法，在亞里士多德和柏羅丁看來，思想並不是某種在神的本質之外或附在本質之內的東西，而是某種與神的本質等同的東西，對於他們來說，神的本質就是思想似乎是無容置疑的真理。在中世紀，神的觀念完全是和思想的觀念結合在一起，上帝就是超越於自然之外的沒有物質形體的精神本體，上帝是全知、全能、有理智、有意志，能施善罰惡的最高精神主宰。所以當斯賓諾莎說：「思想是神的一個屬性，或者神是一個能思想的東西」，從表面上看，似乎和傳統的觀念，特別是和中世紀神學家的觀念沒有什麼根本不同。

但這只是表面的現象，一個明顯的例證就是：斯賓諾莎雖然承認思想是神的一個屬性，但他卻明確說明神是既沒有理智又沒有意志的。他說：

> 意志與理智同神的關係正如運動與靜止以及所有一切自然事物同神的關係一樣，其存在與動作都在一定方式下為神所決定。……雖然有無數事物出於一定的意志或理智，但我們決不能因此便說神依據自由意志而活動，正如出於運

[63]　斯賓諾莎：《倫理學》，頁13-14。

動和靜止的事物雖多，我們卻決不能因此便說神依據運動和靜止的自由而活動一樣。所以意志並不屬於神的本性，正如其他的自然事物不屬於神的本性一樣[64]。

在斯賓諾莎看來，理智、意志、欲望和情感。只能算作被自然產生的自然，而不能算作產生自然的自然。他曾經富有風趣地說道：

> 我以為，如果理智與意志屬於神的永恒本質，則對於這兩種屬性，顯然應與一般人所了解的理智與意志完全不同。因為構成神的本質的理智與意志與我們的理智和意志實有天壤之別，最多只是名詞相同。就好像天上的星座「犬座」與地上能吠的能吠「犬」一樣[65]。

因此，如果我們非要說神有理智的話，那麼「神的理智，就它被理解為構成神的本質而言，其實就是萬物的原因：萬物的本質以及萬物的存在的原因」[66]。

既然理智和意志均不屬於神的永恒本性，那麼斯賓諾莎為什麼要認為思想是神的一個屬性呢？這對於我們正確理解斯賓諾莎哲學是一個非常重要的問題。我們認為，斯賓諾莎之所以要提出思想屬性，是為了要對人如何具有理性思維這一問題作出解釋。當十七世紀自然科學特別是生物學還不能真正揭示意識起源的秘密

---

[64] 斯賓諾莎：《倫理學》，頁29。
[65] 斯賓諾莎：《倫理學》，頁20。
[66] 同上。

時，斯賓諾莎試圖通過他的哲學來對這一問題作出自然主義的解釋。斯賓諾莎曾經給自己提出這樣一個問題，爲什麼人有心靈、有思維活動呢？ 他說： 因爲「人的心靈是神的無限理智之一部分，所以當我們說，人的心靈知覺這物或那物時，我們只不過是說，神具有這個或那個觀念，但非就神是無限的而言，而只是就神爲人的心靈的本性而言，或就神構成人的心靈的本質而言」⑥，這裏所謂神的無限理智在斯賓諾莎體系裏就是神的思想屬性的無限永恒樣態，而人的心靈正是這種無限理智的一部分。因此，現實的理智，不管是有限的還是無限的，在斯賓諾莎看來，都「必須憑藉絕對思想才能得到理解，這就是說，理智必須憑藉神的一種屬性，而這種屬性能表示思想的永恒無限的本質，才能得到理解，沒有這種屬性，理智就既不能存在，也不能被理解」⑥。 同樣，斯賓諾莎在 1665 年致奧爾登堡的信中也答覆了這一問題，他說：

關於人的心靈，我也同樣認爲是自然的一部分，因爲我說在自然中存在有一種無限的思想力量，就這思想力量是無限的而言，它就在觀念方面包含全部自然。它在思想方面的秩序，正如它的對象自然的秩序一樣。因此我主張人的心靈就是這種思想力量，不過不是就它是無限的、知覺整個自然而言，而是就它是有限的、只知覺人的身體而言，正是在這個意義上，我主張人的心靈是某一無限理智的一部分⑥。

---

⑥ 斯賓諾莎：《倫理學》，頁50。
⑥ 同上書，頁28。
⑥ 《斯賓諾莎書信集》，頁212。

這裏所謂無限的思想力量就是上面所說的無限理智，即是神的思想屬性的無限永恒樣態，而人的心靈正是這種無限永恒樣態的一部分。由此可見，思想屬性在斯賓諾莎體系裏是作爲說明人的心靈的起源或者人如何具有理性思維這一使命而出現的，斯賓諾莎試圖通過神的思想屬性對人類的精神活動作出一種自然主義的解釋。

如果說「思想是神的一個屬性」這一命題與傳統的神的觀念表面上看來還沒有什麼顯著的區別，那麼「廣延是神的一個屬性，換言之，神是一個有廣延的東西」這一命題卻是斯賓諾莎完全嶄新的衝破一切傳統觀念的提法。這表明他和以前的哲學家關於神的觀念有著根本的分歧。在他以前的哲學家，甚至包括笛卡爾在內，都認爲神只是能思的東西，而不能是有廣延的東西，斯賓諾莎大膽地反對這種傳統看法，提出神不僅是能思想的東西，而且也是有廣延的東西，因而神也是一種物質。據說當時正是因爲斯賓諾莎堅持三條異端思想（其中一條就是上帝是有形物質）而被猶太教公會永遠革出教門，遭到最惡毒的詛咒。

按照當時一般哲學家和神學家的看法，神不能是有廣延的東西，因爲從廣延可以推出可分性，從可分性又可以推出被動性，這樣將賦與神以某種否定的性質。例如笛卡爾當時就曾經這樣說過：「廣延旣是物體的本性，並且空間的廣延旣然具有可分性，可分性又表示不圓滿性，所以我們可以確知，神不是物體」❼⓿。爲了駁斥這一觀點，斯賓諾莎主張，廣延作爲神的無限屬性，根本不是可分的，而是不可分的，因而也不是被動的，而是主動

---

❼⓿ 笛卡爾：《哲學原理》，第一部分，第23節。

的。他在《倫理學》第一部分命題十五附釋裏針對反對派提出的
兩個理由進行反駁。反對派提出的第一個理由是：有廣延的實體
必定是集部分而組成，所以它不具有無限性，因而廣延不能是神
的屬性，例如他們說，假如有廣延的實體是無限的，試將它分成
兩部分，則它的每一部分或者是有限的，或者是無限的，如果是
有限的，則無限乃是兩個有限部分所構成，這是不通的；但如果
是無限的，則將有一個無限是另一個無限的兩倍，這也是同樣不
通的。斯賓諾莎在反駁這一理由時指出：

> 他們用來證明有廣延的實體是有限的那些不通的論據，並
> 不出於量是無限的那個假定，而是出於無限的量是可分的
> 那一個假定，與無限之量是有限部分所構成的那個假定…
> …因為他們為了要證明有形體的實體是有限的起見，竟把
> 只能認為無限、必然、唯一而不可分的有形體的實體認作
> 有限，為有限部分所構成，並且複合而可分**⑦**。

按照斯賓諾莎的看法，認為有形體的實體是集有限物體或部分而
成，其不通無異乎說面是集線而成，線是集點而成。斯賓諾莎並
且援引非真空論來證明自己關於有形實體是不可分的看法，他
說：

> 因為如果有形體的實體可以分到各個部分真正地截然分
> 離，何以一部分被毀滅後，而其餘部分就不能仍然像以前

---

⑦　斯賓諾莎：《倫理學》，頁16。

那樣，彼此連在一起呢？何以一切事物能如是有秩序地緊密聯繫在一起竟致沒有真空呢？因為如果事物彼此真正地截然分離，則此物必能離他物而獨存，並且能離他物而仍維持其固有地位。既然宇宙間沒有真空，而各部分又如此連結以致不可能有真空，足見一切有限的部分並非真正地分離，這就是說，有形體的實體既是實體就是不可分的⑫。

反對派提出的第二個理由是：神既然是無上圓滿的，必不是被動的，而有廣延的實體必然是可分的，必是被動的，因此廣延不能是神的屬性。這一理由顯然是根據有廣延的實體是可分的這一點的，而這一點既然不成立，所以這一理由也不能成立。斯賓諾莎在這裏特別還強調說：「卽使我的這些見解不能成立，我也不知道為什麼物質不配有神性，因為除神以外不能有任何實體存在可以使得神性成為被動」⑬。總之，對於斯賓諾莎來說，廣延決不是可分的、由有限部分而組成的，而是不可分的、無限的，因此，說廣延是神的無限多屬性之一，決不表示神有被動性和不圓滿性。

正如思想屬性是作為說明精神（心理）現象的使命而出現的，廣延屬性在斯賓諾莎哲學體系裏也是作為說明物質（物理）現象的使命而出現的。我們知道，在古代希臘很早就出現了一種原子論學說，它試圖對錯綜複雜的自然現象作一個比較科學的解釋，卽把一切事物歸為同一種質以作量的解釋。但是這一傳統在中世紀被丟棄了，中世紀經院哲學家為了神學的需要，反對對自

---

⑫ 斯賓諾莎：《倫理學》，頁16。
⑬ 斯賓諾莎：《倫理學》，頁17。

然現象作這種科學的量的解釋，他們認為每一事物都有自身獨特的質，如火不同於水，就在於火有火的質，水有水的質，這種質他們稱之為「實體的形式」、「隱蔽的質」、「有意志的類」等等，這樣就阻止了人們對於自然現象作統一的科學解釋。近代科學和哲學就是在反對中世紀這種荒誕解釋的基礎上發展的。十七世紀的自然科學最基本的立場就是要恢復古代原子論的量的解釋，把自然界一切物體的本質僅歸結為一種廣延，把一切運動變化僅歸結為機械運動。笛卡爾的物理學就是系統地闡述這一立場，最後由牛頓在他的《自然哲學原理》裏作了總結。斯賓諾莎對當時的自然科學相當熟悉，特別是對笛卡爾的物理學作了精湛的研究，他贊成原子論的解釋，他曾經在一封致友人的信中說：

> 柏拉圖、亞里士多德和蘇格拉底的權威對我來說沒有多大份量，要是您提到伊壁鳩魯、德謨克利特、盧克萊修或任何一個原子論者，或者為原子作辯護的人，我倒會感到驚奇。那些想出了「隱蔽的質」、「有意志的類」、「實體的形式」和無數其他的無聊東西的人，會捏造出幽靈和靈魂讓老太婆們相信，以便削弱德謨克利特的權威，這是不足為怪的。他們對於德謨克利特的好聲譽是如此嫉忌，以致燒毀了他的全部著作，而這些著作是他在一片頌揚聲中發表的❼ 。

因此我們完全有理由說，斯賓諾莎提出廣延是神的屬性，是繼承

---

❼ 《斯賓諾莎書信集》，頁290。

原子論和笛卡爾物理學的科學傳統。廣延學說在哲學上最大的貢獻在於把一切自然現象質的多樣性還原爲量的規定性，從而爲世界物質的統一性及其運動規律齊一性作出了科學的理論解釋。

用廣延來解釋自然現象，最清楚表現在斯賓諾莎的《笛卡爾哲學原理》一書的第二編中，這是根據笛卡爾的《哲學原理》第二部分物理學闡述的。在這裏斯賓諾莎首先給廣延下了這樣一個定義：「廣延，由三向量構成，不過我們所謂廣延既不是一種擴展行爲，也不是某種不同於量的東西」，按照這個定義，廣延與空間沒有什麼實際的區別，它們都是量的規定。但廣延和空間不是純粹的無，它們構成物體或物質的本質，「物體或物質的本性只在於廣延」，因此沒有廣延，物體或物質既不能存在，也不能被設想。由於物質的本質在於廣延，因此物質不是多種多樣的，而是到處同一的，或者說，「天地間的物質是同一的」。同樣，運動和靜止也是廣延的樣態，它們不能離開廣延而存在和被設想，因爲沒有廣延，我們就不能設想運動、靜止、形狀等等。按照斯賓諾莎，一當我們有了物體和運動與靜止，我們就可以解釋全部物理現象，因此廣延是我們對於物理自然現象解釋的最根本的原則。

這樣一種觀點同樣表現在《倫理學》裏，在這裏斯賓諾莎首先根據廣延對物體下了這樣一個定義：「物體，我理解爲在某種一定的方式下表示神的本質的樣態，但就神被認作一個有廣延之物而言」。由這個定義他推出六個基本公則：一、一切物體都包含同一屬性即廣延屬性，因而一切物體必定有若干方面是彼此相同的；二、一切物體或是運動著或是靜止著，都具有某種特定的動靜比率；三、一切物體間的相互差異在於動靜快慢，即動靜比

率的不同；四、物體之所以發生性質改變，不在於體積或大小改變，而在於動靜比率的變化；五、一物體之動或靜必定爲另一物體所決定，因此動者將繼續運動直至爲他物所決定使其靜止，反之，靜者將繼續保持靜止直至爲他物所決定使其運動；六、由於整個宇宙都保持一定的動靜比率，所以縱使一切物體有極其多樣的變化或轉化，但整個宇宙不致有什麼改變。顯然這些都是近代物理學的基本原理，斯賓諾莎試圖利用這些基本原理完成他對物理現象的自然主義解釋。

不過，我們應當注意，斯賓諾莎的廣延概念決不只是物理學概念，它的內涵遠超出笛卡爾所賦予這概念的單純物理學意義。這一點清楚地表現在他和謝恩豪斯的通信中。 1676 年 5 月謝恩豪斯曾經向斯賓諾莎提出這樣一個問題：「我非常難以理解，我們如何能先天地證明那些具有運動和形狀的物體的存在的，因爲如果我們絕對地考察廣延，廣延中是沒有這類東西的」⓻，斯賓諾莎在回信中說：

> 從笛卡爾所設想的廣延，即一種靜止不動的質（Mass）出發，則不僅像您所說的，很難證明物體的存在，而且是絕對不可能的。因爲靜止的物體將繼續儘可能地靜止，除非由於某種更強有力的外部原因，否則它不會開始運動的。由於這個緣故，我曾經毫不遲疑地說笛卡爾關於自然事物的原則，即使不說是荒謬的，也是無益的⓼。

⓻　《斯賓諾莎書信集》，頁361。
⓼　《斯賓諾莎書信集》，頁363。

隔一個月，謝恩豪斯又給斯賓諾莎寫了一封信，問我們怎樣可以
從廣延概念先天地演繹出事物的多樣性，「因爲你記得笛卡爾的
意見，按照他的主張，他之所以可以從廣延演繹出事物的多樣
性，只在於假設這是由於神所發動的運動在廣延裏所產生的結
果」⑦。斯賓諾莎對此的答覆是：「您問僅僅從廣延概念能否先
天地證明事物的多樣性，我想我已經相當淸楚地回答了，這是不
可能的。因此，笛卡爾用廣延來給物質下定義是不正確的。物質
必須要以表現永恒的無限的本質的一種屬性來下定義」⑱。從謝
恩豪斯提出的這兩個問題以及斯賓諾莎的答覆，我們可以淸楚看
出，爲了解決事物如何會運動以及事物如何有多樣性，斯賓諾莎
的廣延概念決不同於笛卡爾的廣延概念，笛卡爾的廣延概念是一
種惰性的物質，它不可能引起事物的運動和造成事物的多樣性，
事物的運動和多樣性乃是由於上帝自外作用的結果。斯賓諾莎反
對這種看法，他認爲廣延概念應當包含運動，卽運動是廣延屬性
的直接永恒樣態，因而廣延本身決不是什麼惰性物質，而是具有
一種能動作用，只有具有能動作用的廣延才能說明世界的物質多
樣性和世界萬物的運動和變化。

　　綜上所述，思想和廣延作爲神的兩個屬性，其最根本的意思
就是說明自然本身就有原因解釋自身的精神現象和物質現象。思
想和廣延是宇宙自身的兩種能力，自然界所有精神現象和物質現
象都可以看成是這兩種能力活動的結果。約金姆在他的《斯賓諾
莎《倫理學》研究》一書中把斯賓諾莎的屬性稱之爲「神的全能
藉以向知性顯示其自由因的力線(Lines of force)」⑲，是有一定

⑦　《斯賓諾莎書信集》，頁363。
⑱　《斯賓諾莎書信集》，頁365。
⑲　約金姆：《斯賓諾莎《倫理學》研究》，頁65。

道理的，如果我們把思想和廣延這兩條力線說成是宇宙自身的兩條作業線 (Lines of production)，可能更好，因為神作為產生自然的自然，本身就是一個以無限方式進行活動和創造的絕對力量，這種力量以兩條不同的作業線表現在宇宙萬物的存在和活動中，作為廣延的作業線，宇宙力形成全部物理現象，而作為思想的作業線，宇宙力形成全部精神現象。因此我們可以把斯賓諾莎所謂神的思想屬性和廣延屬性看成宇宙進行自我解釋的兩個基本原則，它們說明宇宙自身就有能力解釋一切精神現象和物質現象，而不需要任何超自然的外在因素。

現在我們需要考慮這兩條作業線的相互關係，也就是思想屬性和廣延屬性在斯賓諾莎自然系統裏的關係。按照斯賓諾莎的看法，思想和廣延是兩種根本不同類的屬性，它們彼此之間不能相互產生和相互決定，卽「物體不能限制思想，思想也不能限制物體」⑩，但是，它們雖然性質根本不同，一個不能產生和決定另一個，它們卻是同一個實體的兩個屬性，是從兩個不同的方面來表現同一個實在。當我們從思想屬性去認識神或自然時，它就是一個能思想的實體，當我們從廣延屬性去認識神或自然時，它就是一個有廣延的實體，表現為思想的實體和表現為廣延的實體乃是同一個實體。他說：「縱然兩個屬性可以設想為確有區別，也就是說，這個屬性無須借助那個屬性，但我們也不能由此便說它們是兩個存在或兩個實體」⑪。因此，不論我們借廣延這一屬性，還是借思想這一屬性來認識實體，我們總會發現同一的內容和同一的關係。同樣，廣延屬性的一個樣態和這個樣態在思想屬性裏

---

⑩ 斯賓諾莎：《倫理學》，頁 3。
⑪ 斯賓諾莎：《倫理學》，頁 9。

的樣態即它的觀念也是同一個東西，只不過我們借不同的屬性去
了解它們罷了。對於廣延屬性的每一個樣態或物體，我們可以從
思想屬性方面把它看成思想屬性的樣態即該物體的觀念，對於思
想屬性的每一個樣態或觀念，我們也可以從廣延屬性方面把它看
成廣延屬性的樣態即該觀念的對象。斯賓諾莎寫道：

> 凡是無限知性認作構成實體的本質的東西全都只隸屬於唯
> 一的實體，因此思想的實體與廣延的實體就是那唯一的同
> 一的實體，不過時而通過這個屬性，時而通過那個屬性去
> 了解罷了。同樣，廣延的一個樣態和這個樣態的觀念亦是
> 同一的東西，不過由兩種不同的方式表示出來罷了。……
> 譬如，存在於自然界中的圓形與在神之內存在著的圓形的
> 觀念，也是同一的東西，但借不同的屬性來說明罷了❷。

按照斯賓諾莎的看法，思想屬性和廣延屬性的這種同一關係
不僅表現在思想的實體和廣延的實體只是同一的實體，廣延屬性
的一個樣態和這個樣態的觀念只是同一個東西，而且也表現在觀
念自思想屬性而出與觀念的對象自廣延屬性而出，其方式亦是相
同的，即觀念的次序和聯繫與事物的次序和聯繫是相同的，換句
話說，在斯賓諾莎看來，觀念的因果次序和事物的因果次序並不
是兩個因果次序，而是同一個因果次序，只是我們從不同的屬性
去考察罷了，他說：

---

❷ 斯賓諾莎：《倫理學》，頁46。

無論我們藉廣延這一屬性，或者藉思想這一屬性，或者藉任何別的屬性來認識自然，我們總會發現同一的因果次序或同一的因果聯繫，換言之，我們在每一觀點下，總是會發現同樣的事物連續❽。

這樣，我們就看到思想和廣延這兩個屬性之間存在有一種同一而兩面的複雜關係：

（一）思想不同於廣延，思想不能產生和決定廣延，廣延也不能產生和決定思想。思想和廣延在類別上是根本不同的兩種屬性。因此，宇宙存在有兩條根本不同的作業線，它們相互不影響和不發生任何關係，各在自身範圍內進行創世活動，而相對於這兩條不同的作業線，存在有兩種互不依賴的解釋系統，即廣延的解釋系統和思想的解釋系統，當事物被認作廣延的樣態時，我們必須單用廣延這一屬性去解釋整個自然界的次序或因果聯繫，反之，當事物被認作思想的樣態時，整個自然界的次序或因果聯繫則必須單用思想這一屬性去解釋，任何試圖建立思想和廣延之間聯繫的理論都不能成立。

（二）思想和廣延雖然是兩種根本不同類的屬性，但它們卻不是兩個存在或兩個實體，而是同一個實體，它們所表現的乃是同一的內容和同一的因果關係。因此，上述兩條宇宙作業線又是同一條作業線，只不過是通過兩種不同屬性表現出來罷了，它們創世活動的因果次序和聯繫完全是同一個因果次序和聯繫。因而無論我們藉廣延這一屬性，還是藉思想這一屬性去認識自然，我

---

❽　斯賓諾莎：《倫理學》，頁46。

們總會發現同一的因果次序或同一的事物連續，所以上述兩種互不依賴的解釋系統又可以看成是同一個解釋系統，因為它們所揭示的自然的因果次序和聯繫乃是同一的次序和聯繫。

斯賓諾莎這種關於思想和廣延關係的理論，過去有些哲學史家稱作心物平行論或心物等同論，如果所謂平行是指兩條永不相交的直線，那麼我們不認為斯賓諾莎這種理論是平行論，因為他並不認為思想和廣延是兩個完全不相干的系統，而是認為它們本身只是同一個系統，而且平行論容易使人想到二元論，有如笛卡爾派的心物平行論那樣。同樣，斯賓諾莎這種理論也不能稱之為等同論，因為思想和廣延雖然是同一實體的兩種屬性，能思想的實體和有廣延的實體是同一個實體，但它們卻是從兩個不同的方面來表現同一個實在，因此它們不是絕對的等同，而是有差別的同一。所以我們寧可稱之為「心物同一兩面論」，所謂同一，指它們所表現的是同一個實在，所謂兩面，指它們是從兩個根本不同方面對同一個實在的表現。

五、無限樣態和有限樣態

整個樣態系統（或被自然產生的自然）在斯賓諾莎體系裡包括兩類樣態，即無限樣態（一般樣態）和有限樣態（個別樣態）。所謂無限樣態，按照斯賓諾莎的定義，是指直接出於神的屬性或神的屬性的分殊的樣態，而有限樣態則不是直接出於神的屬性，而是出於上述無限樣態的樣態。這裏，顯然從神到無限樣態，由無限樣態再到個別事物，有一個從一般到特殊再到個別的邏輯推演過程，而無限樣態似乎就構成實體和個別事物之間的中間環節。

　　從神過渡到個別事物（即有限樣態），這在斯賓諾莎哲學裏是一個非常重要而又棘手的問題。它既是神與世界之間關係的實質性問題，又是一與多、一般和個別之間的邏輯關係問題。按照傳統的哲學觀點，神是無限的和永恒不變的，而個別事物則是有限的和變滅無常的，神是一，而個別事物則是多，那麼，如何從單一的無限的永恒的神中產生出眾多的有限的變滅無常的個別事物呢？這在傳統哲學裏是一直未能解決的問題。雖然斯賓諾莎曾經說過因為神是世界萬物的內因，神與世界是一個東西，因而這個問題本身就不是問題，然而他畢竟還需要作出一些具體的解釋。譬如在《神、人及其幸福簡論》一書中，他就曾經借伊拉士摩斯的口提出過這樣一個問題：既然神是自然萬物的內因，而內因與其結果又是始終結合在一起的，只要神存在，其結果就不能被毀滅，那麼為什麼由神產生的萬物卻是變滅無常的呢？他在《倫理學》中也同樣肯定這一點：

　　　　有限的且有一定的存在的東西不能為神的任何屬性的絕對本性所產生，因為凡是出於神的任何屬性的絕對本性的東西，都是無限的和永恒的⑧。

因此他需要對無限的永恒的神（即實體）過渡到有限的變滅無常的個別事物這一問題作出具體的解釋，也就是說，他需要找出神（實體）與個別事物之間的某種過渡中介或環節。

　　在斯賓諾莎早期著作《神、人及其幸福簡論》裏，斯賓諾莎

---

　　⑧　斯賓諾莎：《倫理學》，頁26。

就曾經把對象分爲三類：一類對象本身是變滅無常的，另一類對象由於它們的原因而是非變滅無常的，但是第三類對象僅僅由於它自身的力量和威力而是永恒的、非變滅無常的。他說：

> 變滅無常的東西是所有並非任何時候都存在的個別的事物，或者是所有有一個開端的個別事物；而另一類東西（指由於它們的原因而非變滅無常的對象），像我所說的，是所有那些作爲個別樣態的原因的一般樣態；但是第三類對象就是神，或者就是我們認爲和神一樣的東西，卽眞理[85]。

顯然，這裏所謂第二類對象就是他所要尋找的從神過渡到個別事物的中間環節。因爲這類對象一方面本身存在的原因是出自神，因而是非變滅無常的；另一方面它們又是變滅無常的個別事物的原因，他把這類東西稱之爲「一般樣態」。這種思想在《倫理學》裏表現得更爲明確，他說：

> 凡是被決定而存在和動作的東西，都是爲神所決定而這樣的。但是有限的、且有一定的存在的東西，不能爲神的任何屬性的絕對本性所產生，因爲凡是出於神的任何屬性的絕對本性的東西，都是無限的和永恒的。所以任何有限之物，不是自神而出，而是自神的某種屬性而出，就這種屬性被看成處於某種樣態的狀態而言[86]。

---

[85] 斯賓諾莎：《神、人及其幸福簡論》，頁193-194。
[86] 斯賓諾莎：《倫理學》，頁26。

按照斯賓諾莎在《倫理學》裏所定的名稱，這種處於某種樣態狀態的屬性，就是「無限樣態」，它本身既是出於神的屬性的絕對本性，因而是永恒無限的，又是一切有限個別事物存在和動作的原因，它是神和有限個別事物的中間環節。在斯賓諾莎看來，神雖然不能認作個別事物的遠隔因，然而爲了分辨神的直接產物和間接產物起見，神只能是無限樣態的最近因，而無限樣態才是個別事物的最近因。由此可見，斯賓諾莎之所以要在實體和有限樣態之間插入無限樣態，就是爲了給予有限樣態一個最近因的解釋。無限樣態的使命就是具體解釋神與世界之間的聯繫，具體說明實體的單一性和自然萬物的多樣性、實體的靜態和自然萬物的動態之間的關係，因此無限樣態在斯賓諾莎哲學體系裏擔負著從實體過渡到有限樣態的橋樑或中間環節的作用，斯賓諾莎試圖通過無限樣態來解釋整個自然界的錯綜複雜的現象。

關於無限樣態，在《神、人及其幸福簡論》中，斯賓諾莎只舉了物質中的運動和思維中的理智這兩種樣態，他說：

> 關於一般的被自然產生的自然，或者關於一般的樣態，關
> 於直接依賴於神的或爲神直接所創造的創造物，我們所知
> 道的只有兩種，卽物質中的運動和思維中的理智。我們主
> 張這兩種東西是永恒地存在並且將永恒地保持不變[87]。

至於除了這兩種直接的無限樣態之外，是否還有間接的無限樣態，斯賓諾莎在這本書中似乎再沒有說明。但在《倫理學》裏，

---

[87]　斯賓諾莎：《神、人及其幸福簡論》，頁176。

斯賓諾莎對無限樣態卻明確區分了兩類： 一類是直接的無限樣態，即所謂出於神的屬性的絕對本性的樣態；一類是間接的無限樣態，即所謂出於依神的屬性之絕對本性而存在的分殊的樣態。他說：

> 一切必然地無限地存在着的樣態，或者是必然出於神的某種屬性的絕對本性，或者是出於某種屬性的分殊，而這種分殊是必然地無限地存在着⑧。

遺憾的是，他對他這種頗爲抽象的說法再未作具體解釋，究竟什麼是直接出於神的屬性之絕對本性的無限樣態，什麼是間接出於神的屬性的分殊的無限樣態，似乎是不清楚的。幸喜他的《書信集》和《神學政治論》裏提供了兩份材料，我們可以借用來理解這兩種樣態。當時他的一些朋友在讀了《倫理學》手稿後，曾經向他提出了這一問題（參閱《斯賓諾莎書信集》第63封），想要他舉出一些直接由神的屬性所產生的東西和間接由神的屬性的分殊所產生的東西，斯賓諾莎對此在回信中答覆說：「您要舉的第一類例子，在思想方面是絕對無限的理智，在廣延方面是運動和靜止；第二類例子是宇宙的全貌 (facies totius universi)⑧， 雖

---

⑧ 斯賓諾莎： 《倫理學》，頁24。

⑧ 關於 facies totius universi 沃爾夫森在其《斯賓諾莎的哲學》裏有一個考證式的解釋， 他認爲這個用語來源於《聖經》， 在《聖經》中描寫「越過整個地球」時，常說「越過整個地球面」拉丁文《聖經》裏譯作 super faciem totius terrae 或 super faciem omnis terrae。facies（面）這個字也可以表示「個體」的意思，這是從希臘字 πρόσωπον 來的意思。所以「宇宙的全貌」也可以表示整個宇宙是一個個體，這和斯氏說的「我們不難

然宇宙的全貌以無限的方式在發生變化，但卻永遠保持同一個東西」❾⓪，並要他的朋友參閱《倫理學》第二部分命題十三的附釋到補則七，在那裏斯賓諾莎分析了各種複合體後說道：「我們不難理解整個自然界是一個個體，它的各個部分，換言之，即一切物體，雖有極其多樣的轉化，但整個個體可以不致有什麼改變」❾①。另外，在《神學政治論》裏，斯賓諾莎也對無限樣態作了一個說明，他說：「在研究自然現象時，我們須先探討自然中那是最普遍共同的，如運動靜止之類，以及探討自然永久遵循的規律，藉以規律自然得以連續運行」❾②。根據上述兩段材料，我們可以看出，斯賓諾莎所謂直接出於神的屬性的無限樣態，是指自然界所有個別事物所普遍共同具有的本質東西，如物質中的運動和靜止，思維方面的無限理智，而所謂間接出於神的屬性的分殊的無限樣態，是指那種整個看來是固定不變的東西，也即指那些支配整個自然界運動變化的固定不易的自然規律。沒有這些本質和規律，個別事物既不能存在，也不能被理解。他在《知性改進論》裏曾經這樣說過：

　　自然界中變滅無常的個別事物的內在本質只可以在固定的

（續）認爲整個自然界是一個個體」的意思相一致。斯賓諾莎之所以把「宇宙的全貌」認爲是間接的無限樣態，這可能是受希伯來神秘哲學中「faces」一詞的影響，這個詞在希伯來神秘哲學裏表示從無限者流射出來的東西。希伯來神秘哲學家阿伯拉巴姆・赫累拉(Abrabam Herrera)曾在其著作中把這些間接流射出來的東西叫做「無限者的宇宙面」。（參閱沃爾夫森《斯賓諾莎的哲學》卷1，頁244-245。）

❾⓪　《斯賓諾莎書信集》，頁308。
❾①　斯賓諾莎：《倫理學》，頁56。
❾②　斯賓諾莎：《神學政治論》，頁112。

永恒的事物中去尋求，在那些好像深深印在事物裏面，並
爲一切個別事物的發生和秩序所必遵循的規律中去尋求。
是的，我們還可以說，所有變滅無常的個別事物都密切地
本質地依存於固定永恒的東西，沒有固定永恒的東西，則
個別事物既不能存在，也不能認識，所以這些固定的永恒
的東西，雖是個別的，但是因爲它們無所不在，並且具有
瀰漫一切的力量，在我們看來，卽是變滅無常的個別事物
的界說的類或共相，而且是萬物的最近因❸。

這裏話雖然多，但意思是清楚的，卽個別事物的存在必依賴於它
們自身中的固定永恒的普遍本質以及依賴於它們發生變化所必遵
循的普遍規律。普遍本質（卽共相）和普遍規律就是事物存在的
兩大根本條件，前者卽直接的無限樣態，後者則是間接的無限樣
態。從這裏可以看出，斯賓諾莎之所以要在實體和個別事物之間
提出這兩類無限樣態，是爲了從自然界萬物的質的多樣性和運動
變化找出恒久不變的和單純的普遍東西，以使它們能作爲單一的
永恒的神和眾多的短暫的事物之間的中介環節。在他看來，個別
事物依賴於神，但不是直接出於神，而是通過兩類無限樣態與神
間接發生聯繫。神是直接的無限樣態卽運動和靜止、無限理智的
絕對的最近因，而不是間接的無限樣態卽事物普遍關係和規律性
的自類的最近因；直接的無限樣態是間接的無限樣態的最近因，
而不是有限的個別事物的自類的最近因；而間接的無限態態才是
有限的個別事物的最近因，斯賓諾莎試圖用這種方式來完成他對

---

❸ 斯賓諾莎：《知性改進論》，頁55。

整個自然的邏輯解釋。

在斯賓諾莎的整個自然系統裏，我們所知道的屬性有兩種，即廣延屬性和思想屬性，因而無限樣態系統也有兩個，即廣延屬性方面的無限樣態系統和思想屬性方面的無限樣態系統。下面我們簡單分析一下斯賓諾莎這兩個無限樣態系統。

廣延屬性方面的無限樣態系統：㈠直接的無限永恒的樣態是運動和靜止。在斯賓諾莎看來，自然界的各種物體之所以千差萬別，是因爲運動和靜止的比率不同，而且，一物體之所以發生變化，也在於它的運動和靜止的比率在發生變化，因此我們可以說，一切物體的質的差異以及運動變化乃由於運動和靜止這些直接的無限樣態所造成，而運動和靜止是直接與神的廣延屬性相關，它們的概念包含廣延，所以斯賓諾莎說這樣一種無限樣態是「直接出於神的屬性的絕對本性」，即直接出於廣延屬性。㈡間接的無限永恒的樣態，照斯賓諾莎的說法，是「宇宙的全貌」，也就是支配宇宙內全部物體相互關係和運動變化的一些物理規律以及整個自然界的固定不易的秩序。在斯賓諾莎看來，每一物體的動靜比率的變化必然引起與它鄰近的另一物體的動靜比率的變化，而這另一物體的動靜比率變化必然又引起它鄰近的另一物體的動靜比率的變化，這樣無限傳遞下去，整個宇宙內的所有物體都可以發生動靜比率的變化。但是，宇宙內萬物雖然是這樣永恒不斷地在發生動靜比率的變化，然而它們的總和，即整個宇宙的運動和靜止卻保持同一的比例關係，這也就是說，必然受運動靜止比率守恒定律所支配。他說：「須知所有物體都被其他物體所圍繞，它們都以一種嚴格確定的方式相互被規定存在和動作，並且在它們的全部總和中，也就是在整個宇宙中，運動和靜止之間

總是保持同一比率關係。由此可見，每一個物體就它經受一定的變化而言，總是被認爲是整個宇宙的一部分，總是同它的整體相一致，並且同其他部分處於緊密的聯結中」[94]。整個宇宙在斯賓諾莎看來，就是由相互聯結在一起的元素所構成的一個和諧的系統，都被齊一的規律所統治，因此自然呈現統一的固定不易的秩序。顯然，這種思想是同當時的原子論和自然科學特別是力學緊密聯繫在一起的。

與廣延屬性方面的無限樣態系統相平行的，是思想屬性方面的無限樣態系統。這個系統內的直接的無限永恒樣態是理智（Intellectus，這裏是指神的無限理智，而不是指人的有限理智）[95]。斯賓諾莎爲什麼要把理智算作一種直接的無限樣態呢？他在《倫理學》中有過一種解釋：

> 因爲這裏所謂理智並不是指絕對的思想（這是自明的），不過只是指思想的一種樣態，以示有別於其他各種樣態，如欲望、愛情等。所以必須憑藉絕對思想才能得到理解，這就是說，理智必須憑藉神的一種屬性，而這種屬性能表示思想的永恒無限的本質，才能得到理解，沒有這種屬性，理智就既不能存在，也不能被理解，所以理智只能算作被

---

[94] 《斯賓諾莎書信集》，頁211。

[95] 在斯賓諾莎體系裏，思想方面的直接的無限永恒樣態，除了用「無限理智」這一詞外，還有其他幾個詞，如「絕對無限的理智」（Intellectus absolute infinitus，見《書信集》第64封），「無限的思想力」（potentia infinita cogitandi，見《書信集》第32封）以及「神的觀念」（idea Dei，見《倫理學》，第二部分命題三、四、八），這幾個詞的意思是一樣的。

自然產生的自然⑯。

這裏一方面說明理智並不是神的思想屬性，而是神的思想屬性的一種樣態，另一方面又說明理智這種樣態不同於思想屬性的其他各種樣態如欲望、愛情等。在斯賓諾莎看來，正如所有廣延樣態都是以運動和靜止爲基礎一樣，所有思想樣態也都是以理智作爲基礎，如意願、情感和欲望等思想樣態皆依賴於理智，因爲意願或欲望的行爲皆以被意願或被欲望的對象的觀念爲前提，他說：「在所有的思想樣態中，就本性來說，觀念總是在先的，例如一個人有了一個觀念，則將必隨之具有其餘的樣態（對於這些樣態，就本性說來，觀念是在先的）」⑰，所以理智是思想屬性方面無限樣態系統內的直接的無限永恒樣態，所謂直接的，就是直接得自於神的思想屬性。至於這個系統內的間接的無限永恒樣態，例如類似於廣延系統的「宇宙的全貌」的東西，斯賓諾莎沒有具體談，但我們也可以類推爲支配各種思想樣態相互關係的齊一規律以及它們之間的固定不易的無限因果聯繫⑱。因爲斯賓諾莎主張

---

⑯　斯賓諾莎：《倫理學》，頁28。

⑰　斯賓諾莎：《倫理學》，頁50。類似的思想，我們可以在《神、人及其幸福簡論》一書附錄二中找到，斯賓諾莎在談到無限觀念是思想屬性最直接的樣態後說：「應當注意，所有其他的樣態如愛、欲望、快樂等之皆起源於這最初的直接的樣態，所以如果這最初的直接的樣態不先於存在，則愛、欲望、快樂等等也就不能產生。」（《神、人及其幸福簡論》，頁259）。

⑱　關於斯賓諾莎思想屬性方面無限樣態系統內的間接的無限永恒樣態，在斯賓諾莎註釋家中有各種各樣的解釋。波洛克（Pollock）認爲是「神的觀念」（見其《斯賓諾莎》，頁187），約金森也基本同意這一看法（見其《斯賓諾莎倫理學研究》，頁95），馬梯涅（J. Martineau）認爲是「理性思維的恆常形式或必然邏輯規律。」（見其《斯賓諾莎研究》，頁200），沃爾夫森認爲是思想屬性裏

觀念和事物一樣，亦有固定不易的必然因果聯繫和秩序，他說：

> 觀念自思想的屬性而出，與觀念的對象自其所隸屬的屬性
> 而出或推演而出，其方式是相同的，而且具有同樣的必然
> 性⑲。

所謂有限樣態，在斯賓諾莎體系裏，就是指宇宙內的特殊具
體事物，既包括廣延領域內的個別自然事物，又包括思想領域內
的個別觀念、個別情感和個別欲望等。這些東西在斯賓諾莎看
來，如果單就它們自身而言，都是變滅無常的有限事物。這些變
滅無常的有限樣態如何與無限永恒的神發生聯繫呢？斯賓諾莎解
釋說，有限事物是直接從有限的原因產生的，這些有限的原因在
數目上是無限的，它們形成一個無限的因果系列，這個無限的因
果系列是從間接的無限永恒樣態而來，因為間接的無限永恒樣態
就是它們的整體和規律性，而間接的無限永恒樣態則是直接從神
的屬性而來，通過這一系列的中間環節，有限樣態與神聯結起
來，所以最終來說，神則是有限樣態存在和本質的致動因。斯賓
諾莎說：

> 嚴格說來，神不能認作個別事物的遠隔因，除非是爲了分

（續）的「宇宙的全貌」（見其《斯賓諾莎的哲學》卷１，頁247）。我
個人基本同意馬梯涅和沃爾夫森的看法，而不同意波洛克和約金
姆的看法，因爲「神的觀念」類似於「理智」，是思想屬性裏的
直接的無限永恒樣態。思想屬性方面無限樣態系統內的間接的無
限永恒樣態只能指支配所有思想樣態的普遍統一規律和固定不易
的觀念因果秩序。

⑲ 斯賓諾莎：《倫理學》，頁45。

辨神的間接產物與神的直接產物，或出於神的絕對本性的
東西方便起見。因爲我們通常總是把遠隔因了解與結果沒
有聯繫的。但是一切存在都存在於神之內，都依靠神而存
在，如果沒有神，它們就旣不能存在，也不能被理解⑩。

在斯賓諾莎體系裏，有限樣態至少具有下述三種根本性質:

（一）由於直接的和間接的無限永恒樣態的作用和規範，所
有有限樣態皆受整個自然界的絕對必然的固定不易的規律所支
配，因而它們構成一個無限的必然的因果系列，「每個個體事物
或者有限的且有一定的存在的事物，非經另一個有限的且有一定
的存在的原因決定它存在和動作，便不能存在，也不能有所動
作，而且這一個原因也非經另一個有限的且有一定存在的原因決
定它存在和動作，便不能存在，也不能有所動作，如此遞推，以
致無窮」⑩，例如A物由B物決定，B物由C物決定，C物由D
物決定，……整個有限樣態呈現一無限的必然的因果系列。不僅
廣延樣態（自然事物）有這種因果系列，而且思想樣態（人的觀
念）也有這種因果系列，只不過這兩種因果系列，照斯賓諾莎的
說法，只是同一個因果系列的兩種表現，它們的次序和聯繫完全
是一樣的。

（二）有限樣態的現實本質是一種自我保存的努力(conatus)
不僅有生命的物質有這種努力，而且無生命的物質也有這種努
力。努力在斯賓諾莎看來，乃是萬物內維護自身和保存自身的能
動因素，它們得自於神的能動力量，因爲事物具有的本質和力量

---

⑩　斯賓諾莎：《倫理學》，頁27。
⑩　斯賓諾莎：《倫理學》，頁25-26。

在斯賓諾莎體系裏只不過是神的本質和力量的部分表現，他說：
「因為個體事物是由某種一定的形式來表示神的屬性的樣態，也
就是說個體事物乃是由某種一定的形式來表示神之所以為神的力
量的事物」⑩。努力學說應當說是斯賓諾莎哲學裏超出機械論的
一種非機械論解釋，為事物自身運動變化找尋內在的原因和根
據。

（三）全部有限樣態根據它們直接間接得自神的關係而有實
在性圓滿性程度的等級。他說：「凡是直接從神產生出來的結果
才是最圓滿的，而那須有多數間接原因才能產生出來的東西則是
最不圓滿的」⑩。他曾在給友人的信中比喻說：「老鼠雖然像天
使一樣依賴於神，瘋狂像快樂一樣依賴於神，然而老鼠並不因而
能與天使同類，瘋狂能與快樂等同」⑩，「犯人是按照他們的方
式來表現神的意志，正如好人以他自己的方式來表現神的意志一
樣，但犯人並不因此就能同好人相媲美」⑩。任何事物具有的實
在性愈多，它所表現神的圓滿性也就愈多，事物的實在性和圓滿
性構成一個由低級到高級的不同層次的系列。

綜上所述，斯賓諾莎的樣態系統包括兩類樣態，卽無限樣態
（一般樣態）和有限樣態（個別事物），而無限樣態又分為直接
的無限樣態和間接的無限樣態。無限樣態和有限樣態的關係就是
固定不變的事物（本質和規律性）和變滅無常的事物的關係。正
如實體和樣態、一般和個別、整體和部分的關係一樣，無限樣態

⑩　斯賓諾莎：《倫理學》，頁98。
⑩　同上書，頁36。
⑩　《斯賓諾莎書信集》，頁191。
⑩　同上書，頁150。譯文據約金姆的譯文有所改動。

也不是獨立於有限樣態之外的另一種東西，而是有限樣態的最一般的性質和規律，沒有無限樣態不是表現在有限樣態中的無限樣態，沒有有限樣態不是具有無限樣態的有限樣態，沒有無限樣態，有限樣態旣不能存在，又不能被理解，反之，沒有有限樣態，無限樣態也不能存在，又不能被理解。無限樣態是實體和有限樣態之間的過渡橋樑和中間環節，也就是相當於後來黑格爾所謂普遍、特殊和個別三分法裏的「特殊」這一環節。

六、 邏輯性的自然架構和絕對必然系統

至此，我們已對斯賓諾莎形而上學體系裏作爲聯結點的幾個重要範疇作了分別的說明，這裏我們需要對這些聯結點所構造的自然架構作一個總體鳥瞰，以便更充分地認清斯賓諾莎形而上學體系的根本特徵。

正如我們前面所說的，斯賓諾莎給自己的哲學所提出的根本任務是闡明人與自然的關係。他把這一任務首先放在構造自然體系上，企圖通過自然學說來闡明人在自然中的地位和作用。因而自然架構學說是他的形而上學的核心和根本點。

他的自然架構是這樣：只有一個實體，也就是神或自然，它有無限多個屬性，而在這無限多個屬性裏面，我們人類所能認識的只有兩個屬性，卽思想屬性和廣延屬性，這是神或實體自身的兩種活動能力或本質，本身是主動的、無限的和永恒的，它們兩者旣不能相互產生，又不能相互決定，它們是從兩個不同方面來表現同一個實體。這兩個屬性可以表現爲兩類無限永恒的樣態，卽直接的無限永恒樣態和間接的無限永恒樣態，前者表現神的屬

性的絕對本性，後者表現神的屬性的分殊。廣延屬性的直接無限永恒樣態是運動和靜止，思想屬性的直接無限永恒樣態則是無限的理智，廣延屬性的間接無限永恒樣態是「宇宙的全貌」，思想屬性的間接無限永恒樣態，雖然斯賓諾莎沒有明確說明，我們同樣可以推知是「宇宙的全貌」，前一種「宇宙的全貌」表現在物質的領域成爲萬物動靜守恒的規則，後一種「宇宙的全貌」表現在精神的領域成爲支配各種觀念邏輯推導的規則。不論是直接的無限永恒樣態，還是間接的無限永恒樣態，它們都是神的屬性和有限樣態的過渡橋樑和中間環節，最終都是通過有限樣態表現出來，有限樣態是自然界裏的全部個別事物，既包括物理領域的自然物體，又包括心理領域的個別觀念、個別欲望和個別情感，全部有限樣態的總和就是自然界。實體和它的屬性，斯賓諾莎叫做「產生自然的自然」，而整個樣態系統，既包括無限樣態又包括有限樣態，則被斯賓諾莎叫做「被自然產生的自然」。我們可以用下面的圖表來表示斯賓諾莎的這種自然架構：

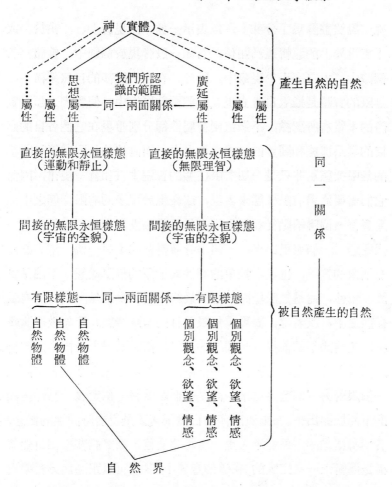

對於這個自然架構，我們首先要認識它是一個邏輯性的自然架構，而不是一個因果性的自然架構，也就是說，這個自然架構中的各個聯結點之間的關係是根據——結論（ground-consequence）的關係，而不是原因——結果（cause-effect）的關係。斯賓諾莎經常使用的兩個拉丁文詞 affectiones 和 modificationes 最能表明這一關係，這兩個詞我們可以按我國傳統哲學中的「理一分

殊」說法翻譯爲「分殊」，以表示一種「體現於」、「寓於」或「表現於」的邏輯蘊涵關係，有如一般體現於個別中，整體寓於個體中，本質表現於現象中。因此，在斯賓諾莎的自然架構中，無限的實體是通過自身表現在它們兩種屬性中，使我們人類對實體的本質有所認識，不過這兩種屬性卻分別體現在它們各自的直接的無限樣態和間接的無限樣態之中，而直接的無限樣態和間接的無限樣態無非只是一切有限樣態的普遍本質和統一規律，因而它們需要通過有限樣態來表現，或表現於眾多的有限樣態之中。這裏每一個聯結點從邏輯上講都是不能獨立存在的，它們總是一個通過另一個表現出來，一個本身邏輯蘊涵了另一個。這裏既沒有抽象的實體，也沒有抽象的屬性或抽象的無限樣態，不論是實體、屬性，還是無限樣態，它們最終都是表現在無限數目的有限樣態之中，或者說，表現爲無限數目的有限樣態。正如數學演繹中，其結論不是前提在時間上的後果，而是前提本身內容的邏輯展開或推導，斯賓諾莎自然架構中的全部聯結點也不是在時間上一個跟著另一個產生出來，而是一個跟著另一個定義，當作蘊涵的東西展開出來。在斯賓諾莎的自然架構裏是沒有時間性的概念，各個聯結點的關係並不表現一種時間過程，斯賓諾莎整個自然架構是邏輯上一次完成的。在這個意義上，我們可以跟隨西方哲學史家的觀點，把斯賓諾莎的形而上學體系叫做「邏輯一元論」[106]。

因此，我們對於斯賓諾莎的自然架構的陳述也可以不從神或實體開始，而直接從自然界或有限樣態開始：無限數目的有限樣態是唯一的現實存在，其本質和規律就是直接的無限樣態和間接的無限樣態，而直接的無限樣態和間接的無限樣態無非只是神的

---

[106] 見羅素：《西方哲學史》下册，頁102。

屬性的絕對本性和分殊的表現，而神的屬性就是神或實體的固有本質，因而整個自然界無非就是神或實體的表現。因此，對於斯賓諾莎來說，「產生自然的自然」（實體及其屬性）和「被自然產生的自然」（無限樣態和有限樣態）並不是兩個自然，而是同一個自然，只是我們從兩個不同的方面去看罷了，「產生自然的自然」表現了世界的統一性、能動性和無限性，「被自然產生的自然」則表現了世界的多樣性、被動性和有限性，整個自然的眞理在於統一性和多樣性、能動性和被動性、無限性和有限性的統一。所以根本來說，斯賓諾莎自然架構中只存在一個東西，這個東西既可以叫做神或實體，又可以叫做樣態和世界，說斯賓諾莎哲學是有神論固然是錯誤的，但說它是無世界論也是錯誤的⑩。在斯賓諾莎哲學裏，唯一的實在就是作爲統一系統來看的無限永恒的自然界。

　　對於斯賓諾莎的自然架構，我們要認識的第二個要點是思想和廣延、心和物的同一兩面關係。思想和廣延，或它們的樣態心靈和身體，乃是兩種性質根本不同的東西，它們彼此之間沒有任何共同之點，因此它們中一個不能決定或影響另一個，廣延不能限制思想，思想也不能限制廣延，身體不能決定心靈使它思想，心靈也不能決定身體使它動作，當事物被認作思想的樣態時，我們必須單用思想這一屬性來解釋，反之，當事物被認作廣延的樣態時，我們就必須單用廣延這一屬性去解釋。但是，思想和廣延，或心靈和身體，雖然性質是這樣根本不同，一個不能決定或影響另一個，它們卻不是兩個實體，而是同一個實體，只不過藉

----

⑩　黑格爾在其《邏輯學》和《哲學史講演錄》等著作中多次講斯賓諾莎哲學是無世界論，我們不能接受這種解釋。

不同的屬性表現出來。因此在斯賓諾莎的自然架構裏，思想和廣延這兩個無限系統並不眞正是兩個分離的系統，而是同一個無限系統的表現，正如手心和手背乃是同一個手的表現一樣，他說：

> 凡是無限知性認作構成實體的本質的東西全都只隸屬於唯一的實體，因此思想的實體與廣延的實體就是那唯一的同一的實體，不過時而通過這個屬性，時而通過那個屬性去了解罷了。同樣，廣延的一個樣態和這個樣態的觀念亦是同一的東西，不過由兩種不同的方式表示出來罷了。……譬如，存在於自然中的圓形與在神之內存在著的圓形的觀念，也是同一的東西，但藉不同的屬性來說明罷了。所以無論我們藉廣延這一屬性，或者藉思想這一屬性，或者藉任何別的屬性來認識自然，我們總會發現同一的因果次序或同一的因果聯繫，換言之，我們在每一觀點下，總是會發現同樣的事物連續❿。

在斯賓諾莎看來，整個宇宙只是一個系統，因此整個宇宙的因果次序或因果聯繫也只能是同一種因果次序或因果聯繫，這種因果次序或聯繫可以表現在廣延樣態（物理世界）中，成爲物理學或生理學解釋所依據的原則或規律，也可以表現在思想樣態（精神世界）中，成爲心理學或精神學解釋所依據的原則或規律，但不論是廣延樣態的因果次序或聯繫，還是思想樣態的因果次序或聯繫，它們都是同一種因果次序或聯繫，卽他所謂「觀念的次序和聯繫與事物的次序和聯繫是相同的」❿。因而，不論是物理學或生

---

❿　斯賓諾莎：《倫理學》，頁46。
❿　斯賓諾莎：《倫理學》，頁45。

理學的解釋，還是心理學或精神學的解釋乃是同一種解釋。這種心物同一兩面理論或者說兩套解釋系統理論是這樣巧妙，它雖然否定了思想和廣延、心靈和身體有相互影響和相互作用的實在，卻能解釋思想和廣延、心靈和身體有相互影響和相互作用的現象。

　　對於斯賓諾莎的自然架構，我們要認識的第三個也是最根本的要點是萬物都受制於絕對必然性的徹底決定論觀點。斯賓諾莎的自然架構雖然從整體來說是一個邏輯性的自然架構，但在這個架構中最基本的成份即有限樣態之間卻存在著實在的因果必然聯繫，每一個個別有限的事物或觀念都為另一個個別有限的事物或觀念所產生和決定，而這另一個個別有限的事物或觀念又為另一個個別有限的事物或觀念所產生和決定，以致全部存在的事物構成一個必然的因果鏈鎖或因果系統，整個自然系統是一個絕對必然系統。在這個系統裏，我們找不到任何偶然的東西，斯賓諾莎說：「自然中沒有任何偶然的東西，反之，一切事物都受神的本性的必然性所決定而以一定方式存在和動作」[⑩]。同樣，在這個系統裏，我們也找不到任何意志自由，斯賓諾莎說：

> 在心靈中沒有絕對的或自由的意志，而心靈之有這個意願或那個意願乃是被一個原因所決定，而這個原因又為另一個原因所決定，而這個原因又同樣為別的原因所決定，如此遞進，以至無窮[⑪]。

人們之所以認為自己有意志和欲望的自由，這只是由於我們對那些引起意志和欲望的真正原因茫然無知，而人們之所以認為有些

---

⑩　斯賓諾莎：《倫理學》，頁27。
⑪　斯賓諾莎：《倫理學》，頁80。

事物是偶然的，這只是由於我們孤立地在個別的存在中或某個有限的因果鏈鎖中來觀察這些事物，一當我們認識到自然界的全部秩序，認識到整個自然系統的因果聯繫，那麼這種幻覺就會煙消雲散，斯賓諾莎說：「如果人們清楚理解了自然的整個秩序，他們就會發現萬物就像數學論證那樣皆是必然的」❶❷。

那麼，在斯賓諾莎的整個自然架構裏是否存在有總體的目的和計畫，或者說神的意願和自由呢?斯賓諾莎也堅決否認這一點。在他看來，神既不為目的而存在，也不為目的而動作，神只是由它的本性的必然性而存在和動作，「神並不依據意志的自由而活動」❶❸，「萬物都預先為神所決定，但並不是為神的自由意志或絕對任性所決定，而是為神的絕對本性或無限力量所決定」❶❹，而所謂「無限多的事物在無限多的方式下都自神的無上威力或無限本性中必然流出，這就是說一切事物從永恒到永恒都以同等的必然性自神而出，正如三角形之和等於兩直角是從三角形的本性必然而出一樣」❶❺。在斯賓諾莎看來，神的決定和命令並不是在已有的決定和命令之外，另有別的新的決定和命令，而是維護和保持現有的永恒的必然的自然秩序；神的萬能並不是令現存的自然和自然秩序改觀，另創一個新的自然界，而是表示萬物除了在已經被產生的狀態或秩序中外，不能在其他狀態或秩序中被神所產生；而神的自由決不是隨心所欲和任意行為，而是神依據自身的本性的必然性而存在和依據自身的本性的必然性而行動。斯賓諾莎的自然系統就是一個絕對而冷酷的鐵一般的必然因果系統。

❶❷　斯賓諾莎：《笛卡爾哲學原理》，頁170。
❶❸　斯賓諾莎：《倫理學》，頁29。
❶❹　斯賓諾莎：《倫理學》，頁34。
❶❺　同上書，頁19。

第五章　認　識　論

　　本章我們考察斯賓諾莎的認識論。認識論究竟在斯賓諾莎整個哲學體系裏居於何種地位，這在斯賓諾莎研究家中一般有兩種相反的論點，一種認爲斯賓諾莎認識論是其形而上學的必然產物，另一種認爲斯賓諾莎的形而上學正是其認識論的必然結果，但不管這兩種論點有怎樣的分歧，下面這一點似乎是它們共同的看法，卽斯賓諾莎的認識論不僅本身有特殊的意義，值得我們專門研究，而且也是我們正確理解他的形而上學和倫理學的主要途徑。在斯賓諾莎整個哲學體系裏，形而上學、倫理學和認識論是緊密結合在一起的，認識論的研究可以提供我們一把開啟他的哲學大門的鑰匙。

　　斯賓諾莎的認識論雖然本身是很有系統的，但是比較難於整體把握，因爲它同時與兩種相反的傳統和傾向結合起來，卽霍布斯的徹底的唯名論傳統和笛卡爾的天賦觀念的唯理論傳統。在斯賓諾莎的認識論學說中，他一方面是一個唯名論者：所有一般詞項和我們日常語言中的類概念只代表混淆的複合的感覺形象，這些形象是按照感知者感官經驗的特殊次序產生的，它們帶有個人的主觀的性質，因此不能認爲是眞知識的表達。一切形而上學的爭論，包括像「存在」、「事物」那樣的先驗名詞，從一開始都

是無意義的，共相概念（這是從特殊感覺形象的重複和聯合而產生的混淆形象）只能作一種心理學的解釋。《倫理學》第二部分命題四十附釋一中這樣一個結論：「這樣每個人都可以按照其自己的身體的情狀而形成事物的一般形象。無怪乎一些哲學家僅僅按照事物的形象來解釋自然界的事物，便引起了許多爭論」，是具有一種我們可以在霍布斯和許多以後經驗論哲學家中找到的形式。它的極端的表現就是否認一切形而上學的可能性，否認對於客觀世界有確實知識的可能性。但這種唯名論在哲學史上卻是一種不徹底的唯物論，因爲它承認個別事物先於一般概念而存在，而一般概念只是人們用來稱呼事物的名詞，如我們在洛色林 (Roscelin，約 1050-1112)、鄧斯·司各脫 (John Duns Scotus，約 1266-1308)、威廉·奧卡姆 (William of Occam，約 1300-1350) 和近代霍布斯那裏所見到的那樣。

但另一方面，斯賓諾莎這種唯名論卻被他導向一個相反的結果。我們之所以承認我們感覺知識的不恰當性、我們日常分類的不恰當性，只是因爲我們具有一種眞知識的規範或標準，或像他所說的，只是因爲我們具有一種可以用來鑒別眞或假的眞觀念，因爲「除了眞觀念外，還有什麼更明白更確定的東西足以作眞理的標準呢？正如光明之顯示其自身並顯示黑暗，所以眞理即是眞理自身的標準，又是錯誤的標準」❹。這種規範和標準是數學裏邏輯上無庸置疑的命題所提供的，數學裏的詞項不是從感官經驗而來的混淆的形象，而是理性所形成的清楚而且明晰的概念（斯賓諾莎稱之爲共同概念）。通過引用數學眞理的範例來說明他所

❹ 斯賓諾莎：《倫理學》，頁76。

謂高一級的真知識，斯賓諾莎又回到了自柏拉圖以來經笛卡爾發展的這條古老的唯理論傳統，這種傳統最後必然導致先天知識和真理融貫論，而這種知識和真理論正是唯心主義先驗論的重要內容。

這兩個傳統的對立在中世紀就形成有名的唯名論和唯實論的爭論，在近代就形成經驗論和唯理論的爭論，而在當代就形成邏輯經驗主義所謂邏輯數學的同義反復的形式命題和經驗科學的綜合命題的對立。斯賓諾莎把這兩種根本不相容的傳統或傾向結合在他的認識論體系裏，就必然使他的認識論呈現了一種特殊的複雜而矛盾的形式。

一、觀念和心靈

「觀念」（idea）一詞在西方哲學史上是一個涵義較為複雜的詞，現今我們對這一詞是按照英國經驗論哲學家所賦與的涵義使用的，即把它當作心靈裏的感性形象（image）或印象（impression）。但是，就其本來的意思是完全不同的，柏拉圖在最早使用eidos、idea時，是根據動詞 idein 而來的，eidos 是中性形式的名詞，idea 是陰性形式的名詞，動詞 idein 的意思是「看」，所以 eidos、idea 是指「所看的東西」，「所看的東西」一般指形相，即一種獨立於人的心靈而存在的東西，所以 eidos 或 idea 最早的意思應當是指一種不依賴於人的心靈而獨立存在的形相。不過，按照柏拉圖的看法，這種獨立存在的形相雖然是所看的東西，但本身卻是不可為我們感官所認識的，它是思想的對象，而不是感覺的對象，它是永恆不變的存在，而不是變滅無常的存

在，因此柏拉圖認爲在我們這個倏忽卽逝的現實世界之外，還存在有一個永恆不變的理念世界，這個理念世界不僅獨立於人的心靈而存在，而且還是現實世界的摹本。後來亞里士多德所謂形式和質料的區分，就來源於柏拉圖這種兩個世界的理論，他所謂的「形式」（form）就包含有柏拉圖的 eidos 或 idea 的意思。在他看來，任何事物都具有形式和質料，質料是一種無規定的可能性，反之，形式則是給予質料以規定性的現實性，他說：「我把事物的怎是及其本質理解爲形式」❷。人的心靈之所以能認識客觀事物，就在於接受了事物的形式，他在《論靈魂》裏說：

> 靈魂的這個思維的部分，雖然是不能感知的，卻必定能夠
> 接納一個對象的形式，這就是說，它在性質上必定潛在地
> 與它自己的對象完全一致，雖然它不就是那個對象❸。

在新柏拉圖主義和奧古斯丁那裏，柏拉圖式的這種觀念含義很快就發展成爲「上帝的思想」，他們認爲觀念就是存在於上帝心靈中的原型（archetype）、範式（paradigms）或模式（pattern），上帝正是憑藉這些原型、範式或模式創造了萬事萬物。這些原型、範式或模式不僅可以離開人的心靈而獨立存在，而且也可以離開具體的個別事物而獨立存在。在中世紀，經院哲學家根據亞里士多德關於形式和質料的區分以及新柏拉圖主義關於原型（範式或模式）和事物的區分，把觀念一詞又進一步理解爲事物的思想本質（他們稱之爲客觀本質），以同事物的形式本質相區別。

---

❷ 亞里士多德：《形而上學》，頁1032b1。
❸ 亞里士多德：《論靈魂》，見《古希臘羅馬哲學》，頁281。

客觀本質（essentia objectiva）是指事物在思維中的本質或理智中的存在，反之，形式本質（essentia formalis）是指事物在現實世界的本質或自然中的存在。在經院哲學家看來，任何事物都有這兩種本質，至於客觀本質或觀念存在於什麼地方，他們說存在於上帝的心靈中，觀念就是上帝理智中所認識的對象。

在近代，觀念學說發展的一個重大步驟就是觀念從上帝心靈中的存在下降爲人的心靈中的存在，也就是說，觀念從在人的心靈之外的存在轉爲在人的心靈之內的存在。但卽使這樣，如果我們仔細考察一下十七世紀大陸哲學家的思想，觀念也不完全具有英國經驗論所賦與的人的心靈中的感性形象或印象的這一心理學的涵義，例如笛卡爾，他就曾經明確說過，我們在使用觀念一詞時「是有不同含義的」，我們既可以把它實質地了解爲人的理智的一種活動，又可以把它觀念地了解爲這種活動所代表的東西，他說：

> 觀念這個詞在這裏是有不同含義的；它或者本身是我的理智的一種活動，在這個意義上，不能說觀念比我完滿；它或者可以客觀地被當作這種活動所代表的東西，這個東西，雖然不能假定它存在於我的理智之外，可是由於它的本質的原故，它卻可以比我完滿。在本書中我也將用更大的篇幅說明我怎麼僅僅從我心裏有比我完滿的一個東西的觀念這件事會引申出這個東西眞實存在來❹。

---

❹　笛卡爾：《第一哲學沉思集》，頁8。

笛卡爾這裏所謂觀念的後一種含義顯然是從經院哲學家所謂的客觀本質發展而來的，觀念不是指我們心靈任意形成的概念，而是指存在於理智中的事物的客觀本質。笛卡爾曾經用了觀念的客觀實在性 (realitate objectiva) 這一概念，他說：

> 一個觀念的客觀實在性，我是指用觀念表象的東西的實存性或存在性說的，這個實存性是在觀念裏邊而言。……因為凡是我們領會為在觀念的對象裏邊的東西都是客觀地或者通過表象存在於觀念本身裏❺。

因為按照經院哲學家的解釋，凡是具有客觀本質的東西也一定具有形式本質，事物就其存在於自然中有形式的實在，而就事物存在於思想中則有客觀的實在，形式的實在和客觀的實在乃是同一事物的兩種存在方式。例如，太陽的形式存在就是指存在於天空中的太陽，而太陽的客觀存在就是指存在於理智中的太陽，由於形式存在和客觀存在是統一的，所以我們可以根據太陽的客觀存在即太陽的觀念推出太陽的形式存在即實際存在於天空中的太陽❻。笛卡爾關於上帝存在的本體論證明正是依據於經院哲學這樣一種形式本質和客觀本質同一的理論。

正是基於觀念這一根本性質，笛卡爾曾經強調我們應當把觀

---

❺　同上書，頁161。

❻　太陽的這一例證來源於笛卡爾本人，他曾經這樣說過：「我談到觀念，它決不是在理智之外的，關於它，客觀地存在只意味著它是以對象習慣在那裏存在著的方式而在理智之中的。……這樣一來，太陽的觀念就是存在於理智之中的太陽本身，它不是形式地，就像太陽在天上那樣，而是客觀地、即以對象經常存在的方式存在於理智之中。」（《第一哲學沉思集》，頁107）。

念同我們的知覺表象區分出來， 他把知覺表象稱之爲形象， 他說:

> 僅僅是任意描繪出來的形象，我不把它們稱之爲觀念，相反，這些形象，當它們是由肉體任意描繪出來的時候，也就是說，當他們是大腦的某些部分描繪出來的時候，我不把它們稱之爲觀念，而只有當它們通知到大腦的這一部分的精神本身的時候，我才把它們稱之爲觀念❼。

這裏所謂精神就是指大腦中的思維，可見觀念不是知覺產物，而是思維產物，知覺產物即形象是混淆的，反之，思維產物即觀念則是清楚明晰的。不過，我們應當指出的，在笛卡爾看來，觀念雖然不同於感覺表象或形象，但它們都是人的心靈的產物，因爲人的心靈是精神的實體，它具有表象的功能和思維的功能，在這一點上，笛卡爾很接近於我們現代的認識觀點。

「觀念」一詞究竟在斯賓諾莎認識論裏是什麼涵義呢？ 在《倫理學》裏,斯賓諾莎給觀念下的定義是:「觀念，我理解爲心靈所形成的概念，因爲心靈是能思的東西」❽。這個定義表面上看來，似乎無所疑義，即觀念就是我們人的心靈所形成的概念。但是， 如果我們通讀 《倫理學》 和斯賓諾莎其他一些認識論著作， 我們就會發現這個定義包含有很大的歧義。 問題在於心靈 (mens) 在這裏指什麼，是光指人的心靈呢，還是也包括其他東西的心靈，例如神的心靈？如果光指人的心靈，那麼觀念一詞還

---

❼ 笛卡爾: 《第一哲學沉思集》，頁160-161。
❽ 斯賓諾莎: 《倫理學》，頁41。

可以用近代心理學的涵義加以理解，即觀念是人的心靈中的一種思維表象，但是我們看到，斯賓諾莎所謂心靈也包括神的心靈，而且他關於觀念的論述很大一部分是建立在這一意義上的。《倫理學》第二部分命題三說：「在神之內，必然有神的本質的觀念以及一切從神的本質必然而出的事物的觀念」，繼後在命題五裏又說：「神能够形成它自己的本質的觀念，以及一切自其本質必然而出的東西的觀念，只是因爲神是一個能思想的東西」，如果我們用後面這段話去理解前面斯賓諾莎關於觀念的定義，那麼斯賓諾莎所謂觀念就很具有柏拉圖的形相、亞里士多德的形式，特別是經院哲學的客觀本質的涵義。

這一點也並不難於理解，正如我們前面在論述斯賓諾莎自然系統中所說的，神或實體有兩個根本的屬性，即思想屬性和廣延屬性，這兩個屬性都有樣態化 (modification) 的能動作用，正如物體或有形的物質是神的廣延屬性的樣態化產物一樣，觀念也是神的思想屬性的樣態化的產物。換句話說，一切個別物體都是唯一的神的廣延屬性的樣態，對於所有這些個別物體，在神的思想屬性裏必有與它們相對應的樣態，即在神的無限理智中必有關於它們的觀念。因此斯賓諾莎的觀念最根本的涵義應當是神的思想屬性的樣態。斯賓諾莎的論證是這樣：「觀念的形式的存在乃是思想的一個樣態，這就是說，就神之爲一個能思想者而言，這是在一定方式下表示神的本性的一種樣態」[9]，或者更明確的，「實際存在的個別事物的觀念是思想的一個樣態」[10]。

這樣，我們就不難理解斯賓諾莎爲什麼在其早期著作《神、

---

[9] 斯賓諾莎：《倫理學》，頁45。這裏所謂形式的存在，是沿用亞里士多德的術語，意即現實的存在。

[10] 同上書，頁48。

人及其幸福簡論》和《知性改進論》裏要用經院哲學的客觀本質概念來解釋觀念，甚至有「觀念卽客觀本質」、「事物的眞觀念卽事物的客觀本質」的說法。他說：「旣然一個觀念（或客觀本質）的眞實的存在僅只需要思想屬性和對象（或形式本質），那麼，正如我們已經說過的，觀念或客觀本質就確實是思想屬性的最直接的樣態」⓫，「確定性不是別的，只是客觀本質本身，換言之，我們認識形式本質的方式卽是確定性本身……除非對於一個東西具有正確的觀念或客觀本質外，沒有人能够知道什麼是最高的確定性，因爲確定性與客觀本質是同一的東西」⓬，「彼得的眞觀念就是彼得的客觀本質」⓭，而且我們還需指出的，卽使在後期著作《倫理學》裏，斯賓諾莎也還保留了這種經院哲學的術語，如他說「除非神的無限觀念存在，否則個別事物的客觀存在或它們的觀念也是不存在的」⓮。

綜上所述，觀念一詞在斯賓諾莎哲學體系裏最根本的涵義是指神的思想屬性的樣態，而且是最直接和最基本的思想樣態，這種思想樣態的主體不是人的心靈，而是神的心靈，卽神的思想屬性，這一點不僅使斯賓諾莎的觀念學說有別於近代經驗論的觀念學說，而且與笛卡爾的觀念學說也有區別，我們可以說是一種新形式下的柏拉圖式觀念學說的復活⓯。

⓫　斯賓諾莎：《神、人及其幸福簡論》，頁259。
⓬　斯賓諾莎：《知性改進論》，頁30。
⓭　同上書，頁29。
⓮　斯賓諾莎：《倫理學》，頁47。
⓯　這樣一種看法在現代斯賓諾莎研究家中已有人提出，例如哈特（Alan Hart）在其寫的《斯賓諾莎的倫理學》（萊登，1983）一書中就試圖根據柏拉圖的觀點來解釋斯賓諾莎哲學中的一些困惑問題。

按照斯賓諾莎的看法，觀念既然是神的思想屬性的一種最基本的樣態，因而觀念從根本上說永遠是眞的，也就是說，它永遠表示出它的對象在廣延屬性裏所表現的同一本質和同一次序或聯繫，因爲對於他來說，事物的客觀本質（觀念）與該事物的形式本質（物體）只不過是同一個事物本質的兩種不同的表現。他寫道：

> 凡是無限知性認作構成實體的本質的東西全都只隸屬於唯一的實體，因此思想的實體與廣延的實體就是那唯一的同一的實體，不過時而通過這個屬性，時而通過那個屬性去了解罷了。同樣，廣延的一個樣態和這個樣態的觀念亦是同一的東西，不過由兩種不同的方式表示出來罷了⓰。

簡言之，凡是形式上從神的無限本性而出的任何東西，即客觀上在神之內也是依同一次序和同一聯繫出於神的觀念，「觀念的次序和聯繫與事物的次序和聯繫是相同的」⓱。

在斯賓諾莎看來，觀念與我們的心靈的知覺表象完全不同，它不受任何有限的個別心靈的影響，它永遠而且必然包含它的對象的本質和存在，「在觀念中沒有任何積極的東西使它們成爲錯誤的」⓲，「一個現實存在的個體事物的觀念必然包含這個事物的本質和存在」⓳，因此，一切觀念——即與神相關聯的觀念——

⓰　斯賓諾莎：《倫理學》，頁46。
⓱　同上書，頁45。
⓲　同上書，頁68。
⓳　同上書，頁47。

都是眞觀念，即與它們的對象完全相符合的觀念。也正是由於這一點，斯賓諾莎把觀念稱之爲「概念」，以說明觀念與其他知覺表象的根本區別。

這樣，我們就可以理解斯賓諾莎獨特而又複雜的人的心靈概念了。什麼是人的心靈呢？斯賓諾莎在《倫理學》中並沒有給出一個明確的形式定義，但是他在第二部分給出的兩個命題卻明確地說明了他關於人的心靈的看法。命題十一說：「構成人的心靈的實際存在的最初成份不外是一個實際存在著的個別事物的觀念」，接下來的命題十三則說：「構成人的心靈的觀念的對象只是實際存在著的身體或某種廣延樣態」。如果我們把這兩個命題結合起來，那麼就是：構成人的心靈的實際存在的最初成份不外是一個實際存在著的身體的觀念，簡單地說，就是他在命題十九證明裏說的，「人的心靈就是人的身體的觀念或知識」。因此，在斯賓諾莎看來，人的心靈最基本的東西就是觀念，或者說，人的心靈就是觀念。不過，這裏有幾點需要我們注意，首先，他講到構成人的心靈的「最初成份」是觀念，意思是說構成人的心靈的還有其他的成份，因爲心靈作爲思想樣態還可能有情感、欲望或意願等，但是，正如斯賓諾莎所說的：

> 在所有的思想樣態中，就本性說來，觀念總是在先的，假如一個人有了一個觀念，則將必隨之具有其餘的樣態（對於這些樣態，就本性說來，觀念是在先的）。所以觀念是構成人的心靈的存在的最初成份[20]。

---

[20]　斯賓諾莎：《倫理學》，頁50。

這裏說明認識論在斯賓諾莎整個人學（其中包括倫理學）中的核心地位。其次，他講到人的心靈只是一個實際存在著的事物的觀念，這裏「實際存在著」這一修辭語相當重要，按照斯賓諾莎的解釋，「觀念是構成人的心靈的存在的最初成份，但是這並不是一個不存在的東西的觀念，因爲這樣這種觀念本身就不能說是存在的，所以它必定是一個實際存在著的事物的觀念」❹。這就是說，人的心靈不是離開個體事物的實際存在而獨立存在的，它的現實存在有賴於個體事物的實際存在，正如個體事物的存在具有一定的綿延，人的心靈的存在也是有一定的綿延，在這個意義上，人的心靈的存在是暫時的，它將隨著個體事物的消滅而消滅，這裏斯賓諾莎表現了他對於古代靈魂不死說的反對態度。第三，人的心靈不是一個實際存在著的其他個別事物的觀念，而是一個實際存在著的個別身體的觀念。這裏斯賓諾莎把人的心靈和人的身體結合起來，心靈是身體的觀念，反之，身體是心靈的對象，心靈和身體的關係，乃是觀念和對象的關係。正如任何觀念離不開它的對象，人的心靈也不能與作爲它的對象的身體相脫離。因此各個不同的人的心靈的差異可以用它們的對象即各個不同的人的身體的差異來說明，而且同一個人的心靈在不同時間裏的差異也可以用同一個人的身體在不同時間裏的差異來說明，人的心靈的性質和各種活動都相應於人的身體的性質和各種感觸。斯賓諾莎說：

一個觀念較其他觀念更爲完美或所包含的實在性更多，正

---

❹ 斯賓諾莎：《倫理學》，頁50。

如一個觀念的對象也較其他觀念的對象更為完美或所包含的實在性更多。所以為了判斷人的心靈與其他事物的區別及其優勝於其他事物之處起見，我們首先必須知道人的心靈的對象，換言之，即人的身體的本性㉒。

斯賓諾莎把這一點稱之為「身體和心靈的統一」。

從上述可見，斯賓諾莎的「人的心靈」概念是與他的「觀念」概念緊密聯繫在一起。在他看來，人的心靈並不是一種獨立自存的實體，而是一種以人的身體作為對象的觀念。他不像一般人所認為的那樣，把人的心靈看作是各種觀念的所有者或主體。而是認為人的心靈本身就是觀念。或者更正確地說，是一個由許多觀念所構成的複合觀念或觀念系統。因為人的身體是由許多不同性質的個體組成的，而每一個個體又是由許多不同的部分組成的，所以作為人的身體的觀念的人的心靈也是由這些形成身體的許多部分的各種觀念所組成的，斯賓諾莎說：「構成人心的形式的存在的觀念不是簡單的，而是多數觀念組成的」。在斯賓諾莎看來，那種在觀念之外並作為觀念的負載者的心靈是不存在的，人的心靈不過只是由身體各部分的諸觀念所組成的一組觀念集合或觀念系統。就此種意義而言，所謂人的心靈有一個觀念，無非只是說，在某一個觀念集合或系統中有一個觀念，所謂人的心靈形成一些觀念，無非只是說，存在有一些觀念，這些觀念是某一複合觀念或觀念系統的組成部分。

這樣一種把人的心靈與觀念加以等同的看法，在哲學和心理學的歷史上是相當奇特的。首先，它反對了人的心靈是實體這一

㉒　斯賓諾莎：《倫理學》，頁52。

根深蒂固的傳統觀念。我們知道，早在古希臘時代，人的心靈就被普遍認爲是一種可以脫離肉體而獨立存在的東西，特別是在柏拉圖那裏，人的心靈被看成是一種在它居留於肉體之前和之後可以存在並在居留於肉體期間可以支配肉體的東西。漫長的中世紀都是因襲這一觀念，以致基督教提出靈魂不滅以及在肉體死後靈魂可以進入天堂或地獄的神話。卽使在近代，笛卡爾基本上也堅持人的心靈是實體的這一看法，他在其《第一哲學沉思集》附錄界說六中說：「思維直接寓於其中的實體,在這裏就叫做心靈（或精神）」❷，在他看來，人的心靈就是一個能思維的實體，卽「一個在懷疑、在理解、在設想、在肯定、在否定、在意願、在拒絕、在想像和在感覺的東西」❷，這種東西可以脫離肉體的存在而存在。與這種傳統觀念相反，斯賓諾莎堅決不把人的心靈看成實體，他在《神、人及其幸福簡論》一書中用邏輯學排中律論證說：

> 我們的心靈或者是一個實體，或者是一個樣態。它不是一個實體，因爲我們已經證明，在自然中不能有任何有限的實體，所以它是一個樣態。旣然心靈是一個樣態，那麼心靈或者就必須是實體的廣延樣態，或者是實體的思想樣態，它不是實體的廣延樣態，因爲……等等，所以它必須是實體的思想樣態❷。

---

❷ 笛卡爾：《第一哲學沉思集》，頁161。
❷ 同上書，頁27。順便說一下，笛卡爾這種心靈實體論在現代曾遭到猛烈攻擊，例如英國分析哲學家賴爾（G. Ryle）在其《心的概念》一書中把笛卡爾這種心靈理論斥之爲「機器中的幽靈」的神話。
❷ 斯賓諾莎：《神、人及其幸福簡論》，頁179。

同樣，在《倫理學》裏，斯賓諾莎也否定實體的存在屬於人的本質（當然也包括心靈的本質），他說：「實體的存在不屬於人的本質，換言之，實體不構成人的形式」㉖。

其次，人的心靈與觀念等同說也否定了人的心靈是觀念的所有者和心理活動的主體這一根深蒂固的傳統觀念。按照傳統的看法，人的心靈不同於觀念，它是觀念的所有者和主體，它本身具有認識、欲求等絕對能力，能進行各種認知和心理活動。斯賓諾莎否認這種看法，人的心靈不是一個可有可無觀念的主體，人的心靈就是一組觀念，離開了觀念，人的心靈也就不復存在。至於說到人的心靈具有不同於個別意願和個別觀念的意志力和理解力，那也只是一種抽象的糊塗說法，他說：

> 心靈中沒有認識、欲求、愛好等等的絕對能力。因此這些能力和類似這些的能力，如其不是純粹虛構的東西，便是我們所習慣於從個別事物所形成的一些玄學的或一般的東西。因此理智和意志與這個觀念和那個觀念或這個意願和那個意願的關係，就好像石的性質與這塊石頭或那塊石頭，又好像人與彼得和保羅的關係一樣㉗。

按照斯賓諾莎的看法，正如我們只能說這塊具體石頭或那塊具體石頭存在、保羅或彼得這些具體人存在，而不能說有某種一般的石頭或一般的人存在一樣，我們人的心靈除了這個具體觀念和那個具體觀念、這個具體意願和那個具體意願外，是不可能有什麼

㉖　斯賓諾莎：《倫理學》，頁48。
㉗　斯賓諾莎：《倫理學》，頁81。

一般的抽象的理解力和意志力。既然意志力、理解力以及其他類似的能力只是共相、類名詞，離開了具體的個別觀念和個別意願就不存在，那麼很顯然，除了具體的個別觀念或意願外，是不存在有不是觀念或意願的並作爲觀念或意願的所有者卽人的心靈的，因爲除了意志、理智這些能力外，這個所有者又能是什麼呢？所以斯賓諾莎認爲，人的心靈不是一種承擔認識和意願的主體，人的心靈只能是一種複合觀念，離開了觀念，人的心靈只是一種抽象。

不過，當我們說斯賓諾莎主張人的心靈是一種複合觀念或觀念系統時，我們不可以把他的觀點與後來的心靈原子論、特別是休謨提出的心靈是一串毫無根基的鬆散的印象的觀點加以混同。對於斯賓諾莎來說，人的心靈雖然不是實體，但是它是實體的一種思想樣態，因此說人的心靈是一種複合的觀念或觀念系統，並不等於說人的心靈是觀念的複合。斯賓諾莎不僅主張沒有廣延的原子，而且也反對有思想的原子，所有觀念都是唯一實體的思想樣態，「個別思想，或這個和那個思想都是某種一定的形式下表示神的本性的樣態」❷ 。正如每一個思想樣態都有它在廣延屬性裏的對應物卽廣延樣態一樣，作爲人的心靈的諸觀念也有它們的統一體，這個統一體的對象就是這些觀念的對象所組成的身體，所以人的心靈雖然是一種複合的觀念，但它不是一串毫無根基的鬆散的印象，而是身體的各個部分的觀念所組成的統一觀念或觀念系統，正是在這個意義上，斯賓諾莎才有可能說到人的心靈是「能思的東西」。

---

❷ 斯賓諾莎：《倫理學》，頁42。

按照斯賓諾莎的看法。組成人的心靈的觀念，不僅包括構成身體的各部分的觀念，而且也包括這些觀念的觀念，卽所謂「反思的觀念」或「心靈的觀念」。他說：「心靈與身體相結合是因爲身體是心靈的對象。根據同一理由，心靈的觀念必與其對象，卽心靈自身相結合。正如心靈自身與身體相結合一樣」❷。心靈的觀念，也就是以心靈作爲對象的觀念。既然心靈無非只是觀念，所以心靈的觀念就是觀念的觀念。在斯賓諾莎看來。這種觀念的觀念就構成心靈的自我意識。這種自我意識由於是在同一思想屬性內進行的，因而有一種直接的形式，斯賓諾莎說：

> 心靈和身體是同一個體，不過一時由思想這個屬性，一時由
> 廣延這個屬性去認識罷了。所以心靈的觀念與心靈自身也
> 是同一之物，但由同一屬性卽思想這個屬性去認識罷了。
> 因此我說，心靈的觀念與心靈自身以同一的必然性，由同
> 一的力量存在於神內。因爲其實心靈的觀念，換言之，觀
> 念的觀念，不是別的，卽是觀念的形式，這不僅就觀念被
> 認爲思想的一個分殊，而且也就其與其對象沒有關係而
> 言。正如一個人知道一件事，因而知道他知道這一件事，
> 且同時知道他知道他知道這一件事，如此遞進以至無窮❸。

從這裏斯賓諾莎以後得出了「具有眞觀念的人必同時知道他具有眞觀念，他不能懷疑他所知道的東西的眞理性……正如光明之顯示其自身並顯示黑暗，所以眞理卽是眞理自身的標準，又是錯誤

---

❷　斯賓諾莎：《倫理學》，頁62。
❸　斯賓諾莎：《倫理學》，頁62-63。

的標準」❸ 。

這樣，我們就可以看出人的心靈和其他個別事物的觀念或心靈的區別了。按照斯賓諾莎的自然學說，任何個別事物（作爲廣延樣態）必同時在神的思想屬性裏有它的對應物即觀念，既然心靈無非只是個體事物的觀念，所以我們可以說，一切個別事物都是有心靈的，只不過由於個別事物和人的身體之間的差別，事物的心靈與人的心靈有著程度上的差別。在斯賓諾莎看來，人的心靈和其他一切個別事物的心靈的根本差別就在於人能够對自己身體的觀念形成觀念的觀念，也就是說，人的心靈能够對自己的身體形成自我意識。斯賓諾莎曾經這樣解釋人的特徵，即人有思想 (man thinks)，而所謂人有思想，就是說「我們知道我們思想」❸ 。人的身體的觀念或人的心靈所具有的這種對自身身體的自我意識就構成人的心靈的主要特徵和活動。正如亞里士多德認爲動物靈魂不同於植物靈魂在於動物靈魂對於其他事物有感覺或意識一樣，斯賓諾莎也認爲人的心靈和其他事物的心靈的區別在於人的心靈能對自己身體有自我意識，並通過這種自我意識能認識其他外界事物。

二、觀念和知覺形象

我們上面把斯賓諾莎的觀念一詞的涵義解釋爲神的思想屬性的一種最基本和最直接的樣態，即一種與事物形式本質相符合的

---

❸ 同上書，頁75-76。
❸ 斯賓諾莎：《倫理學》，頁 42。 Gebhardt 版本是 "Homo cogitat of anders, sy weten dat wy denken"（《倫理學》第二部分公則二）。

事物「客觀本質」，按照這種涵義，他的觀念乃是一種不受人的心靈任何影響的代表自然事物眞實本質或本性的純粹客觀觀念或自然觀念。但是，我們必須注意，我們這種解釋只是按照斯賓諾莎對觀念一詞的嚴格用法而提出的，事實上，斯賓諾莎正如他同時代的其他一些哲學家如笛卡爾一樣，對觀念一詞還有一種廣義的或日常普通的用法，卽觀念不僅是指代表自然事物眞實本質或本性的純粹客觀的觀念，而且還包括人的心靈通過自己身體情狀對外物所形成的主觀的觀念。

　　按照斯賓諾莎的看法，人的身體是由許多不同性質的個體所組成，而每一個體又是由許多複雜的部分所組成，在這些部分中，有些是液質的，有些是柔軟的，有些則是堅硬的。人身體的各個體在許多情形下都爲外界物體所激動，當外界物體激動人的身體時，身體裏的液質部分就衝擊柔軟部分，致使柔軟部分的平面有所改變，從而遺留一些外界物體所衝擊的痕跡在上面。斯賓諾莎把身體的這種可以變化的狀態一般稱之爲人體的情狀（affections），情狀乃是一種廣延樣態。正如我們在斯賓諾莎自然系統裏所說過，相對於每一個廣延屬性的樣態，在神的思想屬性裏必有一個與該廣延樣態相關聯的思想樣態，因此當人的身體爲外界物體所激動而產生相關的情狀時，人的心靈必形成該情狀的觀念，從而覺察外界物體的存在。人的心靈所形成的這種情狀的觀念就是人的心靈通過自身情狀對外界物體所形成的觀念。按照斯賓諾莎的看法，這觀念旣包含有外界物體的性質，同時也必定包含人身自己的性質，而且表示我們自己身體的情況更多於表示外界物體的性質。

　　這樣，我們就可看出，斯賓諾莎關於觀念一詞的廣義或日常

普通用法包括有兩種完全不同性質的觀念，一種是神的心靈的觀念，它們指事物的「客觀本質」，是關於自然事物的眞實本質或本性的觀念；一種是人的心靈的觀念，它們指人的心靈憑藉自己身體情狀對外物所形成的觀念，它們並不完全表現外物的性質，而是更多地表現被激動的人自己身體的性質。我們可以用斯賓諾莎自己所舉的兩個例子來說明這兩種不同性質的觀念。我們關於太陽的觀念顯然並不是太陽本身的觀念，太陽本身的觀念是神的心靈的觀念，它是關於太陽自身的眞實本質和本性的觀念，是表現太陽形式本質的客觀本質，用笛卡爾的話來說：

> 太陽的觀念就是存在於理智之中的太陽本身，它不是形式地、就像太陽在天上那樣，而是客觀地、卽以對象經常存在的方式存在於理智之中❸。

反之，我們關於太陽的觀念則是太陽作用於我們的身體所產生的情狀的觀念，這種觀念與其說表現太陽自身的眞實本質和本性，毋寧說更多表現我們身體受太陽激動所表現的情狀。另如，構成彼得的心靈的彼得觀念顯然不同於某人如保羅心中關於彼得的觀念，構成彼得心靈的彼得觀念是神的心靈的觀念，它是表現彼得形式本質卽彼得身體存在的彼得客觀本質，或者簡單地說，它是彼得身體的觀念，反之，保羅心中的彼得觀念乃是彼得激動保羅身體在保羅身體上產生某種情狀的觀念，它與其說表示彼得自身的本性，毋寧說更表示保羅的身體狀況，斯賓諾莎寫道：

---

❸ 笛卡爾：《第一哲學沉思集》，頁107。

我們明白見到，譬如說構成彼得的心靈的彼得觀念，與在別人，譬如說在保羅心中的彼得觀念間有什麼區別，因為前者直接表示彼得本人的身體本質，只有當彼得存在時，它才包含存在；反之，後者毋寧是表示保羅的身體狀況，而不是表示彼得的本性，因此只要保羅的身體狀態持續著，保羅的心靈即能認識彼得，以為即在目前，縱使彼得並不即在面前㉞。

在斯賓諾莎看來，後一種關於人體自身情狀的觀念在認識論裏相當重要，因為人的心靈一般都是憑藉這種關於自己身體的情狀的觀念才能認識自己的身體和外界事物的，他說：

人心除了憑藉它的身體情狀的觀念外，不能認識它自己的身體，而且人心除了憑藉身體的情狀的觀念外，也不能認識外界物體㉟。

不過，人的心靈關於自己身體情狀的觀念，雖然在認識論裏相當重要，但它們大多數不是關於外界事物真實本質的客觀觀念，而是關於我們自己身體性質的主觀觀念，所以憑藉這種觀念我們不能產生關於外界事物本身的正確知識，而只能產生混淆的片斷的和不正確的知識。斯賓諾莎在《倫理學》第二部分裏用了很大的篇幅論證人體的情感或情狀的觀念不包含有對人的身體自身、

㉞ 斯賓諾莎：《倫理學》，頁59-60。
㉟ 斯賓諾莎：《倫理學》，頁67。

人的心靈和外界物體的正確知識，其基本的論據就是人體為外物所激動的任何一個情狀的觀念都必定既包含外物的性質又包含人體自身的性質，而且表示我們自己身體的情狀更多於表示外界物體的性質。最後他得出結論說：

> 當人心在自然界的共同秩序下認識事物時，則人心對於它自己、它自己的身體、以及外界物體皆無正確知識，但僅有混淆的片斷的知識。因為人心除知覺身體情狀的觀念外，不能認識其自身。而人心除了憑藉它的身體情狀的觀念外，不能認識它自己的身體，而且人心除了憑藉身體的情狀的觀念外，也不能認識外界物體。所以只要人心具有這種身體情狀的觀念，則它對於它自身、對於它的身體，以及對於外界物體都沒有正確知識，而僅有混淆的片斷的知識㊱。

正是因為人的心靈憑藉自己身體情狀而對外界物體所形成的這種觀念具有這樣一種混淆的片斷的和不正確的知識，斯賓諾莎在對觀念一詞的嚴格用法中不把這種觀念稱之為觀念，而稱之為「事物的形象」(imagines rerum)，以便使它同作為真正觀念的那種表現事物真實本質和本性的純粹客觀觀念相區別，他說：「為了保持通常的用語起見，凡是屬於人的身體的情狀，假如它的觀念供給我們以外界物體，正如即在面前，則我們便稱之為『事物的形象』，雖然它們並不真正復現事物的形式」㊲。

㊱　斯賓諾莎：《倫理學》，頁66-67。
㊲　同上書，頁60。

　　這裏有一個問題需要我們解釋一下，卽嚴格按照斯賓諾莎自己在《倫理學》裏的用語，人的心靈憑藉自己身體情狀而對外物所產生的觀念，不應叫做「事物的形象」，而應叫做「事物的形象的觀念」，形象（image）和形象的觀念（idea of image）應有一種區別。正如上面引語中說「凡是屬於人的身體的情狀，假如它的觀念供給我們以外界物體，正如卽在面前，則我們便稱之爲事物的形象」，這裏是說人的身體的情狀是事物的形象，而不是說人的身體的情狀的觀念是事物的形象，人的身體的情狀是屬於廣延樣態，而人的身體的情狀的觀念才屬於思想樣態，因而形象是廣延樣態，只有形象的觀念才是思想樣態。斯賓諾莎這種把形象等同於人的身體的情狀的用法，在《倫理學》裏我們可以找到大量證據，例如，他在第三部分命題二十七證明中說，「事物的形象乃是人體內的情狀，而這些情狀的觀念表示被當作卽在目前的外在物體」，命題三十二附釋中又說，「事物的形象卽是人體自身的情狀，或者因爲人體受外界原因的激動而漸傾向於作這事或作那事的狀態」，另外，第二部分命題四十九附釋中說，「名詞和形象的本質乃純是身體的運動所構成，而身體的運動又絕不包含思想的概念」。而且斯賓諾莎關於形象和觀念的區別的大部分論述都是基於這種廣延樣態和思想樣態的區別上的。例如，在第二部分命題四十八附釋中說，「我們謂觀念並非指眼睛底裏或腦髓中間的形象，而是指思想的概念」，同樣，在命題四十九附釋中爲了掃除那種認爲觀念是由於形象所構成的成見起見，斯賓諾莎說：

　　　　只須注意思想的性質並不絲毫包含廣延的概念就夠了，這

樣並可以明白見到觀念旣是思想的一個樣態，決不是任何
事物的形象，也不是名詞所構成，因爲名詞和形象的本質
乃純是身體的運動所構成，而身體的運動又絕不包含思想
的概念。

因此，按照斯賓諾莎對於形象一詞的嚴格用法，我們應當把人的
心靈憑藉自己身體情狀（卽形象）所形成的外物觀念稱之爲形象
的觀念。

但是，在十七世紀的大多數哲學家看來，形象一詞應當具有
觀念的意思，卽它不應屬於身體的情狀或廣延樣態，而應像觀念
一樣屬於思想樣態，而且他們大多數都把觀念和形象混同使用，
例如霍布斯在他對《笛卡爾沉思集》的反駁中，觀念和形象幾乎
成了同義詞，他說：

當我思維到一個人時，我給我表象一個觀念或一個由顏
色、形狀組成的形象，對於這個觀念或形象我可以懷疑它
是否和一個人相稱，或者是否不相稱。當我思維天的時候
也一樣。當我思維一個怪物的時候，我給我表象一個觀念
或者一個形象，對於這個觀念或形象我可以懷疑它是什麼
動物的肖像㊳。

甚至在笛卡爾那裏，雖然他爲了批駁霍布斯和其他一些人對他觀
點的反駁，曾經強調了他的觀念與一般形象的區別，但他往往仍

㊳ 引自笛卡爾：《第一哲學沉思集》，頁181。

把觀念與形象混同使用，如他說，「僅僅任意描繪出來的形象，我不把它們稱之爲觀念……而只有當它們（指形象）通知到大腦的這一個部分的精神本身的時候，我才把它們稱之爲觀念」❸，這裏顯然是把一種特殊的形象視作觀念，而且有時他還把這兩個名詞像英國哲學家那樣混同使用，如「觀念或形象」❹。鑑於哲學史上這一事實，特別是爲了我們便於聯繫哲學史討論斯賓諾莎的那種與經驗論相區別的唯理論認識觀點，在本書中我們一般把斯賓諾莎所說的「形象的觀念」簡單地稱之爲「形象」，而把他所說的「形象」稱之爲「人體的情狀」，因而斯賓諾莎所謂形象和形象的觀念的區別，就是人體的情狀和形象的區別，形象就是人心憑藉自身情狀所形成的外物觀念。事實上，這樣一種改變用語也不純出於我們杜撰，斯賓諾莎自己有時也採用這一用法，例如他在《倫理學》第二部分命題四十九中說：「我首先要勸告讀者，必須仔細注意觀念或心靈的概念與我們想像所形成的事物的形象二者之區別」，顯然這裏「事物的形象」應指「事物的形象的觀念」，因爲由我們想像所形成的一定是思想樣態，而不是廣延樣態。同樣，在該部分命題四十附釋一裏，斯賓諾莎說「這樣每個人都可以按照其自己的身體的情狀而形成事物的一般形象，無怪乎一些哲學家僅僅按照事物的形象來解釋自然界的事物，便引起了許多爭論」，這裏「事物的形象」也應指「事物的形象的觀念」，因爲它是每個人按照其自己的身體的情狀而形成的。

總之，我們在下面討論觀念和形象的區別時，形象是指身體感觸或人體情狀的觀念，形象的對象是外物激動人體所產生的情

---

❸ 笛卡爾：《第一哲學沉思集》，頁160-161。
❹ 同上書，頁39。

狀。人體的情狀是物理和生理的產物，即廣延的樣態，而作爲人體情狀的觀念的形象則是思維的和心理的產物，即思想的樣態。人體的情狀或身體的感觸因爲是廣延樣態，所以不能提供任何知識或信息，但人體情狀或身體感觸的觀念，即形象，因爲是思想樣態，所以能够提供知識或信息，雖然這種知識或信息只是表示外界物體如人體所感觸的那樣。正是因爲形象和觀念一樣同屬於思想屬性的樣態，所以我們可以將它們兩者進行比較和區別，它們兩者構成我們人類兩種不同的認識方式。

形象和觀念的區別在哪裏呢? 首先，它們產生的原因不同。形象起源於我們身體與外物的接觸，或者說，起源於我們身體爲外物所激動；反之，觀念不起源於身體與外物的接觸，而純粹是心靈自身所形成的概念。形象起源於人體的情狀，而人體的情狀是廣延的樣態，因而形象的性質包含有廣延的概念；反之，觀念是心靈和理智所產生，而心靈和理智是思想的樣態，因而觀念的性質只包含思想的概念，而不包含任何廣延或形體的概念。理智與形象的形成無關，反之，知覺與觀念的出現無關。斯賓諾莎說：「觀念既是思想的一個樣態，決不是任何事物的形象，也不是名詞所構成。因爲名詞和形象的本質乃純是身體的運動 所 構成，而身體的運動又絕不包含思想的概念」。

其次，主動性和被動性不同。形象產生於身體的感觸或人體的情狀，而身體的感觸或人體的情狀乃是外界物體激動或作用人體的產物，因而形象表示心靈對於外界物體是被動的接受，反之，觀念產生於心靈自身的活動，因而觀念表示心靈對於外界物體是主動的把握。斯賓諾莎在他關於觀念的定義裏之所以用「心靈所形成的概念」來解釋，正如他所說的，就是爲了要表示觀念

與知覺形象的這種區別，他說：「我說概念而不說知覺，因爲知覺這個名詞似乎表示心靈之於對象是被動的，而概念一詞則表示心靈的主動」。

　　第三，圖畫式表象和概念式把握不同。形象和觀念都可以說是表現或反映外在事物，但它們各有不同的表現或反映形式。形象是圖畫式地表象外在事物，斯賓諾莎說它是「壁上呆板的圖畫」，反之，觀念是概念式地把握外在事物，不是圖畫式的思想，本身卽包含有肯定和否定。斯賓諾莎說：

> 所有那些人們認爲觀念是形象所構成，形象是起於身體與外界物體的接觸，大都相信某些東西的觀念，如果我們對它們不能形成相似的形象，便不是觀念，而只是任意虛構的幻象。因此他們將觀念認作壁上死板的圖片，而且他們旣爲這種先入的成見所佔據，便不能見到觀念之爲觀念本身卽包含肯定與否定⓬。

所以我們不能「形成圖畫式的思想，因爲我們謂觀念並非眼睛底裏或腦髓中間的形象，而是指思想的概念」⓭。

　　第四，混淆性和清晰性不同。形象是人心通過自身情狀而對外物所形成的觀念，因而這種觀念旣包含有外物的性質，又包含有人體自身的性質，而且表示我們自己的身體的情況更多於表示外界物體的性質，因此斯賓諾莎說：「人體的情狀的觀念，只要

⓬　斯賓諾莎：《倫理學》，頁83。
⓭　同上書，頁81。

它僅僅與人心有關聯，便不是清楚明晰的，而是混淆的」⑬，他把這種觀念比喻爲「無前提的結論」⑭，意思就是沒有邏輯的清晰性。反之，觀念起源於心靈的理智活動，不受身體情狀的任何影響，它們純爲事物的內在本質所決定，因而觀念一定是清楚而且明晰的，斯賓諾莎說：「只要心靈在此種或別種方式下爲內在本質所決定，則心靈便能清楚明晰地觀認事物」⑮。眞正的觀念對於斯賓諾莎來說永遠是清楚明晰的，他曾把觀念和形象等其他表象的區別比喻爲覺醒和睡夢的區別⑯。

第五，片面性和完全性不同。形象起源於身體的感觸或人體的情狀，而這種身體感觸或情狀依賴於當下外物激動人體的某實際方面，因而形象只表現外物在某一時間的某一方面情況，而不表現外物在一切時間的全部情況，所以斯賓諾莎說：「只要人心具有這種身體情狀的觀念，則它對於它自身、對於它的身體，以及對於外界事物都沒有正確的知識，而僅有混淆的片斷的知識」⑰。反之，觀念起源於心靈的活動，不爲外界物體激動情況或偶然的機緣所決定，而「爲內在本質所決定以同時觀認多數事物而察見其相同、相異和相反之處」⑱，因而觀念能完滿地表現事物的全部本質，不受任何時間和地點的限制。

第六，相對性和絕對性不同。形象起源於身體的感觸或人體的情狀，不同的身體對同一個事物可以形成不同的形象，而且卽

---

⑬　同上書，頁66。
⑭　同上。
⑮　斯賓諾莎：《倫理學》，頁67。
⑯　參見斯賓諾莎：《知性改進論》，頁35。
⑰　斯賓諾莎：《倫理學》，頁67。
⑱　同上。

使同一個身體在不同的時間對同一個事物也會形成不同的形象，因而這些形象是因人而異和因時而異的，所以是相對的。斯賓諾莎曾經以「人」、「馬」、「狗」這些所謂共相概念爲例，來說明形象的混淆性，他說「這些概念之形成，並不是人人相同的，乃依各人身體被激動的常度，和各人的心靈想像或回憶這種情狀的難易而各有不同」⑭。例如，凡常常用讚美的態度來觀察人們的身材的人，一提到「人」，將理解爲一玉立的身材，而那些習於從別的觀點來觀察的人，則將形成人的別的共同形象，如能笑的動物、兩足而無羽毛的動物或理性的動物等等。「這樣每個人都可以按照自己的身體的情狀而形成事物的一般形象。無怪乎一些哲學家僅僅按照事物的形象來解釋自然界的事物，便引起了許多爭論」⑮。反之，觀念起源於心靈的理智活動，不受身體情狀的任何干擾，純爲事物的內在本質所決定，因而觀念不是因人而異和因時而異的，而是具有絕對確定性的，斯賓諾莎說：

> 凡具有眞觀念的人無不知道眞觀念包含最高的確定性。因爲具有眞觀念並沒有別的意思，卽是最完滿、最確定地認識一個對象。其實沒有人會懷疑這點，除非他認爲觀念乃是呆笨的東西，有如壁上的一張圖畫，而不是思想的一個樣態或理智的自身⑯。

---

⑭ 斯賓諾莎：《倫理學》，頁73。
⑮ 同上書，頁73。
⑯ 同上書，頁76。

三、理智和想像

觀念和形象的區分，必然帶來憑藉觀念的認識和憑藉形象的認識的區分。憑藉觀念的認識，斯賓諾莎稱之爲理智(intellect)，而憑藉形象的認識，斯賓諾莎稱之爲想像(imagination)。他說：「當人心憑藉它的身體的情狀的觀念以考察外界物體時，我們更稱它是想像著那物體」⑫，反之，理智乃是「指示我們如何指導心靈使依照一個眞觀念的規範去進行認識」⑬。因此，理智和想像對形成我們人類對外間事物的兩種認識方式。

按照斯賓諾莎的看法，想像一方面可以分爲記憶的想像(retentive imagination)和構成的想像(compositive imagination)，如他說：「想像是心靈藉以觀察一個對象，認爲它卽在目前的觀念」⑭，這就是記憶的想像，通過這種想像，事物雖然當時並不在場，心靈卻能憑記憶想像它卽在目前。另外，如他說：「許多常被一般人認作想像的東西，雖然我們明知這些東西並不像我們所描繪的那樣」⑮，「虛構的觀念……是自然界中許多的事物和動作的混淆的觀念湊合而成的，或可更妥當地說，是由於同時考察這些多數的不同的觀念而並未經過理智的承認」⑯，這就

---

⑫ 斯賓諾莎：《倫理學》，頁65。據格布哈特版本，增加了「的觀念」三字 ("Cum Mens humana per ideas affectionum sui corporis corpora externa contemplatur, eandem tum imaginari dicimus")。

⑬ 斯賓諾莎：《知性改進論》，頁31。

⑭ 斯賓諾莎：《倫理學》，頁67。

⑮ 斯賓諾莎：《知性改進論》，頁37。

⑯ 斯賓諾莎：《知性改進論》，頁41。

是構成的想像，或者簡單地叫做「虛構」，如我們想像或虛構「樹木說話、人在轉瞬間就變成石頭或變成泉水、鬼魂出現在鏡子裏面、無中生有，甚至神靈變成野獸，或轉成人身，以及其他類此的東西，不可勝數」㊿。另一方面，想像又可以分為初生的想像（productive imagination）和再生的想像（reproductive imagination），例如《倫理學》第二部分命題十七就是解釋初生的想像，「假如人的身體受激動而呈現某種情狀，這種情狀包含有外界物體的性質，則人心將以為這個外界物體是現實存在的或即在面前，直至人的身體被激動而呈現另一情狀以排除這個外界物體的存在或現存為止」㊽，簡言之，初生的想像是這樣一種觀念，「這觀念表示人的身體現時的情狀，而不表示外界物體的性質，並且表示得模糊而不明晰」㊾，例如，當我們望見太陽時，我們總是按照我們身體的當時感觸去想像太陽距離我們只有二百呎遠，這就是一種初生的想像。初生的想像也可稱之為知覺的想像，簡稱之為知覺。《倫理學》第二部分命題十八是解釋再生的想像，「假如人身曾在一個時候而同時為兩個或多數物體所激動，則當人心後來隨時想像著其中之一時，也將回憶起其他的物體」㊿，因而再生的想像也可稱之為記憶的想像，它是需要憑藉記憶方能完成的想像。在斯賓諾莎看來，知覺的想像或初生的想像是當下的想像，其中不包含時間的概念，反之，記憶的想像或再生的想像則不是當下的想像，而是經歷一段時間後的想像，例如，一個

㊼　斯賓諾莎：《知性改進論》，頁39。
㊽　斯賓諾莎：《倫理學》，頁58。
㊾　同上書，頁159。
㊿　斯賓諾莎：《倫理學》，頁60。

當過兵的人看見沙土上有馬蹄痕跡，可能想到他過去騎馬參加戰爭的情況，反之，一個鄉下農夫可能由馬蹄痕跡想到他的犁具、田地等。按照斯賓諾莎的分析，記憶的想像還可再下分爲記憶和回憶兩種，雖然這兩種記憶想像都包含時間的概念，但記憶只包含連續的時間，斯賓諾莎說：

> 究竟記憶是什麼呢？ 記憶不是別的， 即是頭腦對於印象的感覺，並且有一定的時間觀念伴隨著這種感覺。這一點由回憶也可以看出來，因爲在回憶中，心靈回憶到過去的感覺，但是不把它認爲在連續的時間中。所以對於這一個感覺的觀念，不是感覺在時間中的持續，換言之，不是記憶❻❶。

知覺想像和記憶想像的區分，也可以看成是「從感覺經驗得來的觀念」和「從記號或名詞得來的觀念」的區分。斯賓諾莎在談到想像或他所謂第一種知識時有兩種觀念：「第一， 從通過感官片斷地、混淆地和不依理智的秩序而呈現給我們的個體事物得來的觀念，因此我們常稱這樣的知覺爲從泛泛經驗得到的知識。第二，從記號得到的觀念。例如， 當我們聽得或讀到某一些字，便同時回憶起與它們相應的事物，並形成與它們類似的觀念，借這些觀念來想像事物」❻❷，這兩種觀念或知識顯然就是指知覺想像和記憶想像，因此在斯賓諾莎那裏，感覺經驗認識和語詞感性理解均屬於想像。

---

❻❶ 斯賓諾莎：《知性改進論》，頁49。
❻❷ 斯賓諾莎：《倫理學》，頁73-74。

不過，在斯賓諾莎看來，知覺想像和記憶想像雖然本身有差別，但它們有密切關係，這種關係在於知覺想像是記憶想像的源泉或基礎，也就是說，如果沒有知覺想像，記憶想像也不可能出現，他曾經說：「想像力或者所謂共同的官能爲某種個別的物體所刺激而起的力量，就可以促使記憶力堅強」⑥。因此之故，他在有些地方並不作這種區分，而把它們加以等同使用，如「想像或回憶」（imaginatur vel recordatur），或「想像或記憶」（imaginatio seu memoria）⑭。

正如想像分爲知覺想像和記憶想像兩種一樣，理智在斯賓諾莎看來也可以分爲兩種，卽理性（ratio）和直觀（intuitio），按照斯賓諾莎的解釋，理性乃是「從對於事物特質所具有的共同概念和正確觀念而得來的觀念」⑮，這裏所謂「共同概念」（notiones communes），乃指表現一切事物共同本質的概念，如運動和靜止概念，一般來說，就是指公理一類的觀念，因此理性認識就是從那些表現事物共同本質的一般的觀念出發進行演繹推導的認識方式，也就是我們一般所說的科學認識的方式。直觀乃是「由神的某一屬性的形式本質的正確觀念出發，進而達到對事物（形式）本質的正確知識」，這裏所謂形式本質乃是經院哲學術語，意指自然本質，因此直觀乃是從神的某一屬性的自然本質出發直接觀照個別事物自然本質的認識方式，也就是從一般到個別、從整體到部分、從無限到有限的認識方式，我們一般可以把這種方式稱之爲哲學認識方式。斯賓諾莎曾用一個淺顯的例子來

---

⑥　斯賓諾莎：《知性改進論》，頁48。
⑭　斯賓諾莎：《倫理學》，頁73、96。
⑮　斯賓諾莎：《倫理學》，頁74。

說明理性和直觀這兩種理智認識方式的差別，例如，有三個數要求第四個數，使得第四個數與第三個數之比等於第二個數與第一個數之比。學過數學的人可以根據歐幾里德幾何學裏關於比例數的共同特性，通過數學計算得到所求的第四個數，反之，如果該三個數很簡單，如 1、2、3，我們就無需數學計算，而單憑直觀就可以推出這個數是 6 。雖然這兩種方式都能得出正確 的 答數，但後者比前者更爲完善，因爲它無需經過抽象的演算過程。斯賓諾莎曾經把這兩種認識方式概括爲這樣兩種方式：「或者是就事物存在於一定的時間及地點的關係中去加以認識，或者是就事物被包含在神內，從神聖的自然之必然性去加以認識」❻ 。在斯賓諾莎看來， 後一種認識方式比前一種認識方式「更強而有力」，「能感動我們的心靈」❻ ，是我們人類迄今所能期望的一種最高尚和最完善的認識。

　　不過，我們這裏要討論的乃是想像和理智這兩種人類認識外間事物的方式。想像正如我們一開始所說的，乃是通過形象卽人體情狀的觀念對外物的認識。這種認識方式，我們可以根據《倫理學》第二部分命題十八附釋中對於記憶的論述來加以分析，在那裏斯賓諾莎寫道：

　　　　記憶不是別的，只是那些包含人身之外的事物的性質的觀念的某種聯繫，也就是人心中一種按照人身的情狀的次序和聯繫而進行的觀念聯繫。第一，我說這只是那些包含人

---

❻　斯賓諾莎：《倫理學》，頁239。
❻　同上書，頁244。

身之外的事物的性質的觀念的聯繫，而不是那種解釋外界
事物性質的觀念的聯繫，因爲這些觀念其實乃是那些旣包
含人體性質又包含外物性質的人體情狀的觀念。第二，我
說這種觀念聯繫之發生是依照人身的情狀的次序和聯繫，
如此便可以有別於依照理智次序而產生的觀念聯繫，理智
次序是人人相同的，依照理智的次序足以使人心藉事物的
第一原因以認識事物⑱。

　　這裏第一點是很淸楚的，想像是憑藉形象即人體情狀的觀念
的認識，也就是說，它是一種由人體情狀的觀念所構成的觀念聯
繫，而人體情狀的觀念，正如我們前面分析的，旣包含人體的性
質，又包含外物性質，因而是一種混淆的觀念，所以這種觀念聯
繫雖然也是一種包含有表現外物性質的觀念聯繫，但因爲它摻雜
著人身自己的性質，因而它不是一種客觀解釋外界事物性質的觀
念聯繫。關鍵在於第二點，即想像觀念聯繫的發生和進行是依照
人身的情狀的次序和聯繫，而不是依照人人皆相同的理智次序。
斯賓諾莎曾舉了幾個例子來說明這種依照人身情狀次序的觀念聯
繫，例如，從對於拉丁文 Pomum（「蘋果」）一詞的思想，一
個羅馬人立刻會轉到鮮果的思想，其實眞實的鮮果與 Pomum 一
詞的聲音之間並無相似之處，而且除了那人的身體常常爲蘋果的
實物與 Pomum 的聲音所感觸外，也就是說，除了當他看見眞實
蘋果時他又常聽見 Pomum 一詞的聲音外，並無任何共同之處，
因此眞實蘋果和 Pomum 聲音之間的觀念聯繫乃是依照人身情狀

---

⑱　斯賓諾莎：《倫理學》，頁60-61。

的次序和聯繫。同樣，每個人都可以按照他習於聯結或貫串他心中事物的形象的方式，由一個思想轉到另一個思想，例如，一個軍人看見沙土上有馬蹄痕跡，他將立刻由馬的思想，轉到騎兵的思想，從而轉到戰事的思想；反之，一個農民由馬的思想將轉到他的犁具、田地的思想，從而轉到農事的思想。斯賓諾莎有時也把人們這種習於聯結或貫串他心中事物形象的方式稱之爲「自然的共同秩序」(the common order of nature)，他說「人心常依自然的共同秩序以觀認事物」❻❾。由於這種觀念聯繫不是按照事物本身之間的客觀聯繫，而是按照人身自己情狀的次序和自身習慣聯結的方式，所以這種觀念聯繫是因人而異和因時而異的，在這種意義下，觀念聯繫是「爲外在東西所決定或爲偶然的機緣所決定」❼⓿，因而不是表現客觀事物本身眞實聯繫的觀念聯繫。

與想像相反，理智不是憑藉形象而是憑藉觀念的認識，因此這種認識方式也有兩個基本特徵：一是構成理智這種觀念聯繫的觀念不是形象，即不是人體情狀的觀念，而是眞實表現自然事物形式本質的客觀概念，因而這種觀念聯繫是客觀解釋外界事物性質的觀念聯繫；二是這種觀念聯繫不是依照人身情狀的次序和聯繫，而是依照理智的次序，而所謂理智的次序乃是人人相同的，是藉事物的第一原因認識和演繹事物的次序。斯賓諾莎在《知性改進論》裏曾經詳盡分析了理智這兩個基本特徵，首先，他非常強調構成理智這種觀念聯繫的觀念乃是「純出於心靈而不是由於身體的偶然的刺激而起的觀念」❼❶，因此這種觀念一定要表現事

❻❾ 斯賓諾莎：《倫理學》，頁66。

❼⓿ 同上書，頁67。

❼❶ 斯賓諾莎：《知性改進論》，頁52。

物最內在的本質和最近因。他曾以圓形爲例，說明眞正的圓形觀念與圓形形象不同，圓形的形象顯然有圓周和圓心，但眞正的圓形觀念卻沒有圓周和圓心。而且圓形觀念也不能僅僅表現圓形的一個特性，而要表現圓形的眞正本質，例如我們不能說圓形就是「一個由中心到周邊所作的一切直線都是等長的圖形」，因爲這個概念只是說出了圓形的一個特性，而不能表明圓形的本質。眞正的圓形觀念應當是「任何一根一端固定的另一端轉動的直線所作成的圓形」，這個觀念旣表現了圓形的本質又表現了圓形產生的原因，並且從這個觀念我們可以推得圓形所具有的其他一切特性。在斯賓諾莎看來，理智所憑藉的觀念由於不是起源於人體偶然地受外物所激動，而是「爲內在本質所決定以同時觀認事物而察見其相同、相異和相反之處」⑫，並能「純粹由一物的本質或由它的最近因去加以理解」⑬，因而這種觀念乃是我們正確認識自然的最好工具。其次，理智這種認識不僅在於它具有不同於形象的眞正觀念作爲基礎，而且它的觀念推演秩序乃是一種眞實表現實在因果聯繫的次序。斯賓諾莎寫道：

> 觀念之客觀地在思想世界與它的對象之在實在世界的關係是一樣的。……凡是與他物有關係的東西——因爲自然萬物沒有不是互相關聯的——都是可以認識的，而這些事物的客觀本質之間也都具有同樣的關聯，換言之，我們可從它們推出別的觀念，而這些觀念又與另一些觀念有關聯⑭。

---

⑫ 斯賓諾莎：《倫理學》，頁67。
⑬ 斯賓諾莎：《知性改進論》，頁52。
⑭ 斯賓諾莎：《知性改進論》，頁31–32。

因此理智的觀念聯繫乃是一種「把我們的一切觀念都從自然事物或眞實存在推出,盡量依照由此一實在到另一實在的因果系列」[75] 而進行的觀念聯繫,通過這種觀念聯繫,「我們的心靈可以盡量完全地反映自然。因此心靈可以客觀地包含自然的本質、秩序和聯繫」[76] 。

這樣,我們就可以清楚看出想像和理智這兩種認識方式的巨大差別了。首先,這是一種被動的認識過程和主動的認識過程的差別。在斯賓諾莎看來, 想像基於人身情狀的觀念, 而其觀念聯繫又依據於人身情狀的次序和聯繫,因而常爲外物激動人體的情況和偶然機緣所決定, 所以想像是一種被動的認識過程, 他說:「因爲我們知道想像所以產生的過程,想像所依照的一些規則——但大異於理智的規則——而且心靈因爲想像的關係成爲被動」,「想像是無確定性,使心靈處於被動地位」[77] 。反之,理智基於人心自身形成的觀念,而其觀念聯繫又依據於純粹的理智次序, 因而只爲理智本身的內在本質所決定, 而不爲外物所決定, 所以理智是一種主動的認識過程,他曾經比喻地把這種認識過程描述爲「心靈遵循一定的規律而活動,就好像一個精神的自動機」[78] 。斯賓諾莎這樣一種關於眞正認識乃是一種主動把握的觀點在西方哲學史上是有重要意義的,我們知道,早在古希臘時代,亞里士多德就曾經認爲認識乃是一種心靈吸收可理解形式的被動過程,他曾經把心靈和可思維的東西之間的關係等同於感官和可感覺的東西之間的關係,從而忽視了主動認識和被動知覺之

[75] 同上書,頁54。
[76] 同上。
[77] 斯賓諾莎:《知性改進論》,頁50。
[78] 同上。

間的根本差別。在近代，無論是培根還是霍布斯，他們都遵循亞里士多德的觀點，把被動的感性知覺作爲認識的基礎，而且，卽使像笛卡爾這樣的唯理論者，有時也無形地受到亞里士多德的影響，他曾說道：

> 我稱之爲心靈主動的那些東西，就是所有我們的欲望，因爲我們從經驗得知，它們是直接由我們的心靈而來，並且似乎單獨依賴於心靈。反之，我們通常把我們身上所有的那些知覺和知覺形式稱之爲人的被動，這些東西並不是我們的心靈使它們成爲那樣，因爲心靈常常是從它們所表現的事物得到它們的⑲。

在笛卡爾看來，表現心靈主動的乃是欲望和意願，而知覺和理智乃屬於心靈的被動。可是，斯賓諾莎卻一反這種傳統觀點，他認爲眞正的理智認識決不是有如壁上呆板的圖畫那樣純從外界物體被動接受而來，而是對於自然呈現於意識的事物的一種能動的把握。「認識」（cognitio）一詞對於斯賓諾莎來說，決不是接受知識，而是產生知識、把握知識，認識永遠同認知行爲相結合，或者更明確地說，認識永遠是一種認知行動。

其次，想像和理智的差別是偶然的認識過程和必然的認識過程的差別。想像的認識起源於人體的情狀，並依賴於人身情狀的次序和聯繫，因而它所進行的觀念聯繫乃是偶然的推測聯繫，而不是必然的因果聯繫。斯賓諾莎曾經舉了一個淺顯的例子來說明想像的這種偶然性質。假設某兒童昨天清晨看見彼得，正午看見

---

⑲ 笛卡爾：《心靈的情感》，見《笛卡爾著作選集》，英文版，卷1，頁340。

保羅，晚間看見西門，今天淸晨他又看見彼得，正午又看見保羅，晚間又看見西門，一到明天早晨他再看見彼得時，他就會想像中午看見保羅，晚上看見西門；因爲在他的想像中，彼得是與早晨相聯繫，保羅是與中午相聯繫，西門是與晚間相聯繫。一當有一天偶然有所變動，他在晚間沒有看見西門，而看見伊代，到第二天早上他就會對晚間究竟會看見誰猶豫不決，因爲對於他來說，西門和伊代在晚間出現都是可能的和偶然的，因此斯賓諾莎得出結論說：

> 只要我們用想像去考察事物，將事物納於過去或將來的關係中來考察，這種想像的猶豫將不斷侵入。因此，從過去、現在或將來的關係以考察事物，則我們將想像事物是偶然的[80]。

反之，理智的認識起源於表現事物內在本質的一般概念，並依賴於人人皆相同的理智次序，因而它的觀念聯繫乃是客觀事物的必然因果聯繫。斯賓諾莎特別強調理智不是從時間的關係、而是從永恒的和無限的觀點去觀察事物，他說「理智理解事物並不注意它們所佔的時間，亦不注意它們的數量」[81]，而是「在永恒的形式下去認識事物」[82]。在《知性改進論》中，斯賓諾莎詳加解釋何爲事物的內在本質，事物的內在本質「並不是從事物的存在的系列或次序推出，因爲存在的次序充其量只能供給我們以它們外表的跡象、關係或次要情況，所有這些都和它們的內在本質相隔

---

[80] 斯賓諾莎：《倫理學》，頁78。
[81] 斯賓諾莎：《知性改進論》，頁58。
[82] 斯賓諾莎：《倫理學》，頁239。

甚遠。而內在本質只可以在固定的永恒的事物中尋求，並且也可以在好像深深刊印在事物裏面，而爲一切個別事物的發生和次序所必遵循的規律中去尋求」❽，由此可見，理智的認識一定是具有永恒必然的形式，斯賓諾莎曾以三角形觀念爲例來說明理智認識的這種永恒性和必然性，三角形觀念必定包含這一肯定，卽三角形三內角之和等於兩直角，這一肯定屬於三角形觀念的本質。對於三角形觀念的這一肯定，人的心靈決沒有任何絕對的或自由的意志可以拒絕，因爲「心靈在永恒的形式下所理解的一切事物，它之所以能理解他們，並不是因爲它把握了物體的現在的實際存在，而是因爲它是在永恒的形式下把握物體的本質」❽。因此「在心靈中除了觀念作爲觀念所包含的意願或肯定與否定之外，沒有其他的意願或肯定與否定」❽。在斯賓諾莎看來，「理性的本性就在於眞正地認知事物，或在於認知事物自身，換言之，不在於認事物爲偶然的，而在於認事物爲必然的」❽。

第三，想像和理智的差別是感性的經驗概括和理性的邏輯推演的差別。想像的形成依賴於感覺形象以及這種形象之間的偶然的次序和聯繫，它所得出的知識有時雖然也可能是正確的和有用的，但決不是系統的，因爲它是通過偶然的經驗和或然的概括所得到的。反之，理智的認識僅依賴於眞正表現事物永恒內在本質的觀念，以及這種觀念之間的客觀必然聯繫，因而理智所得出的知識就一定是系統的。斯賓諾莎在與英國科學家波義耳的爭論中，曾經明確告知我們應當區分兩類根本不同的解釋自然的概

❽ 斯賓諾莎：《知性改進論》，頁55。
❽ 斯賓諾莎：《倫理學》，頁239。
❽ 同上書，頁81。
❽ 同上書，頁77。

念：「我認爲那些由平常語言習慣而形成的概念，或者那些不是按照自然本來面目而是按照人類的感覺來解釋自然的概念，決不能算作最高的類概念（generic terms），更不能把它們和純粹的、按照自然本來面目來解釋自然的概念混爲一談」⑰，這裏所謂類概念就是能進行邏輯推理的最高概念，在斯賓諾莎看來，感性經驗的概念決不能進行邏輯推理，因爲它們不具有這樣一種系統性，更何況它們本身聯繫的次序根本不是理智的次序。反之，理智認識的概念旣然是按照自然本來面目而形成的觀念，也就是說，是「純粹出於心靈而不是由於身體的偶然的刺激而起的觀念」⑱，並且這種概念的聯繫又是按照自然事物由一實在到另一實在的客觀必然的因果系列，因而理智形成的觀念就必然能形成一嚴密的邏輯演繹系統。斯賓諾莎特別強調理智認識的這種邏輯推演的系統性，他說，爲了獲得清楚而明晰的觀念，卽達到眞正認識事物的目的，我們必須「設法把所有的觀念按照那樣一種方式加以聯繫和排列，以便心靈可以儘可能客觀地旣從全體又從部分以反映自然的形式」⑲。正是基於這樣一種觀點，他特別推崇數學證明，因爲數學正是一嚴密的邏輯演繹系統，在此系統中不存在任何混淆的偶然的結論，一切結論都是清晰的和必然的。也正是爲了實現這一知識理想，斯賓諾莎的《倫理學》最後採用了幾何學證明的形式。

但是，數學的公理系統或其他自然科學的公理系統，還不是斯賓諾莎最高的知識理想，因爲這些系統只是從某一領域內的最

---

⑰ 斯賓諾莎：《書信集》，英文版，頁93。
⑱ 斯賓諾莎：《知性改進論》，頁52。
⑲ 同上。

高類概念出發進行推演， 或用斯賓諾莎的話來說， 只是從那些
「表現事物特質的共同概念和正確觀念」出發而推演的知識。因
此， 它們充其量只是一般的科學知識， 而不是更高級的哲學知
識，哲學知識應當是從一個最完善存在的觀念進行推演的邏輯系
統， 他說：

> 能表示最完善存在的觀念的反思知識要比表示其他事物的
> 觀念的反思知識更爲完善。換言之，凡是能指示我們如何
> 指導心靈使依照一個最完善存在的觀念爲規範去進行認識
> 的方法，就是最完善的方法⑩。

這種哲學知識系統也就是「從神的自然之必然性去加以認識」的
邏輯演繹系統， 也就是斯賓諾莎所說的第三種即直觀知識， 即
「由神的某一屬性的形式本質的正確觀念出發，進而達到對事物
本質的正確知識」。 這種知識系統才是斯賓諾莎最高的知識理
想， 他說：「心靈的最高努力和心靈的最高德性，都在於依據第
三種知識來理解事物⋯⋯從這第三種知識可以產生心靈的最高滿
足」⑪。

四、真觀念和正確觀念

斯賓諾莎在《倫理學》裏並沒有正式提出眞理的定義， 他只
是在第一部分的公則裏提出一條類似眞理定義的公則：「眞觀念

---

⑩　斯賓諾莎： 《知性改進論》，頁31。
⑪　斯賓諾莎： 《倫理學》，頁237-238。

必定符合它的對象」。這條公則究竟是否就是斯賓諾莎認識論的
眞理定義，以及這條公則究竟應當怎樣理解才算符合斯賓諾莎本
人的意思，在近年來斯賓諾莎研究中一直是一個引起很大爭論的
問題⑨。

首先，這裏「對象」(ideatum) 一詞究竟指什麼？從詞源來
看，ideatum 來源於 idea，卽表示觀念所對應的或所關聯的東
西，中國哲學裏有所謂「能」和「所」的說法，斯賓諾莎所說的
觀念和對象的關係，似乎類似於中國哲學裏的能和所的關係。鑑
於觀念和對象的這種詞源學關係，現代西方斯賓諾莎研究家一般
不把 ideatum 譯爲 object（對象），而譯成 that of which
it is the idea，意卽該觀念是其觀念的東西，或者說，該觀念所
關聯的或所對應的東西。這一點我們可以從斯賓諾莎關於心靈的
對象是身體的觀點來理解。在《倫理學》第二部分命題十三裏，
斯賓諾莎爲了證明構成人的心靈的觀念的對象只是身體，他說：
「除身體外，如果心靈還有別的對象，則這個對象所造成的結果
的觀念，必然應該存在於我們的心靈之中，因爲沒有存在的事物
不會產生某種結果的。但是（據第二部分公則五）現在並沒有這

---

⑨ 有關斯賓諾莎眞理論的研究文獻相當多，其中最爲重要的有：羅
賓遜（Robinson）的《斯賓諾莎倫理學評註》（1928，來比錫），
沃爾夫森（H. A. Wolfson）的《斯賓諾莎的哲學》（1934，哈
佛大學），約金姆（H. H. Joachim）的《斯賓諾莎倫理學研
究》（1901，牛津）和《斯賓諾莎知性改進論註釋》（1940，牛
津），漢普舍爾（S. Hampshire）的《斯賓諾莎》（1951，牛津），
帕金森（G. H. R. Parkinson）的《斯賓諾莎的知識論》（1954，
牛津），馬克（T. C. Mark）的《斯賓諾莎的眞理論》（1972，
紐約和倫敦），本德（J. G. Bend）編的《斯賓諾莎論認識、
自由和存在》（1974，荷蘭）以及哈特（A. Hart）的《斯賓諾
莎的倫理學》（1983，萊登）等。

種觀念， 可見我們心靈的對象是一個存在著的身體， 而不是別的」。這裏引用的公則五，是說「除了身體和思想的樣態以外，我們並不感覺或知覺到任何個體的事物」。這條公則應當說是表述不清楚的，因爲難道人的心靈除了自己身體和思想樣態外，就不能知覺任何其他的物體嗎？ 斯賓諾莎在第二部分命題十四中說：「人心有知覺許多事物的能力，如果它的身體能够適應的方面愈多，則這種能力將隨著愈大」，可見人心除了自己身體外，是可以知覺許多其他物體的。第二部分公則五只能這樣來理解，卽除了通過身體的感受外，人心不能知覺其他物體，這是有證據的，因爲斯賓諾莎明確說過：「人心除了憑藉身體的情狀的觀念外，也不能感知外界物體」❸。一當公則五作這樣的理解後，我們就可以看出斯賓諾莎之所以認爲只有身體才是心靈的對象，並不是因爲心靈不能感知其他的物體，而是因爲心靈只可能通過自己的身體去感知其他的物體，也就是說，心靈只可能直接感知自己的身體，而不可能直接感知其他外界物體。心靈爲什麼只能直接感知自己的身體呢？ 其原因在於心靈和身體是結合或關聯在一起的東西， 因此， 斯賓諾莎在稱身體是心靈的「對象」時，他不僅意味著心靈知覺身體，而且更表示心靈與身體的相互關聯和相互結合。所以斯賓諾莎所說的對象，我們只能理解爲與觀念直接相關聯和相結合的東西。

我們可以援引斯賓諾莎自己的一些例子來說明這樣一種特殊的「對象」概念。例如，我心中的太陽概念，它的對象顯然就不是自然界天空中的太陽本身，而應指我的身體由於受到自然中太

---

❸　斯賓諾莎：《倫理學》，頁67。

陽的激動而產生的生理情狀，因爲與我心中的太陽觀念直接相關聯和相結合的東西，乃是我的身體受外間太陽所激動而產生的生理情狀，而不是自然界天空中的太陽。自然界天空中的太陽只是神心內（自然內）的太陽觀念卽太陽心靈的對象。同樣，保羅心中的彼得觀念，它的對象也不是在保羅之外的彼得本人，而是保羅身體由於受到彼得激動所產生的生理情狀，因爲與保羅心中的彼得觀念直接相關聯或相對應的東西，乃是保羅自身中由於受到彼得激動所引起的生理情狀，而不是存在於保羅之外的彼得本人。彼得本人（卽彼得身體）只是神心內（自然內）的彼得觀念（卽彼得心靈）的對象。

在斯賓諾莎體系裏，這種對象旣可以指物理的東西，卽廣延屬性的樣態，也可以指觀念的東西，卽思想屬性的樣態。斯賓諾莎說：

> 就觀念之作爲一個形式本質而論，它可以作另一個客觀本質的對象。而這第二個客觀本質，就它本身看來，也是眞實的東西，也是可理解的東西。如此類推，以至無窮[94]。

例如，彼得本人是彼得觀念（卽彼得心靈）的對象，而這個彼得觀念本身又可作爲形式本質，成爲另一個觀念，卽彼得觀念的觀念的對象，而彼得觀念的觀念又可成爲彼得觀念的觀念的觀念的對象。斯賓諾莎說，這種情況正如某人回想他知道彼得時，他又知道他知道彼得，他更知道他知道他知道彼得。如果對象是物理的東西，觀念和對象的關係就是思想屬性的樣態和廣延屬性的樣

---

[94] 斯賓諾莎：《知性改進論》，頁29。

態的關係，即觀念和事物的關係，如我心中的太陽觀念和我身體被太陽激動所產生的情狀，保羅心中的彼得觀念和保羅身體上受彼得激動所產生的情狀，以及一般神心內的觀念（即所謂自然觀念）與它的對象，如彼得心靈和彼得身體，都是這種關係。如果對象是觀念的東西，那麼觀念和對象的關係就不是兩種屬性的樣態之間的關係，而是同一個思想屬性的兩種樣態之間的關係，即觀念的觀念和觀念的關係，如彼得觀念的觀念和彼得觀念的關係。

其次，真觀念必定符合它的對象，這裏「符合」(convenire)一詞究竟又是什麼意思呢? 拉丁文 convenire 乃是英文 convention（集合）一詞的詞根，convenire 在拉丁文裏有會合、相遇、相聚或結合的意思，正確的譯法應當是「結合在一起」，即英文裏 to come together 或 coalescere 的意思。真觀念必定符合它的對象，也就是說，真觀念必定與它的對象關聯和結合在一起。這一點也不難於理解，當斯賓諾莎說「構成人的心靈的觀念的對象只是實際存在著的身體或某種廣延樣態，而不是別的」[95] 時，他所指的意思就是心靈和身體的這種結合，正如他在該命題的附釋中說，「因此我們不僅認識到人的心靈與人的身體的聯合，而且知道如何理解身體和心靈的統一」[96]。因此，作為觀念的心靈和作為該觀念的對象的身體之間的符合關係，就是指它們兩者之間相互結合和相互統一的關係，簡言之，「符合」就是指「同一」。

真觀念必定符合它的對象，其意義就是真觀念必定與它的對象相同一。這一點我們是可以在斯賓諾莎著作中找出證據的。例

---

[95] 斯賓諾莎:《倫理學》，頁51。
[96] 斯賓諾莎:《倫理學》，頁52。

如，斯賓諾莎在《倫理學》第一部分唯一引證「眞觀念必定符合它的對象」這條公則的命題三十裏說：「眞觀念必定符合它的對象，這就是說，凡客觀地包含在理智中的東西一定必然存在於自然中 」。 這裏顯然是對眞觀念必定符合它的對象這條公則的解釋，按這個解釋，眞觀念符合它的對象，並沒有別的意思，只是說明「客觀地」包含在理智中的東西一定必然「形式地」存在於自然中，也就是說，觀念必定與它的對象同時並存。所謂同時並存，在斯賓諾莎體系裏，就是指它們是同一個東西，只不過就不同的屬性去看罷了。斯賓諾莎在這裏使用了經院哲學的術語「客觀地」，用我們現代的語言來說，就是思想的或觀念的，在斯賓諾莎看來， 事物的「客觀本質」 （卽觀念的本質、理智中的存在） 必然與事物的「形式本質」 （卽實在的本質， 自然中的存在） 同時並存的，因爲兩者是同一個東西的兩種不同表現形式，一種以觀念形態表現，一種以實在形態表現，任何客觀本質必同時具有形式本質，沒有形式本質的客觀本質不能存在，反之，沒有客觀本質的形式本質也不能存在，因此客觀本質與形式本質相符合，就是因爲客觀本質與形式本質是同一個東西，換句話說，客觀本質就是形式本質。另一個例子是第二部分命題三十二，這命題說：「一切與神相關聯的觀念都是眞觀念」，爲了證明這一命題，斯賓諾莎論證說：「因爲一切在神之內的觀念（據第二部分命題七繹理）總是與它們的對象完全符合，所以它們都是眞觀念」[97]，而他所引證的命題七繹理是說：凡存在於廣延屬性中的東西也都依同一次序和同一聯繫出現在思想屬性中，隨之而來的

---

[97] 斯賓諾莎： 《倫理學》，頁68。

附釋就是斯賓諾莎關於心物同一論最典型的表述：

> 凡是無限知性認作構成實體的本質的東西全都只隸屬於唯
> 一的實體，因此思想的實體與廣延的實體就是那唯一的同
> 一的實體，不過時而通過這個屬性，時而通過那個屬性去
> 了解罷了。同樣，廣延的一個樣態和這個樣態的觀念亦是
> 同一的東西，不過由兩種不同的方式表示出來罷了。……
> 譬如，存在於自然界中的圓形與在神之內存在著的圓形觀
> 念，也是同一的東西，但藉不同屬性來說明罷了 ⑨。

由此可見，斯賓諾莎所謂觀念與對象的符合，只是表示觀念和對象是同一個東西，只不過是通過不同的屬性表現出來。

而且，斯賓諾莎還進一步認為，觀念自思想的屬性而出與觀念的對象自廣延的屬性而出，其推演的方式也是相同的，即觀念與觀念的聯繫和秩序同事物與事物的聯繫和次序也是完全相符合的，他說：「觀念的次序和聯繫與事物的次序和聯繫是相同的」⑨。在《知性改進論》裏他更明確地說：

> 觀念之客觀地在思想世界與它的對象之在實在世界的關係
> 是一樣的。假如自然界中有一件事物與其他事物絕無交涉
> 或關聯，則它的客觀本質——即完全與它的形式本質符合
> 的客觀本質，將與任何別的觀念無絲毫交涉或關聯，換言
> 之，我們將不能從它作出任何推論。反之，凡是與他物有

---

⑨ 斯賓諾莎：《倫理學》，頁46。
⑨ 同上書，頁45。

關係的東西——因爲自然萬物沒有不是互相關聯的——都
是可以認識的，而這些事物的客觀本質之間也都具有同樣
的關聯，換言之，我們可以從它們推出別的觀念，而這些
觀念又與另一些觀念有關聯⑩。

觀念與觀念的聯繫和次序爲什麽同事物與事物的聯繫和次序相同
或相符合呢？ 這是因爲觀念與觀念的聯繫和次序同事物與事物的
聯繫和次序，並不是兩個聯繫和次序，而是同一個聯繫和次序。
斯賓諾莎說：

神的思想力量卽等於神的行動的現實力量。這就是說，凡
是在形式上從神的無限本性而出的任何東西，卽客觀上在
神之內也是依同一次序和同一聯繫出於神的觀念的……所
以，無論我們藉廣延這一屬性，或者藉思想這一屬性，或
者藉任何別的屬性來認識自然，我們總會發現同一的因果
次序或同一的因果聯繫，換言之，我們在每一觀點下總會
發現同樣的事物連續⑩。

因此，觀念的次序和聯繫之所以必定符合它們的對象的次序和聯
繫，乃是因爲觀念的次序和聯繫與它們的對象的次序和聯繫相同
一，正如觀念之所以符合它的對象，乃是因爲觀念與它的對象相
同一一樣，符合關係在斯賓諾莎體系裏只是同一關係，就是指它
們本身是同一個東西，只不過以不同屬性表現出來罷了。

⑩　斯賓諾莎：《知性改進論》，頁31-32。
⑩　斯賓諾莎：《倫理學》，頁45-46。

從上述分析可見，觀念和它的對象的關係，在斯賓諾莎體系裏，並不是指我們所謂心靈的觀念和心靈所知覺的外界事物的關係，而是指觀念和與它相結合的東西的關係，因此觀念和它的對象的符合關係，並不是指我們心內的觀念和外界事物的符合關係，而是指觀念和與它相結合的東西的同一關係，就神心內的觀念（卽我們一般所謂自然觀念）來說，每一觀念必定與它在廣延屬性裏的對應物——廣延樣態相同一，如太陽觀念（指神心內的太陽觀念，不是指我們人心內的太陽觀念）與太陽本身、彼得心靈與彼得身體，都是神心內的觀念與它的對象相同一的例子；就我們人心內的觀念（卽我們一般所謂的認知觀念）來說，我們每一觀念必定與我們身體上相應的生理情狀（同樣也是廣延樣態）相同一，如我的太陽觀念和我身體上關於太陽的生理情狀、保羅心中的彼得觀念和保羅身體關於彼得的生理情狀，都是人心內的觀念與它的對象相同一的例子。簡言之，斯賓諾莎講眞觀念必定符合它的對象，他只是就他的本體論而言的，卽在他的體系裏，任何作爲思想樣態的觀念都必定有一個相應的廣延樣態作爲它的對象，而不是就他的認識論而言的，卽不是講我們人類的觀念都必定與該觀念所表象的外界事物相符合，這也就是他爲什麼要把這一條公則放在《倫理學》第一部分卽他的本體論部分，而不放在第二部分卽他的認識論部分裏的理由。

既然眞觀念必定符合它的對象是屬於斯賓諾莎本體論的一條公則，所以我們就不能簡單地把它看成是斯賓諾莎認識論裏的眞理定義。如果我們把它看成是斯賓諾莎認識論裏的眞理定義，我們將碰到一個極大的困難，因爲在斯賓諾莎的自然系統裏，任何一個思想樣態在廣延屬性裏必然有它的對應物，卽某個與它相同

一的廣延樣態；反之，任何一個廣延樣態在思想屬性裏也必然有它的對應物，卽某個與它相同一的思想樣態，觀念離不開它的對象，對象也離不開它的觀念，觀念和它的對象總是相同一的，在這個意義上，我們可以說任何觀念都必定符合它的對象的，也就是說，任何觀念都是眞的。斯賓諾莎的確是有這樣看法，他說：「因爲一切在神之內的觀念總是與它們的對象完全符合，所以它們都是眞觀念」⑩，「在觀念中沒有任何積極的東西使它們成爲錯誤的」⑩，「一切觀念都在神內，而且就它們與神相關聯而言，它們都是眞觀念和正確觀念」⑩。但是這樣一來就很奇怪了，斯賓諾莎怎麼會講到錯誤觀念或虛假觀念呢？既然一切觀念都是眞觀念，怎麼會有假觀念的存在呢？而且，既然一切觀念都是眞觀念，我們有什麼必要講到觀念的眞或假的標準呢？也就是說，我們有什麼必要講到眞理論呢⑩？因此，在我們研究斯賓諾莎的眞理論時，我們決不能簡單地根據「眞觀念必定符合它的對象」這一條本體論意義的公則把他的眞理論說成是符合論，卽使我們確實認爲斯賓諾莎的眞理論是符合論，我們也應當從別的方面找尋根據。

我們在前面曾對斯賓諾莎所使用的「觀念」一詞區分了兩種涵義，一是指在永恒的形式下表現事物本質或本性的觀念，這就

---

⑩ 斯賓諾莎：《倫理學》，頁68。

⑩ 同上。

⑩ 同上書，頁70。

⑩ 例如帕金森（G. H. R. Parkinson）就提出過這一問題：「每一個觀念都是眞的，這是背理的，因爲如果『眞』一詞要有它通常的意義，就必定有它的對應詞『假』的用法。」（見他的《斯賓諾莎的知識論》，頁113）。

是神的心靈內的觀念；一是指人的心靈對於外界事物的知覺形象或印象，這就是人的心靈形成的觀念。神的心靈內的觀念是以自然事物本身爲對象，因此它們是關於自然事物的觀念，反之，人的心靈內的觀念則是以人體內由於受外界物體激動而產生的生理情狀爲對象，因而它們是關於人體自身情狀的觀念。例如，神心內的太陽觀念（也可稱之爲太陽心靈）是一個以自然界裏的太陽爲其對象的觀念，而人的心靈中的太陽觀念，就不是以自然界裏的太陽爲其對象，而是以這個太陽作用於人體所產生的生理情狀爲其對象，所以它不是直接關於自然界裏的太陽的觀念，而是關於人體自身情狀的觀念。那麼，我們人心內的太陽觀念與自然界中的太陽本身之間又是一種什麼樣的關係呢？按照斯賓諾莎的看法，旣然我們心靈內的觀念不是別的事物的觀念，而是涉及太陽的觀念，那麼我們心靈內的太陽觀念與自然界中的太陽本身就應當具有一種表象關係（representation），因而自然界裏的太陽雖然不是我們心靈內的太陽觀念的對象，卻可以看成是我們心靈內的太陽觀念所表象的事物，它們兩者之間存在有一種表象關係。

這樣，在斯賓諾莎的認識論裏就出現了一種極爲複雜的情況，卽我們應當在認識論中區分觀念的對象和觀念所表象的事物。就拿上面的太陽例子來說，我們心靈裏的太陽觀念，一方面有我們身體關於太陽的生理情狀作爲它的對象，另一方面又有自然界裏的太陽作爲它所表象的事物。這與通常認識論的論述是不同的，通常的論述是，觀念的對象就是觀念所表象的事物，我們有一個關於太陽的觀念，它的對象或所表象的事物就是自然界裏的太陽，認識只涉及這兩個因素的關係。但是在斯賓諾莎這裏，認識涉及到了三個因素：一個是我們的太陽觀念，另一個是我們身

體關於太陽的生理情狀，再一個是自然界裏的太陽本身。而且問題可能還更複雜，因爲自然界裏的太陽作爲廣延樣態，在神內也必然有它的思想樣態，卽神心內的太陽觀念（卽斯賓諾莎所謂太陽心靈），這樣我們的認識就涉及到四個因素：㈠神心內的太陽觀念；㈡我們人心內的太陽觀念；㈢我們人體關於太陽的生理情狀；㈣自然界裏的太陽本身。其中㈠和㈣是同一個東西，只是以不同屬性表現出來，它們構成一組神內的觀念和對象關係；㈡和㈢也是同一個東西，只是以不同屬性表現出來，它們構成另一組人心內的觀念和對象關係。相對於㈡來說，㈢是它的對象，㈣是它所表象的事物。在斯賓諾莎看來，當我們談到觀念和對象的關係時，我們首先應當明確區分觀念所表象的事物和觀念的對象，決不能把觀念所表象的事物誤認爲觀念的對象，例如保羅心中的彼得觀念，它的對象決不能是彼得本人，而只能是保羅身體爲彼得激動所產生的生理情狀，彼得本人只能是保羅心中彼得觀念所表象的事物。當然，相對於神心內的彼得觀念卽彼得心靈來說，彼得本人既是它的對象，又是它所表象的事物。其次，我們也應當區分表象外物給我們的觀念和以外物爲對象的觀念，決不能把表象外物給我們的觀念誤認爲以外物爲對象的觀念，例如，我們心內的太陽觀念就是一個表象外物給我們的觀念，它與神心內的太陽觀念——這是一個以太陽本身爲對象的觀念——是不同的。我們在認識論中談到觀念的眞或假時，一般是涉及我們心內的表象外物給我們的觀念。

　　按照斯賓諾莎的看法，以外物爲對象的觀念和它的對象之間的關係是本體論的關係，卽所謂理智的實在（客觀本質）和自然的實在（形式本質）之間的同一關係，而表象外物給我們的觀念

和它所表象的事物之間的關係則是認識論的關係。 從本體論來說，一切觀念，包括神心內的自然觀念以及人心內的身體情狀的觀念，都有它們的對象，並與之相同一或相結合，因而無所謂它們是否符合它們的對象的眞理論問題，但就認識論來說，並非一切觀念都與它們所表象的事物相符合，因此，我們的觀念雖然都有與其對象相符合的本體論關係，但卻有與其所表象的事物是否如實表象的認識論關係，這也就是說，我們的觀念雖然沒有它們是否符合其對象的眞理論問題，但卻有它們是否符合其所表象事物的眞理論問題。 就此而言，「眞觀念必定符合它的對象」雖然不是認識論裏的眞理定義，而是一條本體論的心物同一論公則，但是由於斯賓諾莎區分了觀念的對象和觀念所表象的事物，這一本體論公則可以變形爲認識論裏的眞理定義，這就是： 「眞觀念必定符合它所表象的事物」。 這也就是說，斯賓諾莎的眞理論仍可以被我們稱之爲符合論，卽凡是如實地表現了它所表象的事物的觀念就是眞的，凡是不如實地表現了它所表象的事物的觀念則是假的。

　　這一點我們可以從斯賓諾莎對於想像這種認識方式的分析看出來。 正如我們前面所說的，想像是一種憑藉形象卽人體情狀的觀念而對外物的認識。 在想像中，我們一般可以區分三個因素：外界事物、認識者的身體情狀和認識者關於外界事物的觀念，例如，在保羅關於彼得的想像過程中，既有彼得本人和保羅受彼得激動而產生的身體情狀，又有保羅心中的彼得觀念。 按照斯賓諾莎的看法，保羅心中的彼得觀念既包含有彼得本人的性質，又包含有保羅自身情狀的性質，而且包含自身情狀的性質更多於彼得本人的性質，因而它只能是彼得的「形象」，並不是眞正復現彼

得的形式，他說：

> 譬如說構成彼得的心靈的「彼得」觀念，與在別人，譬如
> 說在保羅心中的「彼得」觀念間有什麼區別。因爲前者直
> 接表示彼得本人的身體本質，只有當彼得存在時，它才包
> 含存在；反之，後者毋寧是表示保羅的身體狀況，而不是
> 表示彼得的本性，因此只要保羅的身體狀態持續著，保羅
> 的心靈卽能認識彼得，以爲卽在目前，縱使彼得並不卽在
> 面前。……凡是屬於人的身體的情狀，假如它的觀念供給
> 我們以外界事物，正如卽在目前，則我們便稱之爲「事物
> 的形象」，雖然它們並不眞正復現事物的形式⑩。

顯然，斯賓諾莎在這裏認爲通過想像而得到的關於外界事物的觀
念並不眞正復現事物的形式，也就是並不如實地表現它所表象的
事物，這就說明在他看來，觀念的正確或錯誤是以它們是否符合
它們所表象的事物這一符合論眞理定義爲根據的。正是基於這一
定義，斯賓諾莎緊接著得出結論說：

> 由此推知，當人心在自然界的共同秩序下認識事物（卽我
> 們現在所謂感性認識），則人心對於它自己、它自己的身
> 體，以及外界物體皆無正確知識，但僅有混淆的片斷的知
> 識。因爲人心除知覺身體的情狀的觀念外，不能認識其自
> 身，而人心除了憑藉它的身體情狀的觀念外不能認識它自

---

⑩　斯賓諾莎：《倫理學》，頁59-60。

己的身體，而且人心除了憑藉身體的情狀的觀念外，也不能認識外界物體。所以只要人心具有這種身體情狀的觀念，則它對於它自身、對於它的身體，以及對於外界物體，都沒有正確知識，而僅有混淆的片斷的知識[107]。

現在我們可以對斯賓諾莎為什麼一方面主張一切觀念都是真觀念，另一方面又承認虛假或錯誤觀念存在的問題作出回答了。一切觀念都是真觀念，這是就他的本體論而言的，卽一切觀念都與它們的對象相同一，但是，如果我們就認識論而言，就並非一切觀念都是真觀念，有些觀念雖然符合它們的對象，但卻不符合它們所表象的事物。這一點斯賓諾莎在分析錯誤觀念時講得很清楚，他說：「心靈的想像，就其自身看來，並不包含錯誤，而心靈也並不由於想像而陷於錯誤，但只是由於缺乏一個足以排除對於許多事物雖不存在而想像為如在面前的觀念」[108]。這意思就是說，當我們在想像時，例如我們想像太陽與我們相距只有二百英尺，如果我們就本體論來考慮這種想像的形成，顯然它是真的，因為它符合它的對象，卽我們身體被太陽距離激動的情狀，「卽使我們後來知道太陽與我們的距離，在地球的直徑六百倍以上，我們仍然想像著太陽離我們很近，因為這並不由於我們不知道它的真距離，而仍然由於我們的身體自身為太陽所影響，而我們的身體的情狀卽包含有太陽的本質」[109]。但是，如果我們就認識論來考慮這種想像的真理，那麼它顯然是錯誤的，因為它並不符合它所表象的事物，卽太陽與我們的實際距離，因此它不是正確觀

---

[107]　斯賓諾莎：《倫理學》，頁66-67。
[108]　斯賓諾莎：《倫理學》，頁60。
[109]　同上書，頁69-70。

念，而是錯誤觀念。在斯賓諾莎看來，認識論裏觀念的正確或錯誤僅在於觀念與它所表象的事物是否一致，而不在於觀念與它的對象是否一致，任何觀念雖然都符合它的對象，但並非都符合它所表象的事物，認識論的眞理定義只能是眞觀念必定符合它所表象的事物。

不過，這裏有一個問題需要我們注意，卽我們人的心靈是否具有正確表象外界事物的眞觀念呢？因爲按照斯賓諾莎的看法，人的心靈是憑藉自身情狀的觀念而認識外界事物的，而人身情狀的觀念與其說表示物界事物的性質，不如說更多表示人體自身情狀的性質，那麼人的心靈不是就沒有如實表象外界事物的正確觀念了嗎？情況並不是這樣，斯賓諾莎認爲，人的心靈雖然具有不正確的觀念，但是它也可以具有正確觀念，他說：「在每個人的心靈中，有些觀念是正確的，也有些觀念是歪曲的、混淆的」⑩。按照斯賓諾莎的看法，人的心靈具有的正確觀念乃是那些關於一切事物共同具有的東西的觀念，他說：「對於人體和通常激動人體的外界物體所共有和所特有的，並且同等存在於部分和全體內的東西，人心中具有正確的觀念」⑪。對此斯賓諾莎的證明是：既然外物是我們情狀的原因，所以我們的情狀與外物必有某種共同的東西，因而我們身體情狀的觀念包含有外物的性質。現在如果有一種東西爲人體和激動人體的外界物體所共同具有和特有，並且同等存在於外界物體的部分和全體裏，那麼人心關於自身情狀的觀念就一定能正確地表象激動人體的外界事物，因而對於它們的觀念就是正確觀念。斯賓諾莎的具體論證是這樣：

---

⑩　斯賓諾莎：《倫理學》，頁91。
⑪　同上書，頁71。

設A為人的身體與某種外界物體所共有且特有的東西，設
A同等存在於人的身體內及那些外界物體內，並設A同等
存在於每一外界物體的部分和全體。則A自身的正確觀念
將存在於神內，就神具有人的身體的觀念和就神具有某種
外界物體的觀念而言。假設人的身體為它和外界物體共同
具有的東西所激動，換言之，為A所激動，則這種感受或
情狀的觀念將包含A的特質，所以這個情狀的觀念就具包
含A的特質而言，將正確地存在於神內，就神之作為人的
身體的觀念而言，這就是說，就神構成人的心靈的本性而
言。所以這個情狀的觀念也正確地在人的心靈中⑫。

正是基於這個理由，斯賓諾莎認為，我們才能具有不同於感性想
像認識的理智認識，才能有區別於依照想像次序的依照理智次序
去產生觀念的正確聯繫。

　　但是值得注意的是，在斯賓諾莎這個論證中，我們身體情狀
的觀念之所以正確地表象了外物，並不像一般經驗論者所認為的
那樣，是因為它們直接作為外物的心理圖畫或形象，而是因為它
們的對象即外物激動我們身體所產生的情狀與外物有某種共同的
東西，而這種共同的東西又同等地存在於外物的部分和全體內。
由於我們的觀念是這種與外物有某種共同東西的情狀的觀念，它
們就必然客觀地包含了外物（作為情狀的原因）形式地包含的東
西，因而它們正確地表象了外物，從而我們關於外物的觀念就是
正確的觀念。例如，我有一個向我表象太陽的觀念，這個觀念並
不是太陽的直接的心理圖畫，而是我的身體情狀的客觀實在，這

----

⑫　斯賓諾莎：《倫理學》，頁71。

種情狀是太陽激動我的身體所產生的。旣然太陽是這種情狀的原因，旣然原因和結果一定有某種共同的東西（因爲「凡是彼此之間沒有共同之點的事物，這物不能爲那物的原因」），所以太陽和我的身體情狀有某種共同的東西，假如這種東西同等存在於外界太陽的部分和全體裏，則我的太陽觀念就是外界太陽的正確觀念。請看下面示意圖：

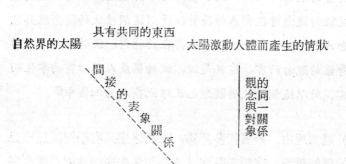

自然界的太陽 ——— 具有共同的東西 ——— 太陽激動人體而產生的情狀

間接的表象關係

觀念與對象的同一關係

我們關於太陽激動人體的情狀的觀念

由此可見，我們關於外物的觀念之所以正確地表象了外物，並不是因爲它們是外物的直接反映，而是通過我們的觀念與它們的對象（外物激動人體所產生的生理情狀）的本體論同一關係，間接表象了它們的對象與外物所具有的共同東西，由於這種共同東西同等存在於外物的部分和全體裏，因而正確地表象了外物。因此，當我們說斯賓諾莎的眞理論是一種符合論，但這是一種很特殊的符合論，它是通過觀念和它的對象的同一來說明觀念和它所表象的事物的符合，這可以說是一種唯理論的眞理符合論，而不是經驗論的眞理符合論。

正因爲如此，在我們如何知道我們的觀念是正確表象外物的眞觀念這一問題上，斯賓諾莎並不求助於經驗和外在的檢驗，而

是直接依據於觀念本身的內在性質，他說：「眞思想的形式必定
在思想自身內而不依賴別的東西，並且它不承認所知的對象爲原
因，而必須依靠知性自身的力量和性質」，「眞思想和錯誤思想
的區別不僅在於外表的標誌，而主要的乃在於內在的標誌」⑱。
因此斯賓諾莎在《倫理學》第一部分提出了那條類似於眞理定義
的本體論公則後，緊接著在第二部分卽認識論中就提出不必援引
對象的唯理論眞理標準，卽：「正確觀念，我理解爲單就其自身
而不涉及對象來說，就具有眞觀念的一切特性及內在標誌的一種
觀念」，並強調說「我說內在的標誌是爲了排除外在的標誌卽所
謂觀念與它的對象的符合」⑭。

很長時期，正確觀念 (idea adaequata)被認爲是斯賓諾莎在
眞觀念之外提出的另一種眞理定義，以致認爲斯賓諾莎眞理論除
了符合論 (the correspondence theory of truth) 之外，還存在
有融貫論 (the coherence theory of truth)。我們認爲這是一種
誤解。其實，正確觀念和眞觀念在斯賓諾莎體系裏並不是兩種根
本不同的觀念，而是同一種觀念，這一點斯賓諾莎在1675年寫給
謝恩豪斯的一封信中說得很清楚：

> 我承認，眞觀念和正確觀念，除了「眞」這個詞表示觀念
> 和對象的符合，「正確」這個詞表示觀念自身的性質外，
> 沒有任何其他的區別。所以眞觀念和正確觀念除了這種外
> 在的區別外，實際上根本沒有區別⑮。

⑱　斯賓諾莎：《知性改進論》，頁43-44。
⑭　斯賓諾莎：《倫理學》，頁41。
⑮　《斯賓諾莎書信集》，頁300。

如果眞觀念和正確觀念是兩種根本不同的觀念，那麼斯賓諾莎就決不會說它們的區別只是外在的區別，所以它們實際上是沒有根本區別的，而且斯賓諾莎在給正確觀念下的定義中就明確說明它是「具有眞觀念的一切特性及內在標誌的一種觀念」，可見正確觀念並不排斥它與其所表象事物之間的符合關係，而是包含有這種符合關係。但是，既然眞觀念和正確觀念是同一種觀念，它們之間沒有什麼根本區別，那麼斯賓諾莎爲什麼在眞觀念之外又提出正確觀念呢？

這個問題可以這樣來解釋：眞觀念必定符合它所表象的事物，這是斯賓諾莎唯一給出的眞理定義，意卽只有符合其所表象的事物的觀念才是眞觀念。但是我們怎樣知道我們的觀念是符合它們所表象的事物呢？這卻不是一個光靠眞理定義而可解決的問題。按照經驗論的觀點，這問題似乎很簡單，只要把我們的觀念與它們所表象的事物加以比較，就可以確定我們的觀念是否眞觀念。可是按照唯理論的觀點，問題卻不是這樣簡單，我們心靈關於外界事物的觀念或知識並不是通過心靈直接知覺外物而產生的，而是通過心靈自身的觀念而知道的，心靈直接知覺的東西只是心靈自身的觀念，就斯賓諾莎的情況來說，心靈乃是通過自身關於外物的生理情狀的觀念而知覺外物的，因此經驗論所謂觀念和事物的比較對於唯理論者來說是不可能的，因爲我們不能直接感知外界事物，我們關於外界事物的觀念或知識，只是通過我們關於它們在我們身體上造成的情狀的觀念而獲得的。但這樣一來就有一個問題了，如果我們是通過我們自身的觀念而知道它們所表象的事物的，那麼我們如何能區分如實表象事物的觀念和不如實表象事物的觀念呢？也就是說，我們如何能知道我們的觀念是

正確觀念呢？例如，我有一個能動或靜的物體的觀念，我如何能知道這物體眞能動或靜呢？因爲我並未直接感知這個物體，僅是通過我關於它的觀念而知道它的。因此爲了考察我們的觀念是否正確地表象了它們所表象的事物，我們不能將我們關於該事物的觀念同事物本身加以比較。笛卡爾就曾經面臨著這個問題，他的答覆是靠這樣一條原則，卽凡是清楚而且明晰地被設想的東西就是眞的，清楚性和明晰性被認爲是觀念完全不依賴於與其表象事物的關係而具有的內在眞理標誌，一當我們確定了我們的觀念具有清楚性和明晰性，我們就能夠確信我們的觀念是正確表象事物的眞觀念。　由此可見，對於唯理論者來說，我們除了眞理定義外，還得有一個眞理標準，使我們能根據我們觀念的內在性質去確定我們觀念的眞理性，「標準」（criterium）一詞在希臘文和拉丁文裏本有判定、檢驗的方法和途徑的意思。

　　如果我們仔細考察斯賓諾莎論述眞觀念本身具有不同於虛假或錯誤觀念的內在性質的段落，我們可以清楚看出他正是爲了確立這種眞理標準而提出正確觀念的。例如，他在講到具有眞觀念的人必同時知道眞觀念包含最高的確定性時說：

　　　　說到這裏，我相信已經充分答覆了下面的疑問，這些疑問大略如下：如果眞觀念與錯誤觀念的區別僅在於眞觀念與它的對象相符合，像前面所說的那樣，如此，則眞觀念豈非並沒有高出於錯誤觀念之上的眞實性或圓滿性嗎（因爲兩者間的區別旣僅繫於外在的標誌）？而且因此那些具有眞觀念的人豈不是將沒有較高於僅具有錯誤觀念的人的實在性或圓滿性嗎？再者，爲什麼人會有錯誤的觀念呢？並

且一個人何以能確知他具有與對象相符合的觀念呢⑯？

這裏斯賓諾莎雖然提出了四個問題，但中心的問題是眞觀念本身是否就具有高於錯誤觀念的實在性和圓滿性，以使我們光憑觀念本身的內在性質就可知道該觀念是否是與其所表象事物相符合的眞觀念，斯賓諾莎肯定地答覆這一問題，他說：

> 一個人何以能夠確知他具有與對象相符合的觀念的問題，
> 我也已經屢次說過了，卽是：他知道他的觀念符合它的對
> 象，卽因爲他具有一個與對象相符合的觀念，或因爲眞理
> 卽是眞理自身的標準。此外還可以附加一句，我們的心
> 靈，就其能眞知事物而言，乃是神的無限理智的一部分，
> 因此，心靈中清楚明晰的觀念與神的觀念有同等的眞實。

由此可見，正確觀念是作爲從觀念內在性質判定我們的觀念是否是眞觀念的眞理標準而提出的，正確觀念並不是在眞觀念之外的另一種觀念，而本身就是眞觀念，只不過它是我們人類可以借觀念本身內在性質就可判定其爲眞的眞觀念。這一點從「正確觀念」（idea adaequata）一詞也可看出來，adaequate 源於 adae-quatio 動詞，在拉丁文裏是一個表示具有充分性、圓滿性和相當性的形容詞，斯賓諾莎之所以選用這一形容詞，就是爲了表現眞觀念的內在實在性和圓滿性。按照斯賓諾莎的想法，眞觀念和錯誤觀念本身必有內在性質的根本差別，否則眞觀念不成其爲眞觀念，錯誤觀念也會被誤認爲眞觀念。例如，某人給我描述一個

---

⑯　斯賓諾莎：《倫理學》，頁76。

圓，說它的一切直徑都是相等的，我毫無疑問地會立即肯定他的
圓觀念是正確的，但是，假如有人讓我想像一個「圓的方」，我
就會毫無猶豫地說他的觀念是錯誤的，因爲我無論如何想像不出
有這樣一種圓形，它既是圓的又是方的。觀念本身所具有的邏輯
清晰性就可以使我判定該觀念是眞觀念，反之，觀念本身所具有
的邏輯矛盾性就可以使我判定該觀念是假觀念。按照斯賓諾莎的
看法，眞觀念和錯誤觀念的區分，猶如清醒和夢幻、光明和黑暗
的區分，他說：「任何掌握眞理的人是不會懷疑他掌握眞理，而
陷於錯誤的人則會臆想他得到眞理，猶如夢囈者會認爲他是清醒
的，而眞正清醒的人決不會認爲他是在夢中一樣」⑰，「除了
眞觀念外，還有什麼更明白更確定的東西足以作眞理的標準呢？
正如光明之顯示其自身並顯示黑暗，所以眞理卽是眞理自身的標
準，又是錯誤的標準」⑱。

五、三種知識的理論

在《倫理學》裏，斯賓諾莎將人類知識分爲三種：第一種知
識是指下面兩類知識，卽㈠「從通過感官片斷地、混淆地和不依
理智的秩序而呈現給我們的個體事物得來的觀念。因此我常稱這
樣的知覺爲從泛泛經驗得來的知識」；㈡「從記號得來的觀念；
例如，當我們聽到或讀到某一些字，便同時回憶起與它們相應的
事物，並形成與它們類似的觀念，藉這些觀念來想像事物」。按
照斯賓諾莎的說法，這兩種考察事物的方式乃是「第一種知識，

---

⑰　斯賓諾莎：《神、人及其幸福簡論》，頁215。
⑱　斯賓諾莎：《倫理學》，頁76。

意見或想像」[119]。

第二種知識是指「從對於事物的特質具有的共同概念和正確觀念而得來的觀念」，這類知識他稱之爲「理性或第二種知識」[120]。

第三種知識是「由神的某一屬性的形式本質的正確觀念出發，進而達到對事物本質的正確知識」，他把這類知識稱之爲「直觀知識」或「第三種知識」[121]。

這三種知識的劃分大體上和《知性改進論》、《神、人及其幸福簡論》兩書中的劃分是一致的，只是在《知性改進論》中，他把第一種知識分爲兩種知識，卽所謂「由傳聞或者由某種任意提出的名稱或符號得來的知識」和「由泛泛的經驗得來的知識，亦卽由未爲理智所規定的經驗得來的知識」[122]，因而成了四種知識，而在《神、人及其幸福簡論》裏，他有時分爲四種知識，有時又把它們概括爲三種，卽他所謂「意見」、「信仰」和「清晰的知識」[123]。

在所有這三部著作裏，斯賓諾莎都舉了一個同樣的例子來說明他這三種知識的區別：設有三個數，求第四數，使第四數與第三數之比，要等於第二數與第一數之比。他說人們可能通過三種方式算出這個數：第一種方式是根據從學校老師那裏聽來而未經證明的公式或根據自己常常計算簡單數目的經驗算出這個數；第二種方式是根據歐幾里德幾何學定理，卽如四數互成比例，則第

---

[119] 同上書，頁73-74。

[120] 同上書，頁74。

[121] 斯賓諾莎：《倫理學》，頁74。

[122] 斯賓諾莎：《知性改進論》，頁24。

[123] 斯賓諾莎：《神、人及其幸福簡論》，頁184, 239-240。

一個數與第四個數之積必與第二個數與第三個數之積相等，這是一種根據比例的共同特性，並通過具體演算而得出的知識；第三種方式是不藉具體演算而單憑直觀，如有1、2、3這三個簡單數，我們就無需經過演算過程而憑直觀就可直接得出第四數是6，斯賓諾莎說，這是一種「無需任何傳聞或經驗或推理的技術」，僅「通過直觀逕直地窺察到在一切計算之中的比例」而獲得的知識[124]。

從斯賓諾莎所舉的這個例子可以看出，他所謂第一種知識，即意見或想像，就是指一種不依理智的秩序而由直接經驗和間接傳聞而得到的感性知識；他所謂第二種知識，即理性，是一種按照已經證明了的公理或概念進行演算和推理的科學知識，而他所謂第三種知識，即直觀，則是一種不藉任何演算而單憑直觀去洞察事物本質的哲學知識。

按照斯賓諾莎的看法，這三種知識不僅在知識的真實性上各有差別，而且在知識的效用和價值方面也是完全不同的。第一種知識既沒有確實性又沒有必然性，它通常屬錯誤的知識，從而只能產生與善的理性相對立的激情，第二種知識和第三種知識雖然都是真知識，使我們能辨別真理和錯誤，然而它們在程度上卻是有差別的，第二種知識只能產生一般的抽象的知識，雖然使我們具有善的欲望，但不能幫助我們達到所企求的完善，反之，第三種知識卻是強而有力的知識，它能使我們產生真正的篤實的對神的理智的愛，從而使我們達到真正的幸福和自由。

三種知識理論可以說是斯賓諾莎認識論的最後結晶，正是通

---

[124]　斯賓諾莎：《神、人及其幸福簡論》，頁183。

過這三種知識理論，斯賓諾莎從他的認識論過渡到倫理學，最後建立了他的「理智倫理學」。

第一種知識: 意見或想像(opinio or imaginatio) 這是一種不依理智的秩序而由直接經驗和間接傳聞或名號而得到的感性知識。斯賓諾莎曾舉了一些例子來說明這種知識，例如由傳聞我知道我的生日、我的家世；由泛泛經驗我知道我將來必死，因為我看見與我同類的人死去；由泛泛經驗我知道油可以助火燃燒，水可以撲滅火，同樣，我知道犬是能吠的動物，人是有理性的動物。大體說來，這種知識包括如下七個方面的知識: ㈠直接的感官知覺；㈡間接的傳聞；㈢泛泛的經驗；㈣記憶；㈤由名號而來的知識；㈥由抽象的「共相概念」而來的知識；㈦簡單的歸納推理的知識。

斯賓諾莎首先從生理學的角度研究了這種知識的起源。在他看來，這種知識起源於我們身體受到外物的激動，或者說，它是外物激動我們身體所產生的情狀的觀念。因為我們人體是由許多不同性質的個體所組成，而每一個個體又是由許多複雜的部分所組成，如液質部分、柔軟部分和堅硬部分。當外界物體激動人體的液質部分，常常衝擊著柔軟部分，因而改變了柔軟部分的平面，並在這個平面上遺留下一些為那個外物所衝擊的痕跡，形成了人體的情狀，這樣，在人心內就產生了一個關於人體情狀的觀念，因而人心就對那個激動它的身體的外物形成直接的感性知覺。不過，斯賓諾莎認為，人體的液質部分還可以發生自發地重演運動，也就是說，當外界物體停止對人體的激動時，人體的液質部分可以由自發運動重演其為外界物體所產生的情況，在人體內引起與最初外界物體激動時相同的情狀，因而人心在外界物體

不存在時也能間接想到該物體。這種沒有外界物體激動而在人心內出現的事物間接表象，斯賓諾莎稱之爲「事物的形象」，而人心在這種方式下去認識事物，斯賓諾莎則稱之爲「想像」，他說：

> 人心想像一個物體是由於人身爲一個外界物體的印象所激動、所影響，其被激動的情況與其某一部分感受外界物體的刺激時相應[126]。

從上面斯賓諾莎關於感性知覺和想像的起源的分析中我們可以看出，感性知覺和想像都與外界物體對人體的激動或刺激有關，感性知覺是在外界物體對人體的激動的當下直接產生的，而想像乃是一種記憶或聯想，雖然它不是由於當下外界物體的直接激動，但它是由於外界物體的印象間接的激動或影響，在斯賓諾莎看來，所有我們由傳聞、經驗、記憶以及由名號得到的知識都屬於這種由間接激動或影響所形成的想像之列。不過，這裏我們應當注意，雖然斯賓諾莎講感性知覺和想像與外界物體對人體的激動有關，但這決不意味著外界物體就是我們感性知覺觀念和想像觀念的原因，因爲按照他的心物兩面論，物體不能作用和決定觀念的，我們之所以在外界物體激動人體時產生一個關於外界事物的觀念，乃是因爲外界物體激動人體時在人體內產生了關於外界物體的生理情狀，由於人體情狀是一個廣延樣態，因而在思想屬性裏必有一個與它相對應的思想樣態，即關於我們人體情狀的觀

---

[126]　斯賓諾莎：《倫理學》，頁60。

念，我們只是通過這種情狀的觀念才知覺外界事物的。但也正是由於這種心物同一關係，所以斯賓諾莎說：

> 假如人身在任何情形下不受外界物體影響，則人身的觀念，換言之，人心將不在任何情形下被該物體存在的觀念所激動，也不在任何情形下知覺該外界物體的存在⑫。

總之，外界事物與人心關於該外界事物的感性知覺觀念和想像觀念的關係，不是原因和結果的關係，而是同時發生的兩面關係。

值得注意的是，斯賓諾莎把通過感官知覺得來的一般或普遍的觀念，即他所謂「先驗名詞」（transcendental terms）和「共相概念」（universal notions），也歸之於第一種知識。在他看來，外物激動人體，人體只能同時明晰地形成一定數目的形象，如果超過了這種限度，則這些形象便會混淆起來，如果超過得太多，則所有的形象便將全體混同起來，這樣人心將混淆地想像一切物體而不能分辨彼此，僅用一種屬性去概括全體，以致產生了像「存在」、「事物」等這樣一些抽象的先驗名詞。另外，還有一種像「人」、「馬」、「狗」這樣一些所謂共相概念，這些概念雖然不像先驗名詞那樣把全部事物加以混同，還分有人、馬、狗等，但它們也是由於部分形象的混淆的結果。按照斯賓諾莎的看法，這些名詞和概念的形成乃是依各人身體被激動的常度、各人的愛好和傾向而各有不同，例如凡以讚美態度觀察人的人，一提到「人」字，將理解為一玉立的身材，而其他人則根據他們的愛

---

⑫ 斯賓諾莎：《倫理學》，頁65。

好和傾向形成其他的有關人的共同形象，如能笑的動物、兩足而無羽毛的動物或理性的動物。斯賓諾莎說：「這樣每個人都可以按照其自己的身體的情狀而形成事物的一般形象。無怪乎一些哲學家僅僅按照事物的形象來解釋自然界的事物，便引起了許多爭論」⑫。

　　綜上所述，斯賓諾莎認爲第一種知識的根本缺陷在於：㈠、偶然性，因爲這種知識只是從個人的傳聞和個別的經驗得來的一些個別的偶然性的知識，它們沒有普遍性和必然性，斯賓諾莎說：「只要人心常爲外界所決定或爲偶然的機緣所決定以觀認此物或彼物，則人心將不能同時觀認多數事物而察見其相同、相異和相反之處」⑱，就是指這種知識的偶然性。㈡、主觀性，因爲這種知識的形成基於人體自身的情狀，並且其觀念的聯繫不是依照理智的秩序，而是依照人身中的情狀或情感的次序，因此這種知識「都不過是想像的產品罷了，除了僅足以表示想像的情況以外，再也不能表明事物的本性」⑲。㈢、現象性，因爲這種知識所揭示的不是事物的本質，而是它們的偶然的或表面的現象，他說：「不唯這種知識的本質不很確定，沒有必然性，而且也沒有人可以根據這種知識，對於自然事物，除僅僅發現一些偶性之外，更能發現任何別的東西」⑳。由此斯賓諾莎得出結論說，第一種知識是混淆的、片斷的和不正確的知識，它是「錯誤的原因」㉛。

⑫　斯賓諾莎：《倫理學》，頁73。
⑱　同上書，頁67。
⑲　斯賓諾莎：《倫理學》，頁40。
⑳　斯賓諾莎：《知性改進論》，頁27。
㉛　斯賓諾莎：《倫理學》，頁74。

不過，我們應當注意，雖然斯賓諾莎說第一種知識是混淆的片斷的和不正確的知識以及是錯誤的原因，但他並未否認第一種知識在人類生活中的功用，他說：「其實，差不多所有關於實際生活的知識大都得自泛泛的經驗」[182]。在他所舉的求第四比例數的例子中， 他說商人們會立卽告訴你他們知道如何求出第四個數，因爲他們尚沒有忘記從他們的老師那裏聽來的但未加證明的老法子，另外一些人還可以根據簡單數目的經驗求得第四數。顯然，他們的知識雖然不是精確的數學知識，但它們的功用性是不能否認的。而且我們還可以一般地說，斯賓諾莎雖然認爲經驗知識可能是錯誤的來源，但他並不因此而否認經驗知識，正相反，他經常援引經驗來論證一些邏輯上有可能但不是自明的公設，他說：

> 我不相信我是違背眞理，因爲我所提出的一切公設，沒有什麼不符合經驗的地方，對於這些符合經驗的公設，及當我們旣已證明人體存在正如我們所知覺那樣之後，我們實在更沒有什麼可以懷疑的了[183]。

在《倫理學》中我們可以找出許多地方，斯賓諾莎都是強調「經驗也像理性一樣明白教導我們」、「人人都可憑經驗知道」等語[184]，這充分說明斯賓諾莎並不完全否認經驗在認識中的作用。

斯賓諾莎這種看法來源於他對錯誤的分析，按照他的看法，

---

[182] 斯賓諾莎：《知性改進論》，頁25。
[183] 斯賓諾莎：《倫理學》，頁59。
[184] 同上書，頁93-95。

錯誤既然也是一種觀念，它就與無知不同，因而它不是非知識，而只是知識的缺乏 (privatio cognitionis)。他說：

> 觀念中沒有積極的成份足以構成錯誤的形式。但錯誤不能是知識的絕對缺乏（因爲我們僅說心靈犯錯誤或起幻覺，而不說身體犯錯誤或起幻覺），也不能是絕對的無知，因爲無知與錯誤完全是兩回事。所以錯誤只是由於知識的缺乏，這種缺乏是對事物的不正確的知識或不正確的和混淆的觀念所包含的[135]。

對一個事物知識缺乏與對一個事物絕對無知根本不同，知識缺乏只是說有一個觀念，這個觀念不完全，而絕對無知則是根本沒有任何觀念，因此說錯誤是知識的缺乏，只是說知識的不全，如果我們的知識從不全到全，從缺乏到完備，那麼我們的不正確的觀念就能變成正確的觀念。斯賓諾莎曾舉了一個例子來說明這一點：當我們望見太陽時，我們想像太陽距離我們只有二百公尺遠，這錯誤並不純在想像，乃起於當我們想像時，我們不知道它的真距離是多少，也不知道想像的原因是什麼。一當我們有了這些知識，我們就再不會認爲太陽離開我們只有二百公尺遠了。所以斯賓諾莎說：「心靈的想像，就其自身看來，並不包含錯誤，心靈並不由於想像而陷入錯誤，而只是由於缺乏一個足以排除對於許多事物雖不存在而想像爲如在面前的觀念」[136]。按照斯賓諾莎的看法，只要我們認清想像的這種性質，我們還是可以通過想

---

[135] 斯賓諾莎：《倫理學》，頁69。
[136] 斯賓諾莎：《倫理學》，頁60。

像得到事物的眞知識的。

第二種知識: 理性（ratio）　這是一種從事物特質的共同概念和正確觀念加以理性推導的科學知識。按照斯賓諾莎的看法，第二種知識是邏輯演繹和科學推理的知識，即一種經過演算和推理的知識，它是我們人類所具有的第一種必然是眞的知識。

作爲第二種知識推理基礎的不是人身情狀的觀念，而是關於事物特質的共同概念和正確觀念。所謂共同概念（notiones communes）是指那些表示一切事物所共同具有的、且同等存在於部分內及全體內的特質的概念，如廣延概念、運動和靜止概念，即類似於洛克所謂第一性質的那些概念。按照十七世紀的用法，共同概念就是我們現在所謂的公理，例如斯賓諾莎的朋友梅耶爾在爲斯賓諾莎的《笛卡爾哲學原理》一書所寫的序言中，就把公設、公理與心靈的共同概念等同使用，這種用法最早來源於歐幾里德，因爲在歐幾里德的幾何學原本裏，公理被稱之爲共同概念。而所謂關於事物特質的正確觀念，是指那些表示人體和經常作用於人體的外物所共同具有的、並且同等存在於部分和全體內的特質的概念，這種正確觀念與上述共同概念的區別，就在於它們不是關於一切事物所共同具有的特質的概念，而是關於其中一部分經常作用人體的事物和人體所共同具有的特質的概念。共同概念可以說是具有絕對普遍應用的一般公理或規則，反之，事物特質的正確觀念則是具有有限應用範圍的特殊公理或規則。

按照斯賓諾莎的看法，關於事物特質的共同概念和正確觀念，旣然都是或者表示一切事物所共同具有的且同等存在於部分和全體內的東西，或者表示人體和激動人體的外物所共同具有的且同等存在於部分和全體內的東西的概念，所以它們都與第一種

知識的人身情狀的觀念（形象）和共相概念不同，它們不具有主
觀性和片面性，而具有普遍性和客觀性，因而可以爲我們正確所
認識，斯賓諾莎寫道：「只有爲一切事物所共同具有的且同等存
在於部分和全體內的東西才可正確地被認識」⑬，「對於人體和
通常激動人體的外界物體所共有和所特有的、並且同等存在於部
分和全體內的東西，人心中具有正確的觀念」⑱。

　　相對於第一種知識來說，第二種知識有三個明顯的特徵：
㈠、必然性，第二種知識因爲是從關於事物特質的共同概念和正
確觀念出發進行理性推導而得到的知識，而所謂理性推導卽不是
依據人身情狀的秩序，而是依據人人皆相同的理智秩序，所以這
種知識就不是偶然性的知識，而是必然性的知識，斯賓諾莎說：
「理性的本性不在於認爲事物是偶然的，而在於認爲事物是必然
的」⑲。㈡、普遍性，第二種知識因爲是從一切事物所共同具有
的或人體與外物所共同具有的特質的觀念進行理性推導而來的知
識，所以這種知識必然具有普遍性，也就是說，從具有普遍性的
觀念得來的觀念，也必然具有普遍適用性。㈢、客觀性，第二種
知識推導的基礎觀念不是主觀性的人身情狀的觀念，而是事物特
質的共同概念和正確觀念，而且其推導的秩序不是主觀性的人身
情狀的次序，而是與事物本性相符合的理智次序，所以這種知識
必然具有客觀性。所以我們可以說，從第一種知識到第二種知
識，乃是從邏輯上毫無相關的印象和混淆的觀念到邏輯上相關的
清楚的命題和正確的觀念，是從依人身情狀的次序的認識方式到

⑬　斯賓諾莎：《倫理學》，頁70。
⑱　斯賓諾莎：《倫理學》，頁71。
⑲　同上書，頁77。

依理智秩序的認識方式，是從個別的主觀的偶然的知識到普遍的客觀的必然的知識，第二種知識相對於第一種知識來說，當然是高一級的知識。

不過，按照斯賓諾莎的看法，第二種知識仍有兩個基本的局限性：首先，這種知識是抽象的和一般的。作爲第二種知識推理基礎的是關於事物共同特質的共同概念和正確觀念，這種概念和觀念因爲是表示事物共同具有的特質，因而不能表示個別事物的本質，斯賓諾莎說：「凡一切事物所共同具有的、且同等存在於部分和全體內的，並不構成個體事物的本質」⑩。例如，運動和靜止雖然爲一切事物所共同具有，但它們不能構成任何一個個體事物的本質，否則一切事物就沒有質的差別了。斯賓諾莎之所以用「共同的特質」（common propria）一詞，就是爲了有別於事物的本質（essence）。由於第二種知識是關於事物的共同特質而不是關於個體事物的本質的知識，所以這種知識只能是抽象的和一般性的知識。其次，斯賓諾莎認爲第二種知識由於取消了個別性而不能感動人，因而它的論證不是那樣「親切有力」，他說：「我想我們值得在這裏提到這一點，以便藉這個例子表明，對個體事物的直觀知識或者所謂第三種知識有什麼力量，並且較之那種一般性的知識或我所謂第二種知識是如何地更強而有力。因爲雖然在第一部分裏，我曾經一般地證明一切的一切，其本質和存在都依存於神，那種證明，雖然正確無可置疑，但是究竟不能感動我們的心靈，不像我們從依存於神的個體事物的本質自身直接推論出來那樣親切有力」⑭。

---

⑩　斯賓諾莎：《倫理學》，頁70。
⑭　斯賓諾莎：《倫理學》，頁243-244。

第三種知識：直觀知識（scientia intuitiva）　這是一種直接從神的某種本質的正確觀念出發進而達到對事物本質認識的哲學知識。這是斯賓諾莎心目中最完善的知識，是「心靈的最高德性」[142]。

按照斯賓諾莎的看法，事物被我們認爲是眞實的，不外兩種方式：「或者是就事物存在於一定的時間及地點的關係中去加以認識，或者是就事物被包含在神內，從神聖的自然之必然性去加以認識」[143]。前一種方式顯然是指通常的科學知識，卽他所謂第二種知識，而後一種方式則是眞正的哲學知識，卽他所謂第三種知識。這種知識最根本的特徵是直接從神的本質的正確觀念出發，進而達到對個體事物本質的直觀。正如我們前面所述，第二種知識雖然也是眞知識，但是一般的和抽象的知識，它不能達到對個別事物的眞正本質的認識。要達到對個別事物眞正本質的認識，只有通過第三種知識卽哲學知識，因爲這種知識是從神與物、神與人卽所謂天人關係來揭示個體事物的眞正本質。我們知道，在斯賓諾莎自然系統裏，個別事物只是神的屬性的樣態，離開了神，個別事物旣不能存在又不能被認識，因而要理解個別事物的眞正本質，只有從神的屬性的本質的觀念出發。因此第三種知識乃是從個別事物的眞正第一因來認識個別事物的認識方式。

對於這種知識，我們首先應當認識到，它是從第二種知識發展而來的，是從第二種知識所沒有達到的對於個別事物眞正本質的認識開始的，而不是一種突如其來的神秘靈感，有如新柏拉圖主義所宣揚的神秘知識。斯賓諾莎說「這種知識是由神的某一屬

---

[142]　斯賓諾莎：《倫理學》，頁239。
[143]　同上書，頁239。

性的形式本質的正確觀念出發，進而達到對事物本質的正確知識」，這個定義本身就表明它與第二種知識是同樣的推理知識，它與第二種知識不同的地方，只在於它的出發點不是那些表示事物共同具有的特質的共同概念和正確觀念，而是神與事物、神與人的關係，用我們現在的話來說，卽事物和人在自然中的地位，與整個自然界的關係。第三種知識的根本點，就是從整個自然或宇宙觀看一切事物，用斯賓諾莎典型的話來說，就是「在永恒的形式下認識事物」，他說：

在永恒的形式下以認識事物，卽是就事物通過神的本質被認作眞實存在去加以認識，或者就事物通過神的本質而包含存在去加以認識⑭。

斯賓諾莎把第三種知識稱之爲「直觀知識」，「直觀」一詞在這裏究竟指什麼呢？斯賓諾莎自己似乎沒有明確的說明，不過我們可以根據他舉的關於直觀知識的例證作一些探索。在他敍述了想像和理性是如何求第四個比例數之後，他說：「但是要計算最簡單的數目，這些方法全用不著，譬如，有 1、2、3 三個數於此，人人都可看出第四比例數是 6，這比任何證明還更明白，因爲單憑直觀，我們便可看到由第一個數與第二個數的比例，就可以推出第四個數」⑭。這就是說，這幾個數是如此簡單，以致我們不需要經過間接演算的具體過程，就能從第一數與第二數的比例中直接推出第四數。由此可見，這裏所謂直觀，並不是指毫

⑭　斯賓諾莎：《倫理學》，頁240。
⑭　斯賓諾莎：《倫理學》，頁74。

無推理的純粹直覺，　而也是一種推理，　只是這種推理是這樣熟練，　以致可以不需要作任何間接的演算過程而就能直接推出結論。因此我們可以說，斯賓諾莎這種直觀既不同於康德所講的直觀，也不同於柏格森所講的直覺，康德所謂直觀，是人們把先天的感性形式（時間和空間）加諸於客觀世界的主觀創造活動，柏格森所謂直覺，是指一種排斥任何理性分析的神秘體驗，它們都是排斥推理的，而斯賓諾莎的直觀則是一種科學的直觀，它本身包含有直接推理。這一點斯賓諾莎是明確承認的，在談到第二種知識不能感動人時，他說它「不像我們從依存於神的個體事物的本質自身直接推理出來那樣親切有力」⑯。所以我們可以把斯賓諾莎的直觀知識理解為在理性知識長期積累基礎上、特別是在數學直觀的影響下所形成的一種直接推理性的知識。

　　第三種知識除了其明顯的直觀特徵外，還有一個更為重要的特徵，即它是心靈的最高德性，是最完善的倫理知識。斯賓諾莎寫道：

> 從第三種知識可以產生心靈的最高滿足。心靈最高的德性
> 在於知神或在於依據第三種知識來理解事物。心靈愈善於
> 依據這種知識來理解事物，　那麼心靈的這種德性愈大。
> 所以誰能夠依據這種知識來理解事物，誰就能發展到最高
> 的完善⑰。

斯賓諾莎為什麼賦予第三種知識以這種最高的倫理價值呢？因為

---

⑯　同上書，頁244。
⑰　斯賓諾莎：《倫理學》，頁238。

在他看來，不論我們依據第一種知識，還是依據第二種知識，來
理解事物，我們都局限於與認識對象的被動關係，認識對象始終
是與認識主體對立的；反之，當我們依據第三種知識來理解事物
時，認識對象與認識主體的對立關係消滅了，認識不再是與認識
主體無關的被動行為，而是成了認識主體實踐生活的指南，成了
我們獲得得救、幸福和自由的手段。斯賓諾莎說：「一個人獲得
這種知識愈多，便愈能知道自己，且愈能知神，換言之，他將愈
益完善，愈益幸福」❹❽。這就是說，如果我們愈能了解自然，認
識自然，我們就愈能了解我們在宇宙中的地位，了解我們的使
命，以及了解我們完成自己使命的方法和途徑，因而我們就愈能
完成自己的神聖使命，我們就愈能獲得自由和幸福，愈能達到我
們的最高完善。

　　至此，我們可以對斯賓諾莎的三種知識理論作一簡單的概
括：第一種知識是通過直接經驗和間接傳聞而來的感性知識，它
起源於身體受外界物體的偶然激動，它具有偶然性、主觀性和現
象性，是我們產生錯誤的原因，我們日常生活中的知識大部分就
是這種類型的知識。第二種知識是基於事物共同特質的共同概念
和正確觀念而產生的間接推理知識，雖然相對於第一種知識來
說，它具有必然性、客觀性和普遍性，並且是真知識，但它仍是
抽象的和一般性的知識，通過它不能達到我們的心靈的最高完
善。這種知識也就是我們一般所謂自然科學知識。第三種知識是
從神的本質屬性來理解個別事物的本質所產生的知識，它既能擺
脫第一種知識的偶然性、主觀性和現象性，又能揚棄第二種知識

---

❹❽　斯賓諾莎：《倫理學》，頁240。

的抽象性和一般性，使科學知識的普遍性和必然性與感性知識的
直接性和具體性相結合，達到個別和一般、具體和抽象、主觀和
客觀的統一，因而形成了最高的知識境界。這種知識就是斯賓諾
莎心目中最完善的科學和倫理相結合的哲學知識。

第六章 倫理學

　　現在我們考察斯賓諾莎的倫理學。按照斯賓諾莎的看法，這是他的全部哲學的最終目的所在。在他看來，哲學研究決不是僅僅獲得知識，更重要的是以這種知識來指導人的行爲和道德實踐，求眞必以至善爲目的，知識需與實踐相統一，本體論、認識論最終必須落腳在倫理學上。哲學家在這裏給自己規定的任務是：研討情感的起源和性質，以及理性的力量，以便「指出理性有什麼力量可以克制情感，並且指出什麼是心靈的自由和幸福」❶，換言之，他想通過對人類情感和行爲的原因和性質的考察，指出一條達到人類自由和幸福的道路或途徑。

　　按照斯賓諾莎的看法，在研討人類的情感和生活方式諸倫理問題時，普遍存在一種理想主義批判觀點，按照這種觀點，自然界的人類不是遵守自然界共同規律的自然事物，而是某種超出自然界之外的「王國中的王國」，他們可以不受自然界普遍規律的支配，自己有絕對的力量控制自己的行爲。所以一當持這種觀點的人看到人們軟弱無力和變化無常時，他們不把原因歸結爲自然的共同力量，而歸結於人性中的缺陷，從而對人類表示悲哀、嘲笑、蔑視和咀咒。斯賓諾莎認爲，這種對人類情感和行爲不求

---

❶　斯賓諾莎：《倫理學》，頁220。

理解而一味嘲笑或咀咒的人是不可能眞正指出人心何以克制情感
的，他說：

> 誠然，有不少著名的人物曾經寫了許多優秀的東西來討論
> 正當的生活方式，並給予人們不少具有充分智慧的箴言，
> 但是就我所知，還沒有人曾經規定了人的情感的性質和力
> 量，以及人心如何可以克制情感❷。

甚至像笛卡爾那樣大名鼎鼎的人，斯賓諾莎也認爲，他的作法
「除了表示他的偉大的機智外，並不足以表示別的」❸。因此，
斯賓諾莎認爲，他需要另闢途徑來研討人類的情感和行爲。在他
看來，人類本身只是遵守自然界共同規律的自然事物，因而他們
的一切情感和行爲正如其他一切自然事物一樣，皆出於自然的必
然性，卽使他們的情感和行爲在我們看來是有缺陷的，我們也不
能對他們加以嘲笑和蔑視，而應當冷靜地、客觀地指出這些情感
和行爲的原因，找出擺脫這些情感和行爲的正確方法。斯賓諾莎
說他要按照幾何學方法來研究人們的缺陷和愚昧，並用理性的方
式證明這些缺陷和愚昧產生的原因，有如幾何學家考察線、面和
體積一樣。他說：

> 在自然界中，沒有任何東西可以說是起於自然的缺陷，因
> 爲自然是永遠和到處同一的。自然的力量和作用，亦卽萬
> 物按照它們而取得存在，並於一些形態變化到另一些形態

---

❷　斯賓諾莎：《倫理學》，頁89。
❸　同上。

的自然的規律和法則，也是永遠和到處同一的。因此也應
該運用同一的方法去理解一切事物的性質，這就是說，應
該運用普遍的自然規律和法則去理解一切事物的性質。因
此，仇恨、忿怒、嫉妒等情感就其本身看來，正如其他個
體事物一樣，皆出於自然的同一的必然性和力量。所以它
們也有一定的原因，通過這些原因可以了解它們，它們也
有一定的特性，值得我們加以認識，正如我考察任何別的
事物的特性一樣，在單獨地考察它們時可以使我們得到快
樂。所以，我將採取我在前面兩部分中考察神和心靈的
同樣的方法來考察情感的性質和力量，以及人心征服情感
的力量，並且我將要考察人類的行為和欲望，如同我考察
線、面和體積一樣❹。

這種觀點，我們可以叫做自然主義描述觀點，以同理想主義批判
觀點相區別。它的根本特徵是冷靜而客觀地觀察和分析人類的情
感和人類的行為，而不作任何從理想規範出發的抽象的價值評
判，因為一切事物皆出於自然的永恒必然性，整個自然界根本不
存在任何合目的性和理想性，因此我們不可能根據一個客觀的價
值標準去判斷一物是好的，另一物是壞的，自然事物本身就是它
本身那樣，它無所謂善或惡、圓滿或不圓滿。

這樣，我們就碰到了斯賓諾莎倫理學的一個最大的難題，即
自然主義描述立場和倫理學道德規範要求的矛盾。因為按照自然
主義描述觀點，我們是不可能對人類的情感和行為作出價值評判

---

❹ 斯賓諾莎：《倫理學》，頁90。

的，事物本身不存在有善或惡、圓滿或不圓滿。所謂「善」或「惡」、「圓滿」或「不圓滿」無非只是我們想像的產物，而不表示事物的任何眞實本性。這實際上就是否定了任何道德判斷的可能性，也就是否定了有作爲道德規範的倫理學的存在。但是，倫理學本身卻是一個道德規範的體系，它需要建立人性的理想，也需要有按照這種人性理想來判斷人類行爲的好或壞的可能性，也就是說，它需要有「善」和「惡」、「圓滿」和「不圓滿」，這些倫理道德規範概念，否則一種作爲道德規範的倫理學無從建立。

因此，在我們研討斯賓諾莎的倫理學之前，我們必須首先考察他的「圓滿性」和「善」的概念，我們必須首先弄清他是在什麼意義上允許自己講到「善」和「惡」、「圓滿」和「不圓滿」、「德行」和「惡行」，以及「理想的」人性和「理想的」人性生活。

首先，我們必須知道，在斯賓諾莎的整個自然系統裏是不存在有圓滿和不圓滿、善和惡的。整個自然界是被永恒的必然性所決定，它根本不存在有任何合目的性，或用斯賓諾莎自己的話來說，那個我們稱之爲神或自然的永恒無限的本質，「其動作正如其存在一樣皆基於同樣的自然必然性，……神不爲目的而存在，神也不爲目的而動作」❺。換言之，神或自然的實在性就具有它可能具有的一切，它的絕對必然性和充實的存在性就構成了它的完全性。如果我們說神或自然包含有繼續實現目的和理想的可能性，那麼我們實際上就否認了神或自然具有絕對的必然性和

---

❺ 斯賓諾莎：《倫理學》，頁155。

完全的實在性。因此，我們所謂以目的和理想爲標準的「圓滿」
和「不圓滿」、「善」和「惡」概念決不是表示自然事物的眞實
本性的概念，而是我們想像的產物，也就是說，是我們在比較事
物過程中人爲地形成的「想像存在物」。斯賓諾莎寫道：

> 一般人所習於用來解釋自然的那些觀念，都不過是些想像
> 的產品罷了，除了僅足以表示想像的情況以外，再也不能
> 表明事物的本性。因爲這些觀念具有名稱，好像是表示那
> 離想像而獨立存在的事物，所以我只好稱它們爲想像存在
> 物，而非理性存在物❻。

斯賓諾莎在《倫理學》第四部分序言裏一開始就分析了「圓
滿」和「不圓滿」這兩個概念或名詞的起源，在他看來，這兩個
名詞皆來源於我們心靈的兩種習慣，一種是慣以作者的意圖或目
的去考察作品的習慣，認爲凡是實現了作者意圖或目的的作品都
是圓滿的，凡是未實現作者意圖或目的的作品都是不圓滿的；一
種是慣以我們關於事物的一般觀念去考察事物的習慣，認爲凡是
符合我們關於那類事物的一般觀念的事物都是圓滿的，反之，凡
是不符合我們關於那類事物的一般觀念的事物則是不圓滿的。斯
賓諾莎說前一種習慣形成了這些名詞的原始意義，而後一種習慣
構成了這些名詞後來發展的意義。他寫道：

> 如果有人打算作一件事，並且業已完成這事，則他的工作

---

❻　斯賓諾莎：《倫理學》，頁40。

便稱爲圓滿，不僅他自己，只要任何人確實知道或相信自己知道，作那事的人的主意和目的，都會稱他的工作爲圓滿。例如，我們看見一件工程（假定這工程尚未完成），如果我們知道主持這工程的人的目的是在建築一所房子，則我們就會說這所房子不圓滿或尚未完成。反之，只要我們看見這所房子已經依照主持者的計畫建築完竣，則我們便會稱這所房子爲圓滿。但是假如我們看見一個從來沒有見過的工程，並且假如我們也不知道那工程師的主意，於是我們就不能斷言這件工程是圓滿或不圓滿的了。這似乎就是圓滿和不圓滿這兩個名詞的原意。但是後來人們逐漸形成一般的觀念，想出一些房屋、樓臺、宮殿等模型，並且喜好某些類型的事物而厭棄別種類型的事物。因此每一個人稱一物爲圓滿，只要這物符合他對於那類事物所形成的一般觀念，反之，他將稱一物爲不圓滿，如果這物不十分符合他對於那類事物所預先形成的模型，雖說按照製造者的本意，這物已經是圓滿地完成了的。這似乎就是圓滿和不圓滿兩概念何以常常會被應用於不經人手製造的自然事物上面的唯一原因。因爲人對於自然和人爲的事物，總是習於構成一般的觀念，並且卽認爲這種觀念爲事物的模型，他們而且又以爲自然（他們相信自然無論創造什麼東西，都是有目的的）本身卽意識到這些模型，而且把它們提出來作爲事物的型式。所以當人們看見一件自然事物，不完全符合他們對於那類事物所構成的型式，他們便以爲自然本身有了缺陷或過失，致使得那事不圓滿或未完成❼。

---

❼ 斯賓諾莎：《倫理學》，頁154-155。

在斯賓諾莎看來，我們心靈這樣一種應用圓滿和不圓滿等概念於自然事物的習慣，並不是基於對自然事物的一種眞知灼見，而是起源於我們心靈的想像或成見。他說：「由此可見，應用圓滿和不圓滿等概念於自然事物的習慣，乃起於人們的成見，而不是基於對於自然事物的眞知。因爲在本書第一部分的附錄裏，我已經指出自然的運動並不依照目的，因爲那個永恒無限的本質卽我們所稱爲神或自然，它的動作都是基於它所賴以存在的必然性，像我所指出的那樣，神的動作正如神的存在皆基於同樣的自然的必然性。所以神或自然所以動作的原因或根據和它所以存在的原因或根據是一樣的。旣然神不爲目的而存在，所以神也不爲目的而動作。神的存在旣然不依據擘劃或目的，所以神的動作也不依據擘劃或目的，因此所謂目的不是別的，乃卽是人的意識，就意識被認爲是支配事物的原則或原因而言。譬如，當我們說供人居住是這一所房子或那一所房子的目的因，我們的意思只是說，因爲一個人想像著家庭生活的舒適和便利，有了建築一所房子的欲望罷了。所以就造一所房子來居住之被認作目的因而言，只是一個特殊的欲望，這個欲望實際上是建築房子的致動因，至於這個致動因之所以被認作第一因，乃由於人們通常總是不知道他們的欲望的原因」❽ 。由此斯賓諾莎得出結論說：

> 我們之所以認爲一物是圓滿的，另一物是不圓滿，乃是我們自己意識想像的產物，圓滿和不圓滿其實只是思想的樣式，這就是說，只是我們習於將同種的或同類的個體事物

---

❽　斯賓諾莎：《倫理學》，頁155。

彼此加以比較而形成的概念❾。

同樣，「善」和「惡」的概念在斯賓諾莎看來，也不表示事物本質的積極性質，它們只是思想的樣式，即同樣也是我們為了適應自己需要而在比較事物過程中形成的概念。斯賓諾莎說：「只要人們相信萬物之所以存在都是為了人用，就必定認其中對人最有用的為最有價值，而對那能使人最感舒適的便最加重視。由於人們以這種成見來解釋自然事物，於是便形成善惡、條理紊亂、冷熱、美醜等觀念」❿。由於善惡概念乃是基於人們自身的感受和愛好而形成的，而事物本身是無所謂善惡的，因而善惡概念完全是相對的，不僅每個人對於什麼是善什麼是惡有各自不同的標準，而且即使標準相同，同一事物對於不同的人來說也會是善惡不同的，斯賓諾莎說：

> 每一個人都是依據他的情感來判斷或估量什麼是善，什麼是惡，什麼是較善，什麼是較惡，什麼是最善，什麼是最惡。所以那貪婪的人，稱金錢富足為最善，金錢缺之為最惡；那虛榮心重的人所欲求的無過於榮譽，所畏懼的無過於羞辱；而那嫉妒心重的人看來，沒有比他人的不幸更能令他快樂，亦沒有比他人的幸福更能令他不安，也就像這樣，每一個人總是全憑他的情感來判斷一物的善或不善，有用或無用⓫。

---

❾　斯賓諾莎：《倫理學》，頁156。
❿　同上書，頁38。
⓫　同上書，頁121。

而且「同一事物可以同時旣善又惡，或不善不惡。譬如，音樂對於愁悶的人是善的，對於哀痛的人是惡，而對於耳聾的人則不善不惡」⑫。

「圓滿」、「不圓滿」、「善」和「惡」這些概念或名詞旣然是人們憑藉自己的情感和愛好而形成的思想樣式，是人們想像的產物，那麼，我們是否在任何領域內都不需要這些觀念呢？看來情況並非如此。斯賓諾莎在談到人的理想生活時，他說我們仍需要這些概念，而且還要對它們加以明確的定義，以致我們有可能建立規範的倫理學：「但事實雖然如此，對於這些名詞，我們必須保持。因為旣然我們要為我們自己構成一個人的觀念，以作人性（或人格）的模型，那麼在我上面所提到的意義下，保持這些名詞，也不無益處」⑬。這裏我們應特別注意斯賓諾莎說「在我上面所提到的意義下」一句，因為從上述斯賓諾莎關於這些概念的意義的分析，我們可以看到，他是從自然事物的自在和自為(in and for itself) 這方面而言的，即認為自然事物在自身和自為方面是無所謂善或惡的，圓滿或不圓滿的，因此這些概念不表現自然事物的自在和自為的本質。但是他並沒有否定這些概念可以表現自然事物的為我們 (for us) 的本質，即表現該事物在我們看來──特別是當我們處於某種任務的情況下──的本質，事實上如果我們擺脫個人的私有情感和成見，而從全人類的共同利益考慮，我們是可以揭示事物的這種為我們的本質。我們在倫理學中的一切努力就是建立一種為我們的人性理想或人類生活模型，並且按照這種人性理想或模型判斷事物是否圓滿或不圓滿、善或

---

⑫　斯賓諾莎：《倫理學》，頁156。

⑬　同上。

惡，以便促成我們更接近這種理想或模型。因此這些概念雖然在
自然系統裏是不需要的，但這並不等於說，這些概念在倫理系統
裏也沒有地位，事實正相反，由於倫理學本身是要構造人性的理
想，並以此種理想作爲標準評價人的思想和行爲，我們在倫理學
裏是需要這些概念的，假如沒有這些概念，我們的倫理學也就無
從建立。因此，斯賓諾莎在他的《倫理學》一書中不僅使用了
「善」和「惡」、「圓滿」和「不圓滿」這些概念，而且還明確
地給它們下了這樣的定義:

> 在下文中所謂善是指我們所確知的任何事物足以成爲幫助
> 我們愈益接近我們所建立的人性模型的工具而言，反之，
> 所謂惡是指我們所確知的足以阻礙我們達到這個模型的一
> 切事物而言。再則，我判斷人的圓滿或不圓滿，完全以那
> 人較多或較少接近這個模型的程度爲準⑰。

　　現在的問題可以集中於所謂人性的理想或人性的模型上了。
也就是說，我們是否可能建立一種普遍爲人們贊同的共同的人性
理想或人性模型呢? 因爲從上述關於「圓滿」、「不圓滿」、「善」
和「惡」這些名詞的起源的分析中我們可以看到，它們都是依賴
於人們的想像、情感和看法的，但是每一個人的想像、情感和看
法是不同的，而且隨時可以改變的，因此每一個人都有自己隨時
可改變的圓滿和不圓滿、善和惡的標準，每一個人都有自己隨時
可改變的理想的人性模型，那麼我們怎麼能建立一種爲所有人普

---

⑰　斯賓諾莎: 《倫理學》，頁157。

遍贊同的永久的人性理想或人性模型呢？這一點斯賓諾莎是清楚看到的，他說：「同一對象對於不同的人，可以引起不同的情感，同一對象對於同一個人在不同的時間內，可以引起不同的情感。……既然各人判斷什麼是善、什麼是惡、什麼是好、什麼是壞，皆以他自己的情感爲準，由此可以推知，人們意見之不同，正如他們的情感之各異」⑮。由此可見，如果我們不可能建立一種普遍爲人們所贊同的共同的永久的人性理想，上述這些道德倫理概念的性質和界限也是不清楚的，從而以它們爲基礎的規範倫理學也就無從建立起來。

要答覆這一問題，我們必須回憶斯賓諾莎的《知性改進論》一書的導言，因爲在這裏斯賓諾莎一開始就提出了這一問題，他說：

當我受到經驗的教訓之後，才深悟得日常生活所習見的一切東西，都是虛幻的、無謂的，並且我又確見到一切令我恐懼的東西，除了我的心靈受它觸動外，其本身旣無所謂善，亦無所謂惡，因此最後我就決意探究是否有一個人人都可以分享的眞正的善，它可以排除其他的東西，單獨地支配心靈。這就是說，我要探究究竟有沒有一種東西，一經發現和獲得之後，我就可以永遠享有連續的、無上的快樂⑯。

經過他的深思熟慮，斯賓諾莎最後得出這樣一種爲人們普遍

---

⑮　斯賓諾莎：《倫理學》，頁128-129。
⑯　斯賓諾莎：《知性改進論》，頁18。

贊同並且人人皆可分享的至善或人性理想是可能建立的，因爲雖
然善和惡這些概念只具有相對的意義，同一事物在不同的觀點下
可以叫做善，亦可以叫做惡，可以叫做圓滿，也可以叫做不圓滿，
但是人作爲自然的一部分，在身心結構上大致是相似的，所受的
外來的影響也大致相同，如果我們擺脫自己個人的情感，卽不依
人身情狀的次序，而依人人皆相同的理智次序去觀認事物，那麼
我們是可以建立人們普遍贊同並且人人可分享的人性理想的，事
實上必有一些東西爲大多數正常的人所欲求或喜愛，另有一些東
西爲大多數正常的人所反對或憎惡。因此斯賓諾莎說，人可以爲
自己「設想一個遠較自己堅強的人性，而又見到自己並沒有不能
達到這種人性或品格的道理，於是便從事於工具的尋求以引導他
達到這種完善境界，而認爲凡是足以幫助他達到這種完善的工具
爲眞善。但至善乃是這樣一種東西，人一經獲得之後，凡是具有
這種品格的其他個人也都可以同樣分享。至於這種品格是什麼性
質，我將於適當地方指出，簡單說來，它是人的心靈與整個自然
相一致的知識」⑰。

　　這裏很清楚，斯賓諾莎把建立共同的人性理想或至善的可能
性建築在人的心靈的知識基礎上，也就是說，雖然人的情感和意
見各異，不能有共同的善惡標準和人性理想，但是，如果人的心
靈都具有了與整個自然相一致的知識，那麼基於這種知識的而不
是基於情感的共同的善惡標準和人性理想是可能建立的，所以他
提出：「爲了達到這種目的，我們必須充分了解自然，以便足够
使我們達到上述品格，並且還有必要組成這樣一種社會，以便利

_____

　　⑰　斯賓諾莎：《知性改進論》，頁21。

於促進可能多的人儘可能容易而且確定地達到這種品格」[18]。

　　這就是斯賓諾莎倫理學追求的目標，「善」就是人性本身的狀態或條件，善的理想就是我們設想的一種遠比我們自己堅強的理想人性狀態，而至善就是達到這樣一種境界，以致每一個人都能共同實現這種理想的人性狀態，即實現我們理智認為最好的人性狀態。這種理想的人性狀態就是我們心靈與整個自然相一致的知識，我們最高的幸福或福祉就在於這種知識，斯賓諾莎這種倫理學我們可以簡稱之為「理智的倫理學」。

一、身心同一理論

　　斯賓諾莎在闡述他的倫理觀點時，首先提出他的身心同一理論。

　　正如我們在前面論述斯賓諾莎的形而上學體系裏所說的，在斯賓諾莎的自然系統裏，廣延和思想只是同一個實體的兩種不同屬性，對於廣延屬性的每一個樣態，在思想屬性裏都有一個思想樣態與它相對應，反之，對於思想屬性的每一個樣態，在廣延屬性裏也都有一個廣延樣態與它相對應。思想和廣延雖然是兩個根本不同類的屬性，一個不能決定另一個，「物體不能限制思想，思想也不能限制物體」，當事物被認作思想的樣態時，我們必須單用思想這一屬性來解釋，反之，當事物被認作廣延的樣態時，我們則必須單用廣延這一屬性來解釋，但是，正如思想的實體和廣延的實體不是兩個實體，而是同一個實體，每一個廣延樣態和

---

[18]　斯賓諾莎：《知性改進論》，頁22。

與它相對應的思想樣態，或者每一個思想樣態和與它相對應的廣
延樣態，也不是兩個樣態，而是同一個樣態，因此無論我們借廣
延這一屬性，還是借思想這一屬性來認識自然，我們總會發現同
一的因果秩序或同一的事物連續。

　　同樣，人作為實體的有限樣態，人的身體是廣延屬性的樣
態，而這個樣態在思想屬性裏的對應物就是人的心靈，反之，人
的心靈是思想屬性的樣態，而這個樣態在廣延屬性裏的對應物就
是人的身體。正如思想和廣延是兩個不同類的屬性，思想不能決
定廣延，廣延不能決定思想，人的心靈也不能決定人的身體使其
動作，人的身體也不能決定人的心靈使其思想，但是，正如思想
樣態和與它相對應的廣延樣態不是兩個樣態，而是同一個樣態，
只是從不同的屬性去了解罷了，人的心靈和人的身體也不是兩個
東西，而是同一個東西，只不過是以兩種不同的屬性表現出來罷
了，人的心靈是人這個有限樣態在思想屬性裏的表現，反之，人
的身體則是人這個有限樣態在廣延屬性裏的表現，但不管是以身
體這個廣延樣態表現出來，還是以心靈這個思想樣態表現出來，
它們所表現的乃是同一個有限樣態，因此不論我們是從身體方面
去認識人，還是從心靈方面去認識人，我們總會發現同樣的因果
次序或同樣的事物連續。斯賓諾莎寫道：

　　　心靈與身體乃是同一個東西，不過有時藉思想的屬性、有
　　時藉廣延的屬性去理解罷了。不論我們藉這個屬性或那個
　　屬性去認識自然，事物的次序與聯繫卻只是一個，因此我
　　們身體的主動或被動的次序就性質而論，與心靈的主動或

被動的次序是同時發生的⑲。

這就是斯賓諾莎著名的身心同一理論。按照這個理論，身體和心靈首先是相互不能發生作用和影響的，即它們互不交感。因為正如廣延和思想是兩個不同類的屬性，身體和心靈在類上也是根本不同的，它們當中一個不能決定或產生另一個。凡發生在身體方面的，必起源於某個廣延的東西，而不能起源於心靈，反之，凡發生在心靈方面的，必起源於某個思想的東西，而不能起源於身體，斯賓諾莎寫道：

> 一切思想的樣態皆以神為原因，這因為神是一個能思想的東西，而不是因為神表現為某種別的屬性，所以凡是決定心靈使其思想的，必是一個思想的樣態，而不是廣延的樣態，換言之，即不是身體。又身體的動與靜必起於另一個物體，而這一物體的動與靜又為另一個物體所決定，並且一般來說，任何發生在身體方面的，必起源於神，只就神被認為是構成某種廣延的樣態的東西，而不是構成某種思想的樣態的東西而言，這就是說，凡發生在身體方面的，必不能起源於心靈，因心靈乃是思想的一個樣態。

因此，「身體不能決定心靈使其思想，心靈也不能決定身體使其動或靜」⑳。

斯賓諾莎在《倫理學》裏曾經用大量的例子來批駁那種認為

---

⑲　斯賓諾莎：《倫理學》，頁93。
⑳　斯賓諾莎：《倫理學》，頁92-93。

心靈決定身體動作的普通看法。按照通常的看法，身體的運動和
靜止完全依賴於心靈的意志和思想的力量，也就是說，完全唯心
靈的命令是聽，例如有人說，如果心靈不能思想，則身體便不能
運動，只有心靈才有說話、靜默或作別的事情的力量。斯賓諾莎
對此反駁說，如果認爲心靈不想則身體不動可證明心靈支配身
體，那麼身體不動則心靈不想豈不也可證明身體支配心靈嗎？
「因爲只要身體處在沉睡狀態，心靈卽隨之陷於沉睡狀態，也就
沒有能力像清醒時那樣地思想。並且我相信，人人都可憑經驗知
道，心靈並不能永遠同等地思想同一對象，而是按照身體能夠或
多或少地感受到爲外物所激動的這一意象或那一意象，因而決定
心靈也能夠或多或少地考察這一對象或那一對象」[21]。按照斯賓
諾莎的看法，身體完全無需心靈的命令，單是按照它自身性質的
規律，就可以作出許多事情來，對於這些事情那身體的心靈反而
會感到驚訝，例如，夢遊者在沉睡中所作的事情，當他自己醒來
時也會感到驚訝，可見身體的這一行動或那一行動決不是單純起
源於心靈。至於說到只有當心靈想說話或想沉默，我們才能說話
或沉默，斯賓諾莎反駁說，這其實並不是因爲心靈的命令，而是
由於我們的欲望或衝動，他說：

> 經驗已經十分充足地昭示我們，人類最無力控制的莫過於
> 他們的舌頭；而最不能夠做到的，莫過於節制他們的欲
> 望。……那投入母親懷中的嬰兒自信這是出於自由意志，
> 那忿怒的幼童相信他想要報仇是由於自由意志，怯懦的人

---

[21] 同上書，頁94。

自以爲依照自由意志而開小差，酒醉的人相信出於他的心
靈的自由命令，他說些他清醒時所不願說的話，這樣看
來，瘋人、饒舌婦人、兒童以及其他類似的人，都相信他
們的說話是出於心靈的自由命令，而其實是因爲他們沒有
力量去控制他們想說話的衝動㉒。

這裏斯賓諾莎顯然反對了笛卡爾的自由意志和身心交感的理論。

　　心靈和身體既是彼此不能相互決定和影響，身體的動作只能
由另一個廣延樣態所決定，而不能由心靈的意志或思想的力量所
決定，反之，心靈的思想只能由另一個思想樣態所決定，而不能
由身體的動作或物體的力量所決定，所以心靈和身體各有一個自
己的因果次序或因果聯繫，當我們要解釋身體的動作時，我們必
須單從廣延屬性來解釋身體的因果關係，反之，當我們要解釋心
靈的思想時，我們則必須單從思想屬性來解釋心靈的因果關係。
因此我們對於自然應當有兩套解釋系統，依據我們所要解釋的對
象的性質而選取其中的一套與之相適合的解釋系統，而決不能把
一套解釋系統任意應用於與它並不適合的對象領域。這就是斯賓
諾莎身心同一理論的第一個要點。

　　其次，身體和心靈雖然是屬於兩個不同的屬性或類，它們當
中一個不能決定或影響另一個，但是它們兩者卻是同一個東西的
兩個方面，因此必是同時發生的，人的身體的每一變化，必然同
時伴有作爲這個身體的觀念的心靈的變化，反之，人的心靈的每
一變化，也必然同時伴有作爲這個心靈的對象的身體的變化，而

㉒　斯賓諾莎：《倫理學》，頁95。

且因爲心靈的變化和身體的變化乃是同一個變化，因此，無論我們從哪一方面去認識這種變化，我們都可以發現同一的因果次序和同一的因果聯繫。

就拿上述所謂說話或沉默是出於心靈的自由命令的例子來說，表面上看來，好像心靈想說話，我們就說話；心靈想沉默，我們就沉默；其實這裏只是一種同時發生的關係，心靈想說話和我們身體（舌頭）動作，心靈想沉默和我們身體（舌頭）不動，在性質上並不是兩回事，而是同一回事，它們是同時發生的，只是由於我們只意識到心靈一面，而無視身體行爲的眞正原因，故認爲心靈決定身體動作。斯賓諾莎寫道：

> 心靈的命令不是別的，而是欲望本身，而欲望亦隨身體情況之不同而不同。因爲每一個人所作的事，都是基於他的情感。凡爲相反的情感所激動的人不知道他們所需要的是什麼，而凡不爲任何情感所激動的人，每遇著一件小事，都易陷於沒有主見，左右搖擺。這一切都足以明白指出，心靈的命令、欲望和身體的決定，在性質上是同時發生的，或者也可以說是同一的東西，當我們用思想的屬性去觀察，並且用思想的屬性去說明時，便稱爲心靈的命令，當我們用廣延的屬性去觀察，並且從動靜的規律去推究時，便稱爲身體的決定[23]。

這是一種很特殊的身心同一論，按照這種理論，任何生理事

---

[23] 斯賓諾莎：《倫理學》，頁95-96。

件都是由其他生理事件所決定，而不是爲心理事件所決定，反之，任何心理事件都是由其他心理事件所決定，而不是爲生理事件所決定，生理事件和心理事件各有自己的因果系列。但是，任何生理事件和與之相應的心理事件，或者任何心理事件和與之相應的生理事件，並不是兩個事件，而是同一個事件，也就是說，每一心理事件實際上並不是單一的心理事件，而是心——身事件，而每一生理事件實際上也不是單一的生理事件，而是身——心事件，只不過根據我們考察的目的和方式有強調哪一方面的隱顯不同。例如，如果我們從心理學等方面考察，我們可以把要考察的事件稱之爲以心爲顯、以身爲隱的事件，卽心——身事件（醒目點表示顯），反之，如果對同一事件我們要從生理學方面考察，我們則可以把該事件稱之爲以身爲顯、以心爲隱的事件，卽身——心事件。因此，生理事件的因果系列和心理事件的因果系列，實際上並不是兩個不同的因果系列，而是同一個因果系列，只不過由於我們考察的目的和方式，對它們作出兩種不同的描述，換言之，無論我們是作出生理的解釋，還是作出心理的解釋，我們都會發現這兩種解釋乃是同一個解釋。

我們可以援引一個例子來說明斯賓諾莎這種身心同一論。羅素在其《心的分析》一書中曾對這種身心觀點提出這樣一種反對意見：「這種心和物在因果上彼此獨立的觀點，除了形而上學理論外，是沒有根據的，對我們說來，實沒有必要作這種假定，這種假定很難於同明顯的事實和諧的，我收到一封信，請我去吃午飯，信是一個物理事件，而我對它的內容的理解則是一個心理事件，這樣我們就有了一個從物到心的結果。在我對這封信的內容理解之後，我按時去赴宴了，這樣我們就有了一個從心到物的結

果」❷。按照羅素的說法，如果身心不相互作用的話，我們就不能在看了一封信後按時去赴宴，既然赴宴是一個事實，所以身心彼此獨立的觀點就不能成立。但是，按照上面我們所釋解的斯賓諾莎的觀點來說，羅素的這種錯誤在於他把身體的活動看成是純粹的生理事件，把理解、決心和意志看成純粹的心理事件，因而認為心理事件可以作用於生理事件，生理事件可以作用於心理事件。實際上，理解、決心、意志，以及眼看、手的伸展和腿的運動皆是心——身事件或身——心事件，它們的因果關係完全是同一的，譬如，我說「我想寫一封信」，從斯賓諾莎的觀點來看，這句話的真正意思是，我有一個心——身事件（注意，這裏是心顯身隱），這個事件稱為「想寫一封信」，這個「想」顯然是由前面某個身——心事件所影響或產生的。這個「想」繼而又產生一個新的身——心事件（這裏是身顯心隱），即「寫一封信」。「想」之所以能過渡到「寫」，就在於「想」不純粹是一個心理事件，而是一個心——身合一的事件（例如隨著想，我們腦神經必然有所動）。只是因為「想」既是心理事件又是生理事件，所以就能產生出心理的結果和物理的結果，如果單是心理事件，那就不可能產生出生理事件的結果來。按照斯賓諾莎的看法，純粹的心理活動是不可能干擾純粹的物理過程的，我們的目的和意志之所以得到客觀的效果，乃是因為我們的目的和意志是與大腦的生理過程分不開的，通過腦身生理機制的因果關係，我們的目的和決心才得以實現。

斯賓諾莎這種身心同一理論，過去有些學者曾叫做身心平行

---

❷ 羅素：《心的分析》，頁35-36。

論，如果所謂平行是指兩條永不相交的直線，那麼我們不認為斯賓諾莎這一理論是平行論，因為他決不認為心理和生理是兩個永不相干的系統，而是認為它們是同一個系統，只是從兩種不同的方式去考察罷了。身心平行論容易使人想到心物二元論，有如笛卡爾派的平行論那樣，而這正是斯賓諾莎所反對的。斯賓諾莎身心理論的核心就是主張心理和生理是同一個東西，而不是兩個東西，它們的不同只是由於我們的考察方式。所以我們寧可把它稱之為身心同一論 (psycho-physical identity)、 身心兩面同一論 (two-sided identity) 或身心同時發生論 (psycho-physical coincidence)。

這種理論就是現代科學哲學裏的雙重語言描述理論或兩套解釋系統理論的先行形式。我們對於同一種自然現象可以採取兩種描述語言或兩套解釋系統，或者從物理學方面解釋和描述，完全根據物理學原則，排除任何心理的因素，或者從心理學方面解釋和描述，完全依據心理學原則，排除任何物理的因素。這兩種描述語言或解釋系統都依賴於我們考察和研究問題的方式和目的，它們都有合理的根據和存在的理由，其中一種描述語言或解釋系統不能替代另一種描述語言或解釋系統，我們也不能肯定其中一種描述語言或解釋系統而否定另一種描述語言或解釋系統。

二、 情感的起源、性質和分類

斯賓諾莎在論述他的情感理論時， 首先提出「努力」這一概念作為我們理解一切情感的基礎。 「努力」一詞的拉丁文 是 conatus, 意思就是一種本能的衝動。按照西塞羅的解釋，conatus

與另一個拉丁詞 appetitus（衝動、欲求）同義，他認為這兩個詞的意思都等同於希臘文 ὄρμη（衝動）㉕。斯賓諾莎似乎並不完全接受這一解釋。按照他的看法，conatus 是一個比 appetitus 用法更廣泛的概念，appetitus一般只能用於有生命的事物，如動物和人，但 conatus 可以泛指一切自然事物，因此他在談及「努力」時，是指一切自然事物所具有的一種保持自我存在的天然傾向或趨勢，如他在《倫理學》裏說：「每一個自在的事物莫不努力保持其存在」㉖，「一物竭力保持其存在的努力不是別的，即是那物的現實本質」㉗，這都是指一般的自然事物（即他所謂個別事物、個別樣態）的努力。只有當這種努力用於有生命的事物如人時，他才講到 appetitus。所以他在定義 appetitus（衝動）時說，「當這種努力與心靈及身體同時相關聯時，便稱之為衝動（appetitus）」㉘，因此我們也可以說 appetitus（衝動）是人的 conatus（努力）。在這一點上，他不僅與西塞羅的用法不同，而且也似乎與霍布斯的用法有差別，因為霍布斯在他的《利維坦》中把 conatus（相應的英譯詞是 endeavour）理解為人體內的一種自然衝動，是「在沒有表現為行走、說話、揮擊以及其他可感覺的運動之前的人體內運動的小起點」㉙。

如果我們回溯一下哲學史，斯賓諾莎這種關於 conatus 和 appetitus 的區別用法也不是沒有根據的。早在古希臘羅馬時代，有些哲學家就已經提出了 appetitus 這一概念，例如斯多噶學派

㉕ 西塞羅：《神性論》，第 2 篇第22章，第47、58、122節。
㉖ 斯賓諾莎：《倫理學》，頁97。
㉗ 同上書，頁98。
㉘ 同上書，頁99。
㉙ 霍布斯：《利維坦》，頁36。

就曾經說過「動物的頭一個衝動 ($\delta\rho\mu\dot{\eta}\nu$, appetitionem) ……就是自我保持」⑩。按照西塞羅的說法，斯多噶派這一觀點只是重複了逍遙學派的下述看法，即「每一個自然有機體都力求 (vult) 成為它自身的保護者」⑪。這裏不論是逍遙學派還是斯多噶學派，顯然都是把 appetitus 或 vult 用於有生命的生物，或者按照第歐根尼 · 拉爾修的講法， 他們只主張動物才具有自我保持的衝動，第歐根尼甚至還明確說，斯多噶學派雖然認為自然也支配植物的生命，但在植物裏並沒有衝動⑫。只是到了中世紀，人們才擴大了 appetitus 的用法，認為不僅動物有 appetitus，而且一切自然事物也都有 appetitus，例如托馬斯 · 阿奎那曾經說：「每一個自然事物都欲求 (appetit) 自我保持」⑬，鄧斯 · 司各脫同樣也說：「每一個自然事物都有一種欲想 (appetat) 繼續存在的自然欲望」⑭。文藝復興時期自然哲學家可能意識到 appetitus 這種不適當的擴大用法，因而寧願採取另外一個類似的拉丁詞 conatus 來表示一切自然事物的一種力求自我保存的努力，如康帕內拉 (Campanella) 就認為任何物質中都有一種自我保持的努力 (conatus)。在斯賓諾莎時代，哲學家自然更寧願用 conatus 來表示一切物理事物內部的一種自然趨向，例如笛卡爾有時就把 conatus 稱之為「第一自然律」或「第一運動律」⑮， 並且提出

⑩　第歐根尼 · 拉爾修：《著名哲學家生平和學說》卷7，第85節。
⑪　西塞羅：《論幸福和不幸的界限》卷4，第7章第16節。
⑫　第歐根尼 · 拉爾修：《著名哲學家生平和學說》卷7，第86節。
⑬　托馬斯 · 阿奎那：《問答錄》，見沃爾夫森：《斯賓諾莎的哲學》卷2，頁196。
⑭　參見沃爾夫森：《斯賓諾莎的哲學》卷2，頁196。
⑮　斯賓諾莎在其《笛卡爾哲學原理附形而上學》中曾把自我運動的努力 (conatus se movendi) 和笛卡爾的第一自然律加以對照，見該書，頁149-150。

了所謂「運動欲」（conatum ad motum）， 即指物質中的一種力求運動的自然傾向⑯，後來牛頓的「慣性」概念顯然就是從這裏發展而來的。因此，斯賓諾莎在《倫理學》裏用 conatus 來表示自然界一切事物都具有的一種力求自我保存的努力，而不僅僅指有生命的事物或人。他在《神、人及其幸福簡論》一書中，把這種努力稱之爲「神聖的天道」或「自然之愛」，他說「天道無非只是我們在自然整體和個體中所看到的那種維護和保存它們自身存在的努力（conatus）」⑰。

按照斯賓諾莎的看法，一切個別事物都是以某種一定的形式來表現神的屬性的樣態，因而也就是由某種一定的形式來表現神之所以爲神的力量的事物，因此它們決沒有自己毀滅自己或自己取消自己的存在之理，換句話說，每一個自在的事物莫不努力保持其自身的存在，他把每一事物這種竭力保持其存在的努力稱之爲該物的現實本質（essentia actualis），他說：

> 一物活動的力量，或一物（單獨或與他物一起）做任何事或力求做任何事的努力──也就是說，一物竭力保持自己的存在的力量或努力，不是別的，即是那物自身的某種本質或現實的本質⑱。

事物的現實本質就是事物的實在性，因此一物具有的自我保存的努力愈大，該物所具有的實在性愈多。

⑯ 斯賓諾莎：《笛卡爾哲學原理附形而上學思想》，頁127。
⑰ 斯賓諾莎：《神、人及其幸福簡論》，頁166。
⑱ 斯賓諾莎：《倫理學》，頁98。

努力是一切自然事物的現實本質，但就人來說，我們不稱人
的現實本質爲努力，而稱之爲衝動（appetitus），因爲努力當其
與人的心靈和身體同時相關聯時，我們稱之爲衝動，所以斯賓諾
莎說：「衝動不是別的，卽是人的本質自身，從人的本質本身必然
產生足以保持他自己的東西，因而他就被決定去作那些事情」⓳。
人的衝動可以表現在身體方面，稱之爲身體的衝動，如我們生理
上的一些需要、運動、食慾、排泄等，也可以表現在心靈方面，
稱之爲心靈的衝動，不過斯賓諾莎並不用這個說法，他把心靈對
自己身體的衝動的意識稱之爲欲望（cupiditas），他說：「欲望
一般單是指人對他的衝動有了自覺而言，所以欲望可以界說爲我
們意識着的衝動」⓴。

　　這樣，我們可以來理解斯賓諾莎的情感（Affectus）定義
了。斯賓諾莎在《倫理學》第三部分界說三中說：「我把情感理
解爲使身體的活動力量得以增加或減少、促進或阻礙的身體的情
狀（Affectiones），以及這些情狀的觀念」。這裏所謂身體的活
動力量，就是指人的身體竭力保持自己存在的衝動，因此我們
可以把情感簡單地理解爲使身體的自我保存的衝動得以增加或減
少、促進或阻礙的身體的情狀及這些情狀的觀念。在斯賓諾莎這
個情感定義中，他使用了Affectiones（情狀）一詞，英譯者一般
譯爲 modificationes（分殊或樣態），這是與他的形而上學本體
論相聯繫的，情感也是一種個別樣態，這種樣態在廣延屬性裏
表現爲身體的情狀，而在思想屬性裏又表現爲這種身體情狀的觀
念。因此，對於斯賓諾莎所說的情感，我們既要理解爲廣延屬性

⓳　斯賓諾莎：《倫理學》，頁99。
⓴　同上。

的樣態，又要理解爲思想屬性的樣態，因爲他所說的情感旣包括身體的情狀，卽生理的 modification， 又包括這些情狀的觀念，卽心理的 modification。這一點對於我們以後解釋斯賓諾莎的情感理論、特別是理性如何克制情感是相當重要的。

不過，對於斯賓諾莎所說的情感這種雙重性質，有兩點我們必須注意：㈠情感雖然包括了廣延樣態（身體的情狀）和思想樣態（身體情狀的觀念），但單就這兩種樣態而言，廣延樣態更是基本的。這是與他關於身體和心靈的關係的觀點相一致，雖然斯賓諾莎強調身體和心靈相互一個不能決定一個，但他在談到身體和心靈的統一時，往往指出心靈對身體的依賴性，如他說：「爲了判斷人的心靈與其他事物的區別及其優勝於其他事物之處起見，我們首先必須知道人的心靈的對象，換言之，卽人的身體的本性……正如某一身體較另一身體更能够同時主動地做或被動地接受多數事物，則依同樣比例，與牠聯合着的某一心靈也將必定較另一心靈更能够同時認識多數事物，並且正如一個身體的動作單獨依賴牠自身愈多，需要別的身體的協助愈少，則與牠聯合着的心靈也將更了解得明晰些」❹。同樣，斯賓諾莎在談到情感是一種觀念、通過這種觀念心靈肯定其身體或身體的一部分具有比前此較大或較小的存在力量時，着重指出：「我所謂具有比以前較大或較小的存在力量，我的意思並不是說心靈把現在的情狀與過去的情狀比較，而是說構成情感的形式的觀念肯定身體有某種

---

❹　斯賓諾莎：《倫理學》，頁 52-53。同樣，在《倫理學》第二部分命題十一附釋裏斯賓諾莎說：「可以推知我們的心靈的當前存在完全依賴放心靈必包含身體的現實存在這一點上。最後我們還已經指出過心靈所以有想象事物和記憶事物的能力，也完全依賴於心靈必包含身體的存在這一點」。

情狀，此情狀實際包含比以前較多或較少的實在性……所以當我說心靈的思想力量之增加或減少時，我的意思總是在說，心靈形成了關於身體或身體的某一部份的觀念，此觀念比牠前此所肯定於其身體的情狀，表示較大或較小的實在性。觀念的優越性和思想的實際力量，是以對象的優越性爲衡量的標準」❷。㈡情感的廣延樣態雖然在本性上比情感的思想樣態更根本，但對於倫理學和心理學來說，情感的思想樣態比情感的廣延樣態更重要，也就是說，雖然斯賓諾莎定義情感包括生理的情狀 (affectiones) 和心理的觀念 (idea)，但他更著重於情感作爲觀念的心理方面。例如他說：「一種情感乃是心靈借以肯定它的身體具有比前此較大或較小的存在力量的一個觀念」❸。再如，他在關於被動的情感 (passion) 的總定義中說：「所謂心靈的被動的情感，乃是一個混淆的觀念，通過這個觀念心靈肯定其身體或身體的一部分具有比前此較大或較小的存在力量，而且有了這種混淆的觀念，心靈便被決定而更多地思想此物，而不思想他物」❹。可能正是出於這種倫理學的要求，他常常把情感歸之於思想樣態，如他在《倫理學》第二部分公則裏，把愛情、欲望以及其他均理解爲「思想的各種樣態」。

　　上述兩點也可以說是情感的原始成份和情感的表現形式，情感的原始成份是使身體的活動力量得以增加或減少，促進或阻礙的身體的情狀，而情感的表現形式乃是這種身體的情狀的觀念。這裏是用兩套語言——卽物理或生理的語言和心理的語言——對

---

❷　斯賓諾莎：《倫理學》，頁152-153。
❸　同上書，頁162、167。
❹　同上書，頁 152。

同一個現象的描述，從心理學來看，情感就是一種觀念，通過這種觀念，心靈肯定它的身體或身體的一部分具有比前此較大或較小的存在力量，但從生理學來看，情感就是身體或身體一部分的情狀，此情狀比前此身體或身體一部分具有較大或較小的存在力量或實在性。心靈之所以能通過情感肯定身體或身體一部分具有比前此較大或較小的存在力量，並不是說心靈具有反思的力量，將身體的現在的情狀與過去的情狀加以比較，而是說構成情感形式的觀念表現了身體的某種情狀，此情狀比前此情狀包含更多或更少的實在性。而構成情感形式的觀念之所以能表現身體具有某種包含更多或更少實在性的情狀，乃是因為身體受外界物體的激動而產生了一種比前此情狀具有更多或更少實在性的新情狀。因此，情感的本質一般來說不能僅用我們的本質去解釋，它主要是由外界原因的力量，即由與我們的本性較量的外界原因的本性所決定，如斯賓諾莎在《倫理學》第四部分命題五裏所說的。另外，情感不僅使心靈肯定其身體具有比前此身體更大或更小的存在力量，而且也使心靈被決定而更多地思想此物而不思想他物，這在心理方面表現為一種欲望，而在生理方面就表現為身體的動作，因而從情感可以引發出各種各樣的行為。

按照斯賓諾莎的看法，情感可以分為主動的情感（action）和被動的情感（passion），他說：

> 對於這些情狀中的任何一個情狀，如果我們能為它的正確
> 原因，那麼我便認為它是一個主動的情感（actio），反之，
> 便是一個被動的情感（passio）❹。

---

❹ 斯賓諾莎：《倫理學》，頁91。

這裏所謂正確原因和不正確原因，我們必須按照斯賓諾莎自己的解釋來理解，即「通過原因可以清楚明晰認知其結果，則這個原因便稱為正確原因；反之，僅僅通過原因不能理解其結果，則這個原因便稱為不正確的或部分的原因」❹。因此，所謂正確的原因，就是指完全的充分的原因，通過此原因能夠清楚明晰理解其結果，反之，所謂不正確的原因，就是指不完全的部分的原因，通過此原因不能清楚明晰理解其結果。一個情感是主動的，是當我們自身是它的正確的、即完全的原因，也就是說，這種情感是我們自己直接活動的結果，而不是由外在事物所產生的，因而單靠我們自身就可對之清楚而且明晰地理解；反之，一個情感是被動的，是當我們自身是它的不正確的、即部分的原因，也就是說，這種情感不是我們直接活動的結果，而是由外界事物所產生，因而單憑我們自身是無法對其清楚而且明晰地理解。斯賓諾莎寫道：

> 當我們內部或外部有什麼事情發生，而我們就是這事的正確原因，這樣我便稱之為主動，這就是說，所謂主動就是當我們內部或外部有什麼事情發生，其發生乃出於我們的本性，單是通過我們的本性，對這事便可得到清楚明晰的理解。反之，假如有什麼事情在我們內部發生，或者說，有什麼事情出於我們的本性，而我們只是這事的部分原因，這樣我們便稱為被動❹。

正如笛卡爾在他的《論心靈的情感》中提出六種基本情感、

---

❹ 斯賓諾莎：《倫理學》，頁90。

霍布斯在他的《利維坦》中提出七種基本情感一樣，斯賓諾莎也提出三種基本情感作爲人類一切情感的原始情感， 這就是 快 樂 (Laetitia)、痛苦 (Tristitia) 和欲望 (Cupiditas)。欲望正如我上面所說的，乃是一種意識著的衝動，卽一種對於自身力求自我保存的衝動的自覺。衝動就是作爲人的現實本質的努力，就這種努力被認作保持人自己存在的自然趨向而言， 所以斯賓諾莎 定 義說：「欲望是人的本質自身，就人的本質被認作爲人的任何一個情狀所決定而發出某種行爲而言」❽。快樂是指「一個人從較小的圓滿到較大的圓滿的過渡」，反之，痛苦則是指「一個人從較大的圓滿到較小的圓滿的過渡」❾ 。這裏所謂圓滿就是指人的實在性，卽指人保持自身存在的努力，也卽指人的衝動和欲望，所謂較大的圓滿和較小的圓滿，卽指增加或促進人保持自己存在的努力和減少或妨礙人保持自己存在的努力，所以斯賓諾莎說：

> 快樂與痛苦乃是足以增加或減少、促進或妨礙一個人保持他自己存在的力量或努力的情感。而所謂保持他自己的存在的努力，就其同時與心靈和身體相關聯而言，卽是衝動和欲望。所以快樂與痛苦卽是指爲外因所決定而增加或減少、促進或妨礙的衝動與欲望而言，這就是說，快樂與痛苦卽是一個人的本質自身❺。

因此，欲望、快樂和痛苦都是人的本質的基本成份，因爲它們都

---

❼ 斯賓諾莎：《倫理學》，頁90。
❽ 同上書，頁139。
❾ 同上書，頁140。
❺ 同上書，頁136。

是以努力或衝動為基礎的，正是在這個意義上，斯賓諾莎不同意笛卡爾和霍布斯有太多基本情感的看法，他只把這三種情感規定為人的原始情感⑤。

按照斯賓諾莎的看法，所有其他人類情感都是從這三種原始情感而來，它們或者是由這三種原始情感組合而成，或者是由這三種原始情感派生而來，他說：

> 所有一切情感皆從欲望、快樂或痛苦派生出來，也可以說，除了這三種情感之外，沒有別的情感，所有一切不同的情感，僅不過是用來表示這三種原始情感間的關係和外在跡象的變遷之不同的名稱而已⑤。

因此我們可以憑藉這三種原始情感來定義所有其他情感，例如，愛乃是為一個外在原因的觀念所伴隨的快樂，反之，恨乃是為一個外在原因的觀念所伴隨的痛苦，同樣，希望是一種不穩定的快樂，此種快樂起於將來或過去某一事物的觀念，而對於那一事物的前途，我們還有一些懷疑；反之，恐懼則是一種不穩定的痛苦，此種痛苦起於將來或過去某一事物的觀念，而對於那一事物的前途，我們還有一些懷疑。從愛和恨這兩種派生情感又可產生更下屬的情感，如敬愛和義憤，敬愛是對於令我們驚異的對象的愛，而義憤乃是對於曾作有害他人之事的人表示恨。斯賓諾莎在

---

⑤　笛卡爾在他的《論心靈的情感》一書中，提出六種情感為基本情感：愛、恨、欲望、快樂、痛苦和驚異；霍布斯在他的《利維坦》一書中提出七種情感的基本情感：衝動、欲求、愛、憎避、恨、喜和憂。

⑤　斯賓諾莎：《倫理學》，頁151。

《倫理學》第三部分情感的界說中共列舉了48種被動的情感，其中除了驚異和輕蔑這兩種他並不認爲是情感而認爲是想像之外，其他46種情感我們都可以通過一個推演表羅列出來：

被動的情感
(Passions)

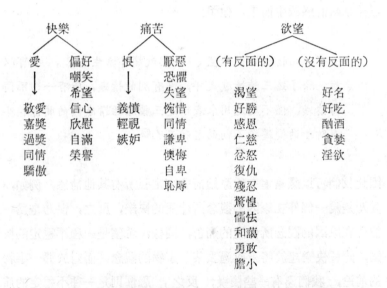

快樂		痛苦		欲望	
愛	偏好	恨	厭惡	（有反面的）	（沒有反面的）
↓	嘲笑	↓	恐懼		
	希望		失望	渴望	好名
敬愛	信心	義憤	惋惜	好勝	好吃
嘉獎	欣慰	輕視	同情	感恩	酗酒
過獎	自滿	嫉妒	謙卑	仁慈	貪婪
同情	榮譽		懊悔	忿怒	淫欲
驕傲			自卑	復仇	
			恥辱	殘忍	
				驚惶	
				懦怯	
				和藹	
				勇敢	
				膽小	

上表所列情感只是被動的情感，卽它們是就人是被動的而言的情感，或者說，它們是當人的心靈具有混淆的觀念或被外在的原因所決定而引起的情感。主動的情感乃是就人是主動的而言的情感，卽當人的心靈具有正確的觀念、心靈是主動時所出現的情感。主動的情感只包括快樂和欲望，快樂指一種從心靈對自己活動力量沉思而經驗的一種愉快感覺，而欲望則指一種借理性指導而自我保存的努力。斯賓諾莎把那種從主動的情感而來的行爲，也卽他所說的「從與能認識的心靈相關聯的情感而出的一切主動的

行爲」❸，稱之爲精神的力量 (Fortitudo)。這種精神的力量又可分爲兩種，即意志力 (Animositas) 和仁愛力 (Generositas)，前者指「每個人基於理性的命令努力以保持自己的存在的欲望」，而後者指「每個人基於理性的命令努力以扶助他人並贏得他們對他的友誼的欲望」❺。也就是說，意志力是一種追求自我保存的理性欲望，其目的只在爲行爲的當事人謀利益，反之，仁愛力是一種要求與他人一起生活並幫助他人的理性欲望，其目的在於爲他人謀福利。屬於意志力的，有節制、嚴整、行爲機警等，屬於仁愛力的，有謙恭、慈惠等。

　　情感的起源也被斯賓諾莎作了完全自然主義的解釋。構成心靈的最初成分乃是一個現實存在的身體的觀念，因此心靈的本質在於肯定身體的存在，心靈的首要的基本的努力在於肯定身體存在的努力，所以斯賓諾莎說：「我們心靈中不能有排斥我們身體的存在的觀念，因爲這樣的觀念是違反心靈的本質的」❺。身體的努力在於增加和促進自身的活動力量，因此心靈的努力也在於肯定那些足以增加和促進身體活動力量的觀念。由於我們的身體處於眾多的外界事物的包圍中，其中有些事物是促進和增加身體活動力量的，有些事物則是阻礙和減少身體活動力量的，因而引起身體產生不同的情狀，而這些情狀的觀念有些是表現了增加和促進身體活動力量的，有些則是表現了減少和阻礙身體活動力量的，但因爲心靈的努力乃是肯定那些增加和促進身體活動力量的觀念，因此這兩種觀念在心靈裏形成兩種不同的情感，即快樂

❸　斯賓諾莎：《倫理學》，頁138。
❺　同上。
❺　同上書，頁99。

和痛苦，快樂是足以增加和促進身體活動力量的情感，而痛苦則
是足以減少和阻礙身體活動力量的情感。由於心靈總是盡可能努
力去想像那些足以增加和促進身體活動力量的東西，而當它想像
到足以減少和阻礙身體活動力量的某種東西時，它將盡可能努力
回憶那足以排除這種東西存在的東西，因而產生了愛和恨，「凡
愛一物的人，必努力使那物能在他的面前，並努力保持那物；反
之，凡恨一物的人，必努力設法去排斥那物、消滅那物」⑤。以後
斯賓諾莎描述了兩條情感形成規律，即情感結合律 (the law of
Association of the Emotions) 和情感模倣律 (the law of the
Imitation of the Emotions)。情感的結合律是說：那些並不是
直接引起我們快樂、痛苦、愛和恨的對象可以成為這些情感的原
因，方法是通過想像使它們與某些我們感到快樂、痛苦、愛和恨
的東西在我們心靈內相結合，例如我們想像某物與平常引起我們
快樂或痛苦的對象具有相似的性質，即使此物現在並不存在，我
們也會對此物產生愛和恨的情感。情感的模倣律是說：那些並不
是我們快樂、痛苦、愛和恨的原因的對象可以成為這些情感的原
因，方法是通過想像我們模倣我們所愛或恨的對象對它們的情
感，例如當我們想像我們所愛的對象感到快樂或痛苦時，我們也
將隨之感到快樂或痛苦，而且我們所感到的快樂或痛苦的大小與
我們所愛對象所感到的快樂或痛苦的大小是一樣的。在《倫理
學》第三部分中，斯賓諾莎就是憑藉這兩條情感律解釋了其他一
切派生的情感。

　　從上述情感的形成過程，我們可以看出，它是與我們在認識

---

⑤　斯賓諾莎：《倫理學》，頁102。

論裏所講的想像過程是一致的，它們都是由於我們身體受到外界事物激動所產生的情狀而形成的，想像是我們憑藉我們身體的這種情狀的觀念而對於激動我們身體的外界事物的認識，這種認識旣包含外物的性質，又包含我們身體的性質，而且包含我們身體的性質更多於外物的性質，同樣，情感也是我們憑藉我們身體的這種情狀的觀念而對於激動我們身體的外界事物的反應，只是這種反應並不表現外物的性質，而是表現我們自己身體的活動力量的增加或減少、促進或阻礙。因此，情感和想像的形成過程可以說是完全一樣的，它們都是我們憑藉自己身體的情狀而形成的觀念，它們的區別僅在於：想像是通過我們身體的情狀的觀念而對於外界事物的認識，它供給我們以外在世界的知識，而情感乃是通過我們身體的情狀觀念而對於外界事物的反應，它並不供給我們以外在世界的知識，而是表現我們對於自身活動力量增加或減少、促進或阻礙的肯定。作爲想像的觀念因爲是認識的觀念，所以有正確和不正確之分，反之，作爲情感的觀念因爲是情緒的反應，所以沒有正確和不正確之分，而只有主動和被動之分。

三、情感的奴役及對其的理智克制

不過，對於我們來說，重要的是要認清情感對我們的奴役以及理性如何克制情感。

斯賓諾莎在《倫理學》第四部分一開始給我們描繪了一幅關於人的存在極其悲慘命運的圖畫。人作爲自然的一部分，是被無限多更強而有力的事物所包圍，他不僅不能完全地和正確地認識這些事物，而且他自身藉以保持其存在的力量也無限地爲這些外

界事物的力量所限制和超過，因此要一個人不是自然的一部分，
要他除了那些可單獨從他自己本性出發就能理解的變化外，也就
是說，除了那些他是其正確原因的變化外，不感受到別的變化，
乃是決不可能的（第四部分命題二、三和四），所以斯賓諾莎說
「人必然常常受制於被動的情感，順從並遵守自然的共同秩序，
並且使他自己盡可能適應事物的本性的要求」❼。而且，人不僅
必然受制於被動的情感，就是要擺脫和制服這種被動的情感也是
難之又難的，因為任何情感的力量和增長，以及情感的存在和保
持不是受我們努力保持存在的力量所決定，而是受與我們自己的
力量相較量的外在的原因的力量所決定的，而人的某一個被動的
情感的力量可以那樣地超過他的一切別的行為或力量（第四部分
命題五、六），以致人在控制和克制情感上必然軟弱無力，淪為
情感的奴隸。斯賓諾莎說：

> 我把人在控制和克制情感上的軟弱無力稱為奴役，因為一
> 個人為情感所支配，行為便沒有自立之權，而受命運的宰
> 割。在命運的控制之下，有時他雖明知什麼對他是善，但
> 往往被迫而偏去作惡事❽。

斯賓諾莎曾經引用了羅馬詩人奧維德的一首詩詩：「每日望
正道兮，心知其善，每擇惡而行兮，無以自辯」。

為了說明人在控制和克服情感上的軟弱無力，斯賓諾莎曾批
判了三種所謂心靈克制情感的理論。第一種是斯多噶學派的理

---

❼　斯賓諾莎: 《倫理學》，頁101。
❽　同上書，頁154。

論，他們認爲情感絕對依賴我們的意志，因此我們有絕對力量駕馭情感；斯賓諾莎反對這種看法，他說，即使經驗也可否證這種理論，經驗將使他們不得不承認，要想克制和調節情感，所需要的訓練與毅力確實不少，有如我們訓練家犬出去打獵和訓練獵犬見了兔子不去追逐之困難一樣。第二種是笛卡爾的理論，笛卡爾在他的《論心靈的情感》一書中曾經認爲心靈可以憑藉意志使得松果腺起種種不同的運動，從而達到控制情感的目的，斯賓諾莎反駁說，他眞不敢相信這樣一位下定決心除了依據自明的原則外決不妄下判斷，並屢次指責經院學派想用神奇的性質來解釋隱晦的事物的大哲學家，竟會提出一個比任何神奇的性質還更加神奇的假設。因爲按照笛卡爾的心身二元論，心靈和身體是毫無關聯的，心靈的力量怎麼能決定和影響身體的力量呢！更何況意志本身乃是一個不實之詞，除了表示觀念的肯定外，並不表示什麼。因此笛卡爾的理論只能是錯誤的。第三種理論就是主張善惡的知識可以克制情感，爲了反對這種理論，斯賓諾莎提出一條重要的情感規則，卽「一個情感只有通過一個和它相反的、較強的情感才能克制或消滅」[59]。因爲所謂情感乃是心靈藉以肯定其身體具有比前此較大或較小的存在力量的一個觀念，心靈之所以具有這樣一個觀念，乃是因爲身體受外界事物激動而產生了一個具有比前此較大或較小存在力量的情狀，這種身體的情狀從它自己的原因得到一種力量以保持自己的存在。因此，除非有別的外在原因激動身體使其產生一個與這一情狀相反的、並且較強烈的情狀，否則不能克制或取銷這一情狀的存在，而且也只有在身體具有了

---

[59]　斯賓諾莎：《倫理學》，頁162。

一個能克制或取銷這一情狀的新情狀，心靈才會感到這種新情狀的觀念，從而心靈才會感到一種與前此情感相反的並且較強的情感，而這種較強的情感才可以排斥或消滅原先的情感的存在。所以善惡的眞知識如果僅僅作爲眞知識而言，是決不能克制情感的，事實上有很多經驗都表明，從善惡的眞知識所產生的欲望，可以爲許多別的由刺激我們的情感而發生的欲望所壓制或克服，例如吸毒人明知吸毒是壞事，但他仍要吸毒；而且由善惡的知識所引起的欲望，特別是這種知識只是和將來相關聯，較容易被對當前甜蜜的東西的欲望所壓制或克服，例如我們明知抽煙對身體的危害，將來可能導致肺癌，但我們仍經不住香煙的現時誘惑。因此斯賓諾莎說：「就善惡的眞知識作爲僅僅的眞知識而言，決不能克制情感，唯有就善惡的眞知識被認作一種情感而言，才能克制情感」⑥，「就克制情感而論，智人與愚人之間沒有高下之分」⑥。這裏也表明了斯賓諾莎對於那些試圖通過天堂和地獄的說教來拯救人類的宗教以及那些試圖通過抽象的善惡標準來規勸人類行善的規範倫理學的反對態度。

這樣，我們就進入了斯賓諾莎倫理學的核心部分，卽理性如何克制情感，以及什麼是人的心靈的自由和幸福。

按照斯賓諾莎的看法，雖然人作爲自然界的一部分，是被無限多更強而有力的事物所包圍，其保持自己存在的力量異常有限，而且無限地爲外界事物的力量所超過，因而必然受制於被動的情感，而且還很難擺脫和克制這種情感，但是我們決不能因此而絕望，他說他之所以指出人們這種必然受情感奴役而無以自拔

---

⑥ 斯賓諾莎：《倫理學》，頁167。
⑥ 同上書，頁169。

的悲慘命運，真正的意思在於告知「了解人性的剛強有力處與了
解人性的薄弱無力處，有同等的必要，這樣我們就可以決定，對於
克制情感，什麼是理性可以為力的，什麼是理性無能為力的」❷。
因此他的目的仍在於指出一條理性真能克制情感的奴役、並獲得
心靈的自由和幸福的切實途徑，這條途徑就是他所說的，「只從
心靈的知識去決定醫治情感的藥劑」❸，也就是以心靈對自然的
真知識去征服情感的途徑。

　　正如我們在前面所說的，情感的形成基於心靈的想像，是心
靈憑藉自己身體的情狀的觀念而對於外界事物的一種反應，以表
現自己對於身體活動力量的增加或減少的肯定，因此，情感之所
以對我們來說是被動的，或者說，我們之所以受制於情感而不得
解脫，乃是因為我們依據於想像的認識，這一點斯賓諾莎講得很
清楚，他說：

　　　　只要我們僅僅知道想像事物，或者只要我們受感觸而起某
　　　　種情感，這種情感包含我們身體的性質和外界物體的性質
　　　　時，那麼我們必然被動❹。

而什麼叫我們的被動呢？那就是我們對於激動我們身體的外界事
物沒有正確的觀念，因為按照《倫理學》第三部分命題一，我們
的心靈「只要具有正確的觀念，它必然主動；只要具有不正確的
觀念，它必然被動」，所以斯賓諾莎說：

---

❷　斯賓諾莎：《倫理學》，頁169。
❸　同上書，頁223。
❹　同上書，《倫理學》，頁134。

> 快樂、痛苦以及由它們組合而成或從它們派生出來的情感，乃是被動的情感，只要我們一有了不正確的觀念，我們便必然被動，並且只因爲我們有了不正確的觀念，我們才必然被動❻。

因此，我們可能擺脫情感奴役，從而使我們從被動狀態轉變成主動狀態的唯一途徑，只在於以一種理智的認識替代想像的認識，使我們對事物具有的不正確的觀念轉變成正確的觀念。

這樣，斯賓諾莎把他的倫理學探討與他的認識論探討結合了起來。在認識論中，他特別強調想像和理智這兩種認識方式的巨大區別，以指出理智才是我們達到事物眞知識的唯一途徑，現在，在倫理學裏，他也特別強調這兩種認識方式在對待和處理情感方面的巨大差別，以指出唯有通過理智才能克服想像所造成的情感對於我們的奴役，亦唯有通過理智才能使我們達到心靈的自由和幸福。

他的論證是依據這樣一個基本假定：「如果我們使心中的情緒或情感與一個外在原因的思想分開，而把它與另一個思想聯接起來，那麼對於那外在原因的愛或恨以及由這些情感所激起的心靈的波動，便將隨之消滅」❻。這裏所謂思想我們應當理解爲觀念。因爲構成愛或恨等情感本質的東西，乃是伴隨著一個外在原因的觀念而引起的快樂或痛苦，假如現在我們把這個外在原因的觀念排除掉，或用另外一個觀念去代替這個觀念，那麼愛或恨等情感的本質也就隨之被排除掉，或者被改變，因此這些情感和由

<hr />

❻　斯賓諾莎：《倫理學》，頁134。
❻　同上書，頁223-224。

這些情感所激起的任何其他情感也將被消滅。

　　根據這一基本假定，斯賓諾莎提出了如下五種理性克制被動情感的主要方法：

　　（一）以清楚明晰的正確觀念替代混淆的不正確觀念來克服被動的情感，見《倫理學》第五部分命題三：「一個被動的情感只要當我們對它形成清楚明晰的觀念時，便立即停止其爲一個被動的情感」。這也就是以我們對自身情感的正確理解來克服被動情感的方法，他說：

> 每一個人都有清楚明晰地了解他自己和他自己的情感的力量，因此他可以使他少受情感的束縛。所以我們主要的努力對每一情感盡可能獲得清楚明晰的知識，這樣就可以引導心靈由那個情感而去思想它所能清楚明晰認識、且能完全令心靈感到滿足的東西，並且可以使那個情感與它的外在原因的思想分離開，並與眞思想相結合。這樣，不僅愛、恨等情感可以消滅，而且習於從這種情感發生的欲望或要求亦不會過度⑰。

例如，人的本性總是想他人依照他的意思而生活，這種欲望在一個不具有正確觀念的人，或者說沒有理性指導的人那裏，顯然就是被動的情感，我們可以叫做野心，與驕傲無異；反之，這種欲望在一個具有正確觀念的人，或者說依理性指導的人那裏，則是主動的德行或德性，叫做責任心。同樣，所有其他的要求或欲

---

⑰　斯賓諾莎：《倫理學》，頁225。

望，只有起於不正確的觀念，才算是被動的情感，而凡是爲正確的觀念所引起的或產生的欲望，才屬於德性之內，因此斯賓諾莎說：「在我們能力範圍內去尋求克制情感的藥劑，除了力求對於情感加以眞正理解外，我們實想不出更良好的藥劑了，因爲我們上面已指出過，人的心靈除了具有思想的力量和構成正確觀念的力量以外，沒有別的力量」⑱。

（二）以對事物必然性的知識替代單純想像的知識來克服被動的情感，見《倫理學》第五部分命題六：「只要心靈理解一切事物都是必然的，那麼它控制情感的力量便愈大，而感受情感的痛苦便愈少」。這也就是以對事物的必然性的知識來克制被動情感的方法。自然界中的任何事物的產生或消滅，都有其必然產生或消滅的原因，如果我們認識到它們之所以產生或消滅的必然原因，那麼我們對它們所產生的各種被動情感也就會減輕。斯賓諾莎說：

> 心靈可以理解一切事物都是必然的，並且可以理解一切事物的存在與動作都是被無限的因果聯繫所決定的，因此心靈可以少受這些事物所引起的情感的痛苦，而且心靈也可以少受這些事物的激動⑲。

斯賓諾莎從生活中舉出許多經驗來證明這一方法的可行性，譬如，當我們陷於極悲慘的境遇而萬分痛苦時，如果我們認識到我

---

⑱　斯賓諾莎：頁225-226。
⑲　同上書，《倫理學》，頁226。

們之所以陷於這種命運乃是必然的，即使別人處於我們這種地
位，也會必然是這樣，那麼我們的痛苦可能會得到減輕；再如，
某人因失掉了他心愛的人或物本感到痛苦，但當他認識到他所失
掉的人或物在任何情況下都是不可避免的，那麼他的痛苦也會得
到減輕；同樣，我們決不會因爲一個嬰孩不能說話、不能走路或
不會推理而憐憫他，因爲我們不會認爲嬰孩不能做這些事乃是自
然的過失或缺陷，而是認爲這些對於人的幼稚時期乃是自然的和
必然的，所以斯賓諾莎寫道：

> 那個能正確理解事物莫不出於神性之必然、莫不依自然的
> 永恒律令而發生之人，事實上將必不會發現任何值得恨、
> 笑或輕視的東西，也將必不會憐憫任何人，而只就人的德
> 性之所能達到的力量，努力去做善事，也可以說，努力去
> 求快樂[70]。

　　（三）以理智的秩序替代想像的秩序去整理或聯繫身體的情
狀來克服被動的情感，見《倫理學》第五部分命題十：「只要我
們不爲違反我們本性的情感所侵擾，我們便有力量依照理智的秩
序以整理或聯繫身體的情狀」。這裏實際上是強調理性的信條或
準則對於情感的支配作用。我們的情感之發生，乃基於我們的想
像，也就是依賴於我們用想像的秩序去整理和聯繫我們身體的情
狀，現在如果我們不依想像的秩序，而依理智的秩序去整理和聯
繫我們身體的情狀，那麼我們就不會爲被動的情感所侵擾。斯賓

---

[70]　斯賓諾莎：《倫理學》，頁193。

諾莎說:

> 根據能將身體的情狀加以適當的整理和聯繫的力量，我們
> 便可不致易於爲惡的情感所激動。因爲要想克制依照理智
> 的秩序排列著或聯繫著的情感，比起克制那不確定、不堅
> 定的情感實需要較大的力量。所以只要我們對於我們的情
> 感還缺乏完備的知識時，我們最好是訂立一個正確的生活
> 指針或確定的生活信條，謹記勿忘，不斷地應用它們來處
> 理日常生活中發生的特殊事故，這樣庶可使我們的想像力
> 受到這些指針和信條的深刻影響，感到它們隨時均在心目
> 中⑦。

　　例如，在我們受到某人的侮辱時，如果我們想到我們眞正的
幸福在於相互的友誼和親善，並以這種理性信條指導自己的生
活，那麼我們就會寬宏大量地對待別人的侮辱，使自己獲得心靈
的至高寧靜。不過，斯賓諾莎告誡我們說，這一方法要取得有效
的結果，首先我們必須對於理性信條或原則有充分的理解，而且
對它們充滿深厚的愛，他說，凡是純因愛自由之故而努力克制其
情感與欲望的人，將必盡力以求理解信條和原則形成的原因，且
將使心靈充滿著由對關於信條和原則的正確知識而引起的愉快，
這樣他才能最後達到制服被動情感的目的。

　　（四）以對情感的多方面原因的思考替代對情感的單方面原
因的思考來克服被動的情感，見《倫理學》第五部分命題九：

---

⑦　斯賓諾莎：《倫理學》，頁229。

「一個與許多不同的原因相關聯的情感，如心靈能同時考察這個情感及其許多不同的原因，則比起只與一個原因或較少原因相關聯的同樣有力的情感其爲害少，我們感受痛苦也少，而我們受每一原因的激動也少」。這也就是以對情感的全面認識或以對多種事物的認識來制服被動情感的方法。這一點在我們的生活中也是明顯的，例如，當我們心情煩悶，特別是被某一人或一事激怒的時候，如果我們放開思想，多考慮一些別的事物，我們的情感就會減弱，心情也會轉爲平靜。再如，當某人太急於追求榮譽，我們且讓他思考榮譽的正當用處、他所以要追求榮譽的目的，以及他怎樣獲得榮譽的方法，這樣他的急於追求榮譽的情緒就會得到抑制，並很可能以一種正當的途徑去取得榮譽。

（五）以對自身德性的充分理解和理智的愛來克服被動的情感，見《倫理學》第五部分命題四十二：「幸福不是德性的報酬，而是德性自身；並不是因爲我們克制情感，我們才享有幸福，正相反，乃是因爲我們享有幸福，所以我們能够克制情感。」前面四種方法均是通過對於我們的情感和激動我們的外界事物的正確理解來達到克服情感的目的，因此我們可以叫做外在的方法，通過這些方法雖然在某種程度上可以使我們的情感得到抑制，但它們不能絕對地制服情感，所以斯賓諾莎說，「我們並沒有克制情感的絕對權威」[72]。因此他需要找尋一種根本的內在的方法，以達到絕對征服被動情感的目的，這就是通過對於我們自身的德性，也就是通過對於我們心靈最高的善的充分理解和理智的愛以獲得心靈最終解放的途徑。如果說前面四種方法均是知識

---

[72]　斯賓諾莎：《倫理學》，頁220。

型的方法，那麼最後這種方法就是倫理型的方法，它是以一種最純粹最高潔的情感——對神的愛——來征服一切困擾人的被動情感，以達到靈魂的最高滿足。斯賓諾莎說：

> 心靈愈能享受這種神聖的愛或幸福，他便愈能理解；換言之，心靈控制情感的力量將愈大，而且心靈受惡劣情緒的損害將愈小；所以這正是由於心靈享受這樣神聖的愛或幸福，因而它才是具有克制情感的力量(73)。

不過，這種愛或情感在斯賓諾莎這裏也是一種知識，即對神的知識，他說：「心靈的最高的善是對神的知識，心靈的最高的德性是認識神」(74)。凡是從神的知識出發來認識一切的人，他的心靈和德性達到最高的完滿，因爲此時「他的靈魂是不受激動的，而且依某種永恆的必然性能自知其自身，能知神，也能知物，他決不會停止存在，而且永遠享受著眞正的靈魂的滿足」(75)。斯賓諾莎有時把心靈的這種最高境界稱之爲宗教：「當我們具有神的觀念或當我們認識神的時候，我們一切的欲望和行爲皆以我們自己爲原因，我認爲這就算是宗教」(76)。人達到了這種境界，就能「在永恆的形式下」觀認一切，同時自己的心靈也得到了徹底的解放，成爲永恆的心靈。不過，斯賓諾莎也指出，這是一條極爲艱難之路，它需要我們終身爲之奮鬪，他說，「由這條道路那樣

(73) 斯賓諾莎：《倫理學》，頁248。
(74) 同上書，頁175。
(75) 同上書，頁249。
(76) 同上書，頁183。

很少被人發現來看，足以表明這條道路誠然是很艱難的」，但是
「這確實是我們可以尋求得到的道路」，我們決不能因為它很少
為人所發現而忽視這條崎嶇難走之路，因為「一切高貴的事物，
其難得正如它們的稀少一樣」⓲。

四、自由人的哲學

由上述心靈克制情感的種種方法我們可以得知，心靈之所以
能控制情感，僅在於心靈具有理智的力量，心靈因具有這種力
量，所以它能對於情感及其對象具有正確的必然的全面的知識，
能將情感本身與我們混淆想像著的外在原因分開，能將情感與許
多別的原因相聯繫，能將情感按照理智的秩序加以重新的整理，
特別是能獲得最高的永恆的知識即對神的知識。因此，心靈制服
情感的力量，就是心靈的理解和認識的力量，特別是心靈的對神
的理解和認識的力量。剛強有力的心靈和薄弱無力的心靈、主動
的心靈和被動的心靈，其根本的差別就在於是否具有知識，特別
是否具有神的知識。

這樣，我們就可以理解斯賓諾莎所說的奴隸和自由人的差別
了。奴隸就是受情感或意見支配的人，他不求理解而行動，或者
說他行動而不知所以然；反之，自由人則是為理性指導的人，他
不為任何盲目的情感或意見所支配，他的行動基於充分的理解，
或者說純出於自身，斯賓諾莎寫道：

⓲　斯賓諾莎：《倫理學》，頁249。

> 受情感或意見支配的人和爲理性指導的人，其區別何在？
> 前者的行爲，不論他願意與否，完全不知道他所作的是什
> 麼；而後者的行爲，不是受他人的支配，而是基於自己的
> 意志，而且僅作他所認識到在他的生活中最爲重要之事，
> 亦卽僅追求他所願望的對象。因此我稱前者爲奴隸，稱後
> 者爲自由人[78]。

自由人首先就是純依理性指導的人。何爲依理性的指導？卽
依自己本性的法則而行，以努力保持自己的存在；因此純依理性
指導的人，就是「在尋求自己的利益的基礎上，以理性爲指導
而行動、生活和保持自我的存在」[79] 的人。凡依理性指導的人，
他所做的任何事，都是最符合我們生存要求、最爲有益於我們的
事，也就是能使我們達到最高完善的事。

自由人也就是對己、對物和對神最具有透徹知識的人；因爲
所謂理性無非只是對己、對物和對神的透徹知識或理解；所謂依
理性指導而行，無非只是按照自己關於自身、外物和自然的知識
而行。凡具有這種透徹知識或理解的人，其心靈不受任何情感的
支配，心靈獲得最大的寧靜，在永恆的形式下觀認自然的一切必
然變化。

自由人也是最爲樂觀、充滿生之信念的人，因爲凡是能正確
理解事物莫不出於神性之必然、莫不依自然的永恆律令而發生的
人，將不會具有任何痛苦、憂鬱或其他妨礙自我保存的情感；

---

[78] 斯賓諾莎：《倫理學》，頁205。
[79] 同上書，頁173。

「自由人絕少想到死，他的智慧不是死的默念，而是生的沉思」⑧。

　　自由人也是最有力量、最爲主動的人。自由人是純依理性指導的人，因此他所做的任何事，都不是由任何外物所決定，而是單獨由他的本質所決定，並單獨通過他的本質所理解，所以他是最爲主動和最有力量的人。斯賓諾莎以智人和愚人的對比來說明自由人的一種主動性和堅強力量：

> 愚人在種種情況下單純爲外因所激動，從來沒有享受過眞正的靈魂的滿足，他生活下去，似乎並不知道他自己、不知神，亦不知物，當他一停止被動時，他也就停止存在了。反之，凡是一個可以眞正認作智人的人，他的靈魂是不受激動的，而且依某種永恆的必然性能自知自身、能知神，也能知物，他決不會停止存在，而且永遠享受著眞正的靈魂的滿足⑧。

　　最後，自由人永遠是認識自然的永恆必然性的人，並且按照這種永恆必然性而行動的人。正如上面所述，不論是自由人的理性、知識、信念，還是自由人的行動和力量，最終都是出於他對神性的必然性的理解，因此他的行動決不是隨心所欲和恣意妄爲，而是遵循自然的永恆法則的必然結果。斯賓諾莎把這種與整個自然的法則相和諧的行動稱之爲心靈的最高滿足，他說：「如果我們清楚明晰地了解這點，則我們爲理智所決定的那一部分，亦卽我們的較高部分，便可得到充分的滿足，而且要努力保持在這種

---

⑧　斯賓諾莎：《倫理學》，頁205-206。
⑧　同上書，頁248-249。

滿足裏。因爲我們既了解我們只能追求有必然性之物，則我們只有對於眞理才能滿足。所以只要我們對於這點有了正確的了解，則我們的較高部分的努力將可與整個自然的法則諧和一致」[82]。

這也就是斯賓諾莎整個哲學的最終目的，卽尋求「人的心靈與整個自然相一致的知識」[83]。

從上述我們可以看出，斯賓諾莎把自由人的基礎是建立在對必然性的認識之上的，因此，自由，在斯賓諾莎看來，就是對必然性的認識，以及由此種認識而來的行動。

我們需要對斯賓諾莎這種自由觀念作一些哲學的解釋。按照通常的看法，自由是與必然相對立的，凡是自由的，就不是必然的，反之，凡是必然的，就不是自由的，而斯賓諾莎在這裏卻把這兩個似乎互不相容的東西結合了起來，以致自由成了所認識的必然。要理解斯賓諾莎這種觀點，我們必須返回到他的本體論卽自然系統，在那裏他區分了兩種必然，卽內在的或自由的必然和外在的或強制的必然。在斯賓諾莎看來，一物之所以被稱之爲必然的，有兩種方式，或者是由於該物的本質，或者是由於該物的外因，他說：

> 一物之所以稱爲必然的，不由於其本質使然，卽由於其外因使然，因爲凡物之存在不出於其本質及界說，必出於一個一定的致動因[84]。

---

[82] 斯賓諾莎：《倫理學》，頁218-219。
[83] 斯賓諾莎：《知性改進論》，頁21。
[84] 斯賓諾莎：《倫理學》，頁30。

這就是說，事物有兩種必然，一種必然是由於其內在本性，卽出於其內在本質或界說，一種必然是由於它的某個外因，卽出於某個在它之外的致動因，凡是出於事物自身內在本性的必然，我們可以叫做內在的必然，反之，凡是出於事物自身之外的某個原因的必然就叫做外在的必然。按照斯賓諾莎的看法，內在的因素就是自由的因素，反之，外在的因素則是強制的因素，所以他在《倫理學》第一部分裏給自由和必然下的定義是：

> 凡是僅僅由自身本性的必然性而存在，其行爲僅由它自身決定的東西叫做自由，反之，凡一物的存在及其行爲均按一定的方式爲他物所決定，便叫做必然或受制⑧。

由此可見，斯賓諾莎所定義的自由，其實並不是我們一般所理解的那種與必然相分離或對立的自由，而是一種必然，只不過這種必然不是外在的必然，而是內在的必然，卽一種不是出於外在原因，而是出於自身內在本性的必然。自由和必然的區別不在於一個不是必然，另一個是必然，而在於它們兩者都是必然，只不過一個是內在的或自由的必然，另一個是外在的或強制的必然。

斯賓諾莎曾經在一封給友人的信中這樣解釋了他關於自由和必然的觀點，他說：「現在轉到他說是我的那個自由的定義上來，但是我不知道他是怎樣理解的。我是說凡是僅僅之由其自身本性的必然性而存在和行動的事物是自由的，反之，凡一物的存在和行動均按一定的方式爲他物所決定則爲受制。例如，神雖然

---

⑧　斯賓諾莎：《倫理學》，頁4。

存在是必然的，但它是自由地存在，因爲它是僅僅由於他自己本性的必然性而存在，所以神也自由地認識其自身和絕對地認識一切事物，因爲僅從它自身的本性的必然性就可推知它能認識一切事物。因此，您可以看到，我並沒有把自由放在自由的決定上，而是置於自由的必然上」⑧。從斯賓諾莎這裏關於神的自由的解釋，我們可以看出，他所謂的自由就是指內在的必然，他所說的「自由的必然」(Libera necessitas) 這一用語最清楚地表現了這一點。

如果我們用這種自由觀念來考察人的行爲，那麼我們就可以清楚理解何爲人的自由了。人作爲有限樣態，正如其他個別事物一樣，其行爲也必然受兩種因素所決定，或者是由某個或某些外因所決定，即由某個或某些同樣有限的、且有一定存在的個別事物所決定；或者是由人自身的內在本性或本質所決定，即由作爲人的現實本質的追求自我保存的努力所決定。在前一種情況下，由於決定人的行爲的東西是外因，所以他的行爲的必然性是一種外在的必然性，因而這種行爲不是自由的；但在後一種情況下，由於決定人的行爲的東西是人自身的內在本性或本質，即他自身的努力，所以人的行爲的必然性就不是一種外在的必然性，而是一種內在的必然性，因而他的行爲就是自由的；例如，我爲了保持自己身體健康，我每天堅持體育鍛鍊，雖然我進行體育鍛鍊這一行爲也是由於一個原因所決定的，因而也是必然的，但因爲這個原因不是外因，而是出於我自身的努力，即竭力保持自身存在的追求，因此當我主動進行體育鍛鍊時，我就不是受制於強迫的

---

⑧ 見《斯賓諾莎書信集》，頁294。

或外在的必然，而是基於一種內在的或自由的必然，因而我的行爲就是自由的。

自由是對必然的認識，也必定使自由永遠是現實的和可行的。人的自由不能使人去做他所不能做的事，也不能使人不去做他所能做的事，如果人的自由能使人去做他所不能做的事，或使人不去做他所能做的事，那麼這種自由決不是眞正的自由，而是一種虛幻的想像的自由。對於斯賓諾莎來說，自由永遠是發自自身內在本性的一種現實的必然活動。

由此，斯賓諾莎得出他的整個學說必然會給人類帶來四大效用：

第一，他的學說將使我們認識到自己的一切行爲唯以神的意志爲依歸，我們愈益知神，我們的行爲愈益完善，我們參與神性也愈多。所以這個學說不僅足以使心靈隨處恬靜，且足以指示我們至善或最高幸福唯在於知神，且唯有知神方足以引導我們一切行爲都以仁愛和眞誠爲準。

第二，他的學說將使我們如何正確應付命運中的事情，或者不在我們力量以內的事情，即不出於我們本性中的事情，因爲這個學說教導我們對於命運中的幸與不幸皆持同樣的心情去鎭靜地對待和忍受，因爲我們知道一切事物都依必然法則出於神的永恒命令，正如三內角之和等於兩直角之必然出於三角形的本質一樣。

第三，他的學說將使我們不憎恨人、不輕蔑人、不嘲笑人、不忿怒人，不嫉妒人，而唯以滿足自己和扶助他人爲己任，專心致力於增進人類的調協和友誼，促進公共的福利。

第四，他的學說對於政治的公共生活也不無補益，因爲它足

以教導我們依什麼方式來治理和指導公民， 才可使人民不爲奴隸，而能自由自願地作最善之事。

第七章　斯賓諾莎在哲學史上的影響

　　斯賓諾莎在他生前和死後相當長的一段時期內一直被人指責為「無神論者」。如果「無神論者」這一名稱是在我們現在的意義上加以理解，那麼應當說這是斯賓諾莎當之無愧的光榮稱號；但是在當時，由於統治階級的欺騙和神學家們的宣傳，「無神論者」在人們心中卻是一個大逆不道的褻瀆名稱，而且同追求財富、貪求享樂、放縱肉慾等不道德的行爲聯繫在一起，因此斯賓諾莎不僅遭到神學家們的惡毒攻擊，而且也受到一些思想家和哲學家們的歧視。培爾（Pierre Bayle, 1647-1706）在《歷史和批判辭典》裏對斯賓諾莎的評價可能是這一時期對斯賓諾莎的正統看法。培爾一方面讚揚斯賓諾莎的人格，說他是一位「和藹可親的、友好的和完全善良的人」，另一方面卻對他的無神論的學說表示極端的厭惡，認爲他的哲學乃是「最最荒誕不經的假說」❶。這種看法一直影響到十八世紀法國啟蒙思想家和百科全書派哲學家，雖然這些思想家和哲學家在自己的理論裏運用了斯賓諾莎關於實體是自因的、無限的和唯一的自然學說，並且對於斯賓諾莎的爲人極爲尊敬，讚揚他的擯棄塵世一切享樂的清貧生活和獨立

---

　　❶　培爾：《歷史和批判辭典》，斯賓諾莎辭條。

人格，但是對於他的哲學卻表示極端的鄙視，認爲他的哲學是晦
澀的懷疑論，是把幾何學公式和形而上學詞彙加以荒謬聯繫的變
戲法❷。在英國，斯賓諾莎的處境更壞，據說霍布斯當看到別人
給他的斯賓諾莎遺著時說：「不要認爲別人對你沒有批評」❸。
巴克萊 (Berkeley) 實際上是讀過斯賓諾莎的著作，並且還從《倫
理學》和《書信集》裏做了一些引證，但他把斯賓諾莎和霍布斯
的無神論一起加以謾罵，認爲他們純屬於「狂誕的幻想」❹。大
衞・休謨 (David Hume) 則更是攻擊不遺餘力，說斯賓諾莎無
神論的基本原則乃是「駭人聽聞的假設」❺。因此，正如斯賓諾
莎自身在他短暫的有生之年受到極爲不公的對待一樣，他的哲學
在他死後也遭受到了可悲的命運，差不多有一個世紀的漫長時期
他一直處於「死狗」（引自萊辛語）的地位。

　　不過，這時期有一個人是對斯賓諾莎了解的，這就是不僅眞
正讀過斯賓諾莎著作，而且親自與斯賓諾莎接觸交談過的德國大
哲學家萊布尼茲。從斯賓諾莎的傳記和通信裏我們知道，萊布
尼茲早在 1671 年多天就同斯賓諾莎有關於數學和光學問題的通
信，斯賓諾莎不僅作了答覆，而且還寄贈一本《神學政治論》給
他。四年後，萊布尼茲在巴黎遇見了斯賓諾莎的一位朋友，曾
請他轉致意斯賓諾莎給他一部《倫理學》抄本。1676 年萊布尼
茲還專程來海牙看視斯賓諾莎，並且同他作了很長時間的學術討
論，臨別時還帶走了一部《倫理學》手稿。

---

❷　參見《美國哲學百科全書》，斯賓諾莎條目。
❸　轉引自羅斯 (L. Roth) 的《斯賓諾莎》，頁199。
❹　見弗拉策編的《巴克萊著作集》卷 2，頁334。
❺　大衞・休謨：《人性論》，頁270。

　　從表面上看來，萊布尼茲的哲學正好是斯賓諾莎的對立面。
斯賓諾莎認爲自然中每一事物如果不與其他事物發生聯繫就不能
存在，也就是說，他主張只有一個東西存在，卽一切事物相互聯
繫所形成的最高存在系統。而萊布尼茲的主張正相反，他認爲存
在的事物都是自我封閉而不發生關係的，單子沒有窗戶，宇宙是
由不相聯繫的個體所組成。斯賓諾莎是一元論者，而萊布尼茲則
是多元論者。但是，這決不是說萊布尼茲沒有任何受惠於斯賓諾
莎的地方，事實上萊布尼茲關於個體事物所講的，正是斯賓諾莎
關於系統所講的話，他的靈魂理論、先定和諧學說以及自由和圓
滿性理論都緊密地依賴於斯賓諾莎的觀點，正如萊布尼茲自己在
1678年的一封信裏所承認的，「已故的斯賓諾莎先生的遺著終於
出版了。我在其中發現有許多好的思想是類似於我的，正如我的
一些朋友所知道的，而這些朋友也是斯賓諾莎的朋友」❻。不
過，正如大多數德國思想界庸人一樣，萊布尼茲的心胸是非常狹
窄的，在斯賓諾莎死後，雖然他極力想獲取斯賓諾莎的著作，然
而他卻閉口不談他同斯賓諾莎的關係，並且曾經因爲他的名字出
現在斯賓諾莎遺著的書信集裏感到很惱火，以致萊布尼茲曾受到
這位海牙哲人的影響這一事實被埋沒了很久，直到上一世紀斯太
因 (L. Stein) 的《萊布尼茲和斯賓諾莎》（柏林，1890）一書
出版，我們才知道這兩位大哲學家思想聯繫的眞相。

　　正當斯賓諾莎在歐洲各國默默無聞處於「死狗」的地位時，
1780年德國偉大的文學批評家萊辛 (G. E. Lessing, 1729-1781)
同雅可比 (F. H. Jacobi, 1743-1819) 的談話重新揭示了已被埋

---

❻　轉引自羅斯的《斯賓諾莎》，頁206。

沒了一百多年之久的斯賓諾莎哲學的眞正價值。這是由於一個偶
然的機會，在萊辛死後雅可比問一個爲萊辛作傳的名叫門德爾松
（M. Mendelssohn，1729-1786）的人是否知道「萊辛曾經是一
個斯賓諾莎主義者」，從而雙方展開通信辯論而引出的。萊辛在
與雅可比的談話中表示了他對斯賓諾莎的崇拜和尊敬，稱斯賓諾
莎爲他的老師，並說「除了斯賓諾莎哲學外，沒有別的哲學。」
雅可比雖然是從沃爾夫（Christian. Wolff，1679-1754）對斯賓
諾莎的批駁中知道斯賓諾莎思想的，但在萊辛的啓發下，他沒有
像他同時代人那樣蔑視斯賓諾莎，而是努力去理解這位哲學家，
經過深入鑽研斯賓諾莎著作，使他確信：「如果我們要成爲哲學
家的話，那麼沒有別的選擇，我們只能是斯賓諾莎主義者」❼。

　　萊辛和雅可比的談話以及由此而引起的雅可比和門德爾松關
於斯賓諾莎的論戰，可以說是斯賓諾莎哲學在德國的復興（Re-
naissance）。自此之後，斯賓諾莎和康德同爲支配德國哲學潮流的
兩大柱石。康德雖然在他前大半生很少提到斯賓諾莎，而且往往
是批判性的引證，但在他晚年突然感到斯賓諾莎重要了，把斯賓
諾莎看成他自己的先驗唯心論的先驅，他說：「先驗唯心論就是
把客體置於其自身觀念總和裹的斯賓諾莎主義」❽。費希特（J.
G. Fichte, 1762-1814）在他年輕的時候就受過斯賓諾莎的影響，
熱烈讚揚他的萬物受制於必然的決定論觀點，並把自己的哲學稱
之爲「眞正的系統的斯賓諾莎主義」❾。謝林（F. W. J. von
Schelling，1759-1805）曾把他自己的同一哲學與斯賓諾莎哲學

---

❼　轉引自羅斯《斯賓諾莎》，頁208。
❽　《康德全集》卷22，頁64。
❾　《費希特著作集》卷1，頁317。

加以對比，說他的哲學與斯賓諾莎的哲學，猶如「完善的希臘雕像」之於「呆板的埃及原作」一樣❿，他的所謂「理智的直觀」(intellectuale Anschauung) 就是斯賓諾莎的「在永恒的形式下」觀認一切事物。黑格爾更是對斯賓諾莎哲學表示無限的崇敬，他說：「斯賓諾莎是近代哲學的重點，要麼是斯賓諾莎主義，要麼不是哲學」，「要開始研究哲學，就必須首先作一個斯賓諾莎主義者」⓫。如果我們深入研究一下德國古典哲學史，那麼我們將會清楚看到，正是通過斯賓諾莎的體和用、一和多、實體和樣態、無限和有限、絕對和相對這些概念在德國思辨哲學裏的辯證展開，德國古典哲學才得以發展，從本質上看，德國思辨思想無非只是發展了的斯賓諾莎主義⓬。不過，在德國這些唯心論哲學大家那裏，斯賓諾莎哲學性質是單方面被發揮了的，他們大都是以唯心主義精神來解釋斯賓諾莎，結果使斯賓諾莎的實體變成了一種抽象的思辨本質，喪失了對自然的具體關係。依照黑格爾的看法，斯賓諾莎的實體「只是直接地被認作一普遍的否定力量，就好像只是一黑暗的無邊的深淵，將一切有規定性的內容皆徹底加以吞噬，使之成爲空無」⓭，因而他認爲，斯賓諾莎哲學與其說是無神論，還不如說是無世界論，因爲他那裏大大地有神，只是完全沒有世界⓮。

斯賓諾莎此時不僅得到哲學家的稱讚，而且也受到許多文學

---

❿ 謝林：《關於人的自由的本質的哲學討論》，轉引自海涅《論德國宗教和哲學的歷史》，頁68。

⓫ 黑格爾：《哲學史講演錄》卷4，頁100-101。

⓬ 有關這方面的詳細情況請參閱拙著《斯賓諾莎與德國哲學》，德文版，1989年。

⓭ 黑格爾：《小邏輯》，頁316。

⓮ 黑格爾：《哲學史講演錄》卷4，頁126。

家和詩人的讚美。詩人兼哲學家赫爾德 (J. G. Herder, 1744-1803) 和諾瓦里斯 (F. L. Novalis, 1772-1801) 稱崇斯賓諾莎是「醉心於神」的聖人。歌德更是對斯賓諾莎的著作愛不擇手，曾數度研究斯賓諾莎的《倫理學》，說斯賓諾莎給他的靈魂帶來了寧靜和順從，這位猶太哲學家的著作散發了一種泰然自若和克己自制的清新氣息。歌德對斯賓諾莎的傾愛，曾經使赫爾德不快地喊道：「如果歌德能拿起一本斯賓諾莎之外的拉丁文書籍，那該有多好！」❶⑤ 歌德的感受迅速傳染給了海峽彼岸的英格蘭，湖畔詩人柯爾雷治曾經滿腔熱情地論述了斯賓諾莎的思想，浪漫派詩人雪萊曾發願翻譯《神學政治論》，而另一位浪漫派詩人拜倫答應為此書作序。一般來說，浪漫主義者是用他們那種對整體的情感和那種傾向於詩意般的半神秘的自然觀來理解斯賓諾莎，因而斯賓諾莎體系裏的泛神論因素被誇張了。

繼黑格爾之後，唯物論哲學家也對斯賓諾莎表示最大的尊敬，例如費爾巴哈 (L. Feuerbach, 1804-1872) 曾這樣解釋過斯賓諾莎：

> 如果我們一旦不再有存在於上帝之外的世界，那麼我們也就不再有存在於世界之外的上帝，不再有任何只屬理想的、想像的實體，而只有一個實在的實體。這樣，用一句話來說，我們便有了斯賓諾莎主義或泛神論❶⑥。

按照費爾巴哈的看法，斯賓諾莎說上帝是一種有廣延的實體乃是

---

❶⑤ 引自海涅：《論德國》，頁101。
❶⑥ 費爾巴哈：《未來哲學原理》，頁22。

表達了「近代唯物論傾向」的真正的哲學說法，他把斯賓諾莎推崇為「現代無神論者和唯物論者的摩西」**⑰**。隨之卡爾·馬克思和弗里德里希·恩格斯給予斯賓諾莎哲學以「當時哲學的最高榮譽」，認為斯賓諾莎哲學並沒有被同時代的自然知識的狹隘狀況引入迷途，它「堅持從世界本身說明世界，而把細節方面的說明留給未來的自然科學」，並把斯賓諾莎看作是近代哲學史上「辯證法的卓越代表」**⑱**。鑑於馬克思主義哲學的基本觀點是這樣接近於斯賓諾莎的哲學觀點，俄國馬克思主義哲學家普列漢諾夫（G. Plechanov, 1856-1918）曾把馬克思主義說成是「一種斯賓諾莎主義世界觀」**⑲**。

在現代，正如海涅在上世紀所預言的，「所有我們現代的哲學家，也許常不自覺地用斯賓諾莎所磨製的眼鏡在觀看世界」**⑳**。例如，像尼采這樣一位反對一切權威的偉大哲學家也對斯賓諾莎表示令人吃驚的尊敬，他在1881年夏天讀了庫諾·費舍的《斯賓諾莎》一書後對他朋友寫道：

> 我簡直完全驚呆了，完全着迷了，我竟有了這樣一位先輩……不僅他的那種獨異的傾向是類似我的，即知識要成為最有力的情感，而且他的五個主要觀點也是我所承認的，以致這位最奇特和最孤獨的思想家在下面這些觀點上最接近於我：他否認意志自由、目的論、世界道德秩序、公共利益和罪惡。即使說我們之間有非常明顯的差別，但這種

---

⑰ 費爾巴哈：《未來哲學原理》，頁24-25。
⑱ 《馬克思恩格斯全集》卷3，頁59、449。
⑲ 普列漢諾夫：《馬克思主義基本問題》，見《新時代》卷16，第2冊(1898)，頁22、554。
⑳ 海涅：《論浪漫派》，頁100。

差別主要是由於時代、文化和科學背景所造成的。總之，
我的孤寂——正如在高山頂上這孤寂使我呼吸困難和心跳
加快——至少是兩人的**㉑**。

再有一位獨異的哲學家和心理學家弗洛伊德，儘管他的氣質和立
場與斯賓諾莎相差很遠，但正如漢普舍爾 (S. Hampshire) 所說
的，在弗洛伊德的「衝動」 (Libido) 和斯賓諾莎的「努力」
(Conatus) 之間存在著驚人的相似，斯賓諾莎的生理——心理平
行解釋成了弗洛伊德分析下意識的欲望的基礎。

　　二十世紀興起的兩大哲學思潮，即存在主義運動和分析哲學
運動，從現象看，是與十七世紀唯理論形而上學根本對立的。存
在主義那種認為人在進行哲學思考之前就已經在生存上做出了某
些基本選擇的觀點，顯然是與斯賓諾莎的在永恒形式下觀認一切
的觀點水火不相容的，但即使這樣，像雅斯貝爾斯(K. Jaspers)
這樣偉大的存在主義哲學家也時常受到斯賓諾莎的影響，並著述
了一本關於斯賓諾莎的專著。同樣，分析哲學家，本來是忙於邏
輯、語言分析和科學理論的，但奇特的是，許多分析哲學家卻
在他們的專職範圍外撰寫了斯賓諾莎的專著，假如我們想到了納
斯 (A. Naess)、漢普舍爾和其他人的話。

　　最後，我想簡單地介紹一下我國研究斯賓諾莎的概況。相對
於歐洲對斯賓諾莎的接受，我國接觸斯賓諾莎較晚，直到本世紀
初梁啟超在日本出版了一部《西儒學案》，其中才介紹了這位荷
蘭哲學家。1906 年章太炎在《民報》上發表了一篇名為〈無神

　　㉑ 引自約維爾 (Y. Yovel) 的《斯賓諾莎和其他異教徒》卷 2，頁
5。

論〉的文章，文中高度讚揚了斯賓諾莎的泛神論，他說：

> 近世斯比諾莎所立泛神之說，以爲萬物皆有本質，本質卽
> 神，其發現於外者，一爲思想，一爲面積。凡有思想者，
> 無不具有面積，凡有面積者，無不具有思想，是故世界流
> 轉，非神之使爲流轉，實神之自體流轉。

不過，　這時期主要是著重於介紹斯賓諾莎無神論和社會政治思想，這是由當時我國社會情況所決定的。繼後，詩人郭沫若正如法國文學家羅曼羅蘭一樣，高度評價了斯賓諾莎泛神論思想，並把這一思想與我國莊子哲學結合起來。二〇年代，賀麟教授留學於美國，通過路易斯（Royce）、懷特（White）哲學而對斯賓諾莎發生濃厚興趣，　爲了鑽研斯賓諾莎，　他專門到德國求敎於斯賓諾莎專家格布哈特（C. Gebhardt），並參加國際斯賓諾莎學會。回國後，他致力於斯賓諾莎著作的翻譯，曾翻譯了《致知篇》和《倫理學》，他試圖用朱子理學來融會貫通斯賓諾莎哲學，以「知天卽天知」來闡發斯氏精義。今天，在我國又有一批年輕的斯賓諾莎學者，他們寫了不少有關斯賓諾莎的著作，並把斯賓諾莎絕大部分著作翻譯成中文，斯賓諾莎在我國的影響愈來愈大。

總之，斯賓諾莎哲學已經成爲全世界公認的偉大哲學遺產，愈來愈多地吸引了各國哲學家和哲學史家對它進行深入的研究。今天我們的問題不僅是「斯賓諾莎的思想在十七世紀的重要性是什麼」，而是「他的思想對於一個不確定的『現在』的意義何

在」這個更爲重要的問題，這一問題將爲我們開闢更爲廣泛和深
入的研究領域和途徑。

斯賓諾莎生平和著作年表

家史　　　祖先原是居住在西班牙的雷翁省埃斯賓諾莎 (Espinoza)
　　　　　鎮的猶太人。　1492 年因西班牙封建專制政府對猶太人
　　　　　進行種族和宗教上的迫害，避難到葡萄牙，後又於1592
　　　　　年逃亡到荷蘭。祖父阿伯拉罕‧德‧斯賓諾莎是一位很
　　　　　受人尊敬的猶太商人，曾在阿姆斯特丹猶太人公會擔任
　　　　　要職；父親邁克爾‧德‧斯賓諾莎繼承其父事業，在阿
　　　　　姆斯特丹經營進出口貿易，並擔任猶太人公會會長和猶
　　　　　太教教會學校校長。

1632年　11月24日誕生於阿姆斯特丹。當時取名爲本托‧德‧斯
　　　　　賓諾莎 (Bento de Spinoza)　，本托乃西班牙語，意卽
　　　　　受上帝的恩惠。　母親是父親的第二個妻子。　除早夭者
　　　　　外，斯賓諾莎有一兄一姊。本年阿姆斯特丹建立大學。

1636年　四歲　烏特勒支建立大學。

1638年　六歲　母親死於肺病，葬於奧微爾開克(Ouwerkerk)村。
　　　　　斯賓諾莎在家接受其父的猶太傳統教育。

1639年　七歲　以希伯來文拼寫的名字巴魯赫‧德‧斯賓諾莎
　　　　　(Baruch de Spinoza)　進入阿姆斯特丹一所七年制的猶
　　　　　太教會學校，學習希伯來文、舊約全書和猶太典籍。得
　　　　　識兩位猶太老師騷爾‧摩臺勒 (Saul Morteria) 拉比和
　　　　　馬納塞‧本‧伊色拉爾 (Manassch ben Israel) 拉比。

1641年　九歲　爲照顧孩子和家庭，父親續娶了一位從里斯本逃亡出來的猶太女人；後母早年所受的天主教使她感到有一種宗教義務來培養斯賓諾莎，並使她不竭力鼓舞斯賓諾莎過早皈依猶太教。

1642年　十歲　經伊色拉爾的指導，在這期間閱讀了中世紀猶太哲學家阿本・以斯拉 (Ibn Ezra, 1092-1167)、摩西・麥蒙尼德 (Moses Maimonides, 1135-1204) 和卡斯達・克雷斯卡 (Chasdai Crescas, 1340-1410) 的著作。同年，英國哲學家霍布斯 (Thomas Hobbes, 1588-1679) 的《論公民》拉丁文版匿名在阿姆斯特丹問世。

1645年　十三歲　在校成績優異，深受老師器重，曾被他們視爲猶太教的希望——「希伯來之光」。履行猶太教堅信禮儀式，正式成爲猶太教教徒。此時也經常出入父親經營的商行，幫助父親料理財經事務。

1646年　十四歲　學校畢業後，在一位德籍家庭教師斐賓格 (Felbinger)指導下學習拉丁文。

1647年　十五歲　阿姆斯特丹猶太自由思想家烏利艾爾・達科斯塔 (Uriel d'Acosta, 生於1590) 由於反對靈魂不死和聖經神托的教義，被迫在猶太教堂遭受殘酷無情的懲罰，最後自殺，留下著作《人類生活的典範》和《靈魂滅亡論》。

1648年　十六歲　1618年開始的歐洲三十年戰爭（荷蘭反抗西班牙的民族獨立戰爭重新於 1621 年爆發，交織在內）結束。不久，西班牙國王終於在蒙斯特會議上正式承認荷蘭聯省共和國，從此荷蘭開始了共和時代。

1649年　十七歲　兄死，斯賓諾莎接替其兄工作，正式到商界服務。在這裏結識了許多富有新思想的年輕門諾派和社友會（Collegiants）朋友，這些人以後成爲斯賓諾莎小組主要成員。法國哲學家笛卡爾（René Descartes, 1596-1650）由於自己思想日益受到限制，終於離開自1629年起就避居了二十年的荷蘭，到瑞典向女皇克里斯蒂娜講學。英王查理一世被判處死刑，隨後克倫威爾上臺。

1650年　十八歲　荷蘭內部君主派和共和派鬥爭加劇。9月30日君主派領袖威廉二世逮捕荷蘭議會六名議員，企圖限制共和派勢力。英國頒佈「航海條例」。笛卡爾在瑞典斯德哥爾摩逝世。

1651年　十九歲　1月18日海牙各省議會全體大會確認聯省共和國不是單一的共和國，而是七個共和國的聯邦或聯盟，從而保證了荷蘭在聯省內的優勢。斯賓諾莎家所經營的商務十分發達。同年，霍布斯的《利維坦》拉丁文版在阿姆斯特丹出版。

1652年　二十歲　進自由思想家范・丹・恩德（Van den Ende, 1600-1674）在阿姆斯特丹開辦的拉丁文學校學習拉丁文。這裏接觸到笛卡爾哲學和自然科學，也得到廣泛閱讀古代唯物論哲學家盧克萊修（Lucretius, 公元前98－前53）、文藝復興時期自然哲學家布魯諾（Giordano Bruno, 1548?-1600）著作的機會。後來擔任希伯來語教師，兼教數學等。英荷第一次戰爭（1652-1654）爆發。

1653年　二十一歲　共和派領袖詹・德・維特(Jan de Witt, 1625

-1672) 起任荷蘭省三級議會大議長。牧師宗教會議迫
使國會頒佈一個反對索西奴斯教或唯一神教教徒的法
令，致使其中有些人後來加入社友會。

1654年 二十二歲 英國對荷作戰勝利，迫荷簽訂「威斯敏斯特」
和約，荷蘭承擔一個「除名條款」。斯賓諾莎家經營的
海運商業由於船隻遭海盜所劫，損失頗大。3月28日父
死。12月5日遺產分配發生爭執，由姊呈請法院裁決，
斯賓諾莎雖勝訴，仍將大部分遺產贈姊。

1655年 二十三歲 荷蘭法學家格勞修斯 (Hugo Grotius, 生於
1583) 和法國唯物論哲學家伽森狄 (Pierre Gassendi,
生於1592) 相繼逝世。斯賓諾莎自由思想繼續發展。

1656年 二十四歲 7月27日，因爲堅持思想自由，懷疑靈魂不
滅、否認天使存在和主張上帝是具有廣延的存在，猶太
教會將斯賓諾莎永遠革除教門，並要求市政當局下令驅
逐斯賓諾莎出阿姆斯特丹。斯賓諾莎暫時避居新教徒聚
居的奧微爾開克村，將名字改爲拉丁文拼寫的別涅狄克
特·德·斯賓諾莎 (Benedict de Spinoza)。以磨透鏡
爲生。

1657年 二十五歲 暫回阿姆斯特丹隱居。

1658年 二十六歲 開始撰寫《神、人及其幸福簡論》 (*Korte
Verhandeling van God de Mensch en des Zelfs
Welstand*)，大約在 1660 年完成。本文的荷蘭文綱要
發現於 1851 年，荷蘭文全稿發現於 1860 年。

1660年 二十八歲 遷居於萊登市郊的萊茵斯堡。這個住屋後來
被闢爲紀念館，並以其姓命名所在的街道。在此期間曾

以通訊方式指導阿姆斯特丹一個小組學習哲學，主要成員有後來成爲醫師、戲劇家的梅耶爾 (Ludwig Meyer, 1630-1681)，最初販賣香料後轉而從事學術工作的耶勒斯 (Jarig Jelles, ?-1683)，後來對斯賓諾莎給以經濟支持的德・福里 (Simon de Vries, 1633-1667)、西班牙貿易商代理人彼得・巴林 (Peter Balling) 和書商詹・利烏魏特茨 (Jan Rieuwertsz, 1617-?)，這些人都是他以前出入商界所結交的社友會教徒，他們並沒有因爲斯賓諾莎被革出猶太教門而斷絕與他往來。

1661年　二十九歲　本年冬至次年春撰寫《知性改進論》(*Tractatus de Intellectus Emendatione*)，不過未完成。與英國皇家學會首任秘書亨利・奧爾登堡 (Henry Oldenburg, 1615?-1677)相識，後者在 7 月曾去萊茵斯堡造訪斯賓諾莎。以後經過奧爾登堡的介紹，英國化學家波義耳 (Robert Boyle, 1672-1691) 和斯賓諾莎通信討論科學問題。

1662年　三十歲　開始寫主要哲學著作《倫理學》。經耶勒斯介紹，萊登大學 (建立於 1575 年，是荷蘭最早最有名的大學) 神學系學生約翰尼斯・卡則阿留斯 (Johannes Casearius, 1642-1677) 來萊茵斯堡向斯賓諾莎求習哲學，斯氏因此人年輕、性情未定，改授笛卡爾的《哲學原理》，在講授過程中用幾何學方法撰成《笛卡爾哲學原理》第二章和第三章一部分，並交給阿姆斯特丹朋友徵求意見。英國皇家學會正式成立。

1663年　三十一歲　4 月，去阿姆斯特丹小住兩月。應朋友懇求

又改寫笛卡爾《哲學原理》第一章，加上自己平日有關形而上學問題的札記，成《笛卡爾哲學原理附形而上學思想》(*Renati des Cartes Principiorum Philosophiae morc geometrico demonstrata accesserunt eiusdem Cogitata Metaphysica*)，在友人梅耶爾作序指明這不是作者本人的觀點後，該書拉丁本版在阿姆斯特丹問世，出版者是耶勒斯。6月，遷至海牙市郊伏爾堡。由於磨製光學鏡片優異，荷蘭光學家惠根斯 (Christian Huygens, 1629-1695) 開始與他交往，並通過惠根斯後來結識對光學同樣頗有興趣的阿姆斯特丹市長胡德 (J. Hudde, 1628-1704)。繼續撰寫《倫理學》第一部分。

1664年　三十二歲　英荷第二次戰爭（1664-1667）爆發。《笛卡爾哲學原理附形而上學思想》由巴林譯爲荷蘭文在海牙出版。12月，都德萊希特糧商威廉·凡·布林堡 (William Van Blyenbergh, ?-1696)寫信給斯賓諾莎討論神學和哲學問題，由於布林堡堅持神學家立場，最後不歡而散。通過胡德結識共和派領袖德·維特，成莫逆之交。

1665年　三十三歲　《倫理學》已寫至第三部分八十個命題（大約是現存五章《倫理學》的第四章）。爲配合共和派反對君主派和加爾文派的政治鬥爭，暫停《倫理學》寫作而開始撰寫《神學政治論》。斯賓諾莎健康狀況不佳，已有肺病徵兆。英國倫敦發生一場大瘟疫，死了近七萬人。

1666年　三十四歲　繼續撰寫《神學政治論》，並與胡德討論神學和形而上學問題。

1667年　三十五歲　荷蘭海軍襲擊英國艦隊成功，迫使英國接受和談。德·維特頒佈永久法令，進一步限制君主派奧倫治勢力。同年，法荷開始戰爭（1667-1668）。霍布斯的《利維坦》荷蘭文版在阿姆斯特丹出版。友人德·福里去世，留下遺囑要給斯賓諾莎五百佛羅林的年金，但斯賓諾莎只接受三百佛羅林。友人奧爾登堡被監禁倫敦塔獄。繼續撰寫《神學政治論》，餘閒時進行光學研究。

1668年　三十六歲　繼續撰寫《神學政治論》。友人法學家和醫生阿德里安·考貝夫（Adrian Koerbagh）由於發表了兩本書（對宗教和《聖經》的觀點和斯賓諾莎十分相近）而被監禁，死於苦役。

1669年　三十七歲　《神學政治論》接近尾聲。餘閒時作一些流體物理學實驗，並與耶勒斯進行科學討論。友人巴林去世。

1670年　三十八歲　應德·維特的邀請，遷入海牙市內，先住在一位早年幫助過格勞修斯躲避政治迫害的寡婦家裏，不到一年，移住於一個名叫斯畢克（Spijk）的油漆匠家。《神學政治論》（*Tractatus Theologico-Politicus*）由書商詹·利烏魏特茨在阿姆斯特丹匿名出版，出版處署名「漢堡」，在 1677 年前後各發行兩種本子。此時可能開始撰寫《希伯來簡明語法》（*Compendium Grammatices Linguae Hebraeae*），未完稿。

1671年　三十九歲　新教教會宣佈《神學政治論》爲禁書。曾譯

笛卡爾著作爲荷蘭文的格拉塞馬克(J. H. Glazemaker)
把《神學政治論》譯成荷蘭文，由於斯賓諾莎的請求，
此書當時未出版。收到萊布尼茲寄來徵求意見的光學著
作(*Notitia Opticae Promotae*)。從鹿特丹醫生奧斯頓
(J. Ostens, 1625-1678) 來信得知烏特勒支的凡爾底桑
(L. Velthuysen, 1622-1685) 惡劣攻擊《神學政治論》
中所謂無神論和不道德原則，斯氏及時作了答辯。重新
開始撰寫《倫理學》。

1672年　四十歲　法軍再次入侵荷蘭(1672-1678)英荷第三次戰
　　　　爭(1672-1674)重新爆發。君主派利用戰爭危機，煽動
　　　　羣眾反對德・維特。8 月 20 日，德・維特兄弟慘遭殺
　　　　害。斯賓諾莎義憤塡膺，寫了一張「野蠻透頂」的標
　　　　語，欲張貼街頭，伸張正義，後因房東勸阻，才免一
　　　　死。

1673年　四十一歲　2 月，普魯士選帝侯卡爾・路德維希 (Karl
　　　　Ludwig) 要他的參議海德堡大學教授法布里齊烏斯 (J.
　　　　L. Fabritius, 1632-1697)致信斯賓諾莎,聘請他到海德堡
　　　　大學任哲學教授。由於擔心哲學講授自由受到限制，斯
　　　　賓諾莎婉言謝絕。5 月，應法軍統帥恭德親王的邀請，
　　　　前往烏特勒支法軍駐地，受到盛情款待。回國後被疑有
　　　　叛國罪，遭到國人猛力反對。繼續撰寫《倫理學》。

1674年　四十二歲　《神學政治論》在萊登再版。神學家再度掀
　　　　起攻擊浪潮，該書終於與霍布斯的《利維坦》和梅耶爾
　　　　的《哲學是聖經的解釋者》一起被荷蘭總督奧倫治三世
　　　　以「宣傳無神論」罪名禁止發售和傳播。昔日的老師和

朋友凡・丹・恩德在巴黎因參加一次旨在推翻路易十四
的革命行動而被送上斷頭臺。有幸結識年輕的德國哲學
家謝恩豪斯（E. W. v. Tschirnhaus, 1651-1708）。同
年，研究霍布斯政治學說，並與博克賽爾（Hugo Boxel）
討論幽靈和鬼怪是否存在以及必然與自由關係問題。

1675年　四十三歲　《倫理學》（*Ethica ordine geometrico
demonstrata*）完稿，由於受到教會多方反對，放棄出
版。由於謝恩豪斯從中撮合，中斷了十年之久的奧爾登
堡和斯賓諾莎之間的通信恢復。兩個以前受過斯賓諾莎
影響的人博許（A. Burgh）和斯蒂諾（N. Steno）在
羅馬皈依天主教，並秉承羅馬教會旨意，惡毒攻擊斯賓
諾莎。

1676年　四十四歲　開始撰寫《政治論》（*Tractatus Politicus*），
由於病情惡化，只寫到第十一章。萊布尼茲來訪，得
到斯賓諾莎一本《倫理學》抄本。為了反擊神學家們對
《神學政治論》的污蔑斯賓諾莎在所藏的樣書上增加若
干旁注。與謝恩豪斯繼續通信討論形而上學問題。

1677年　四十五歲　2月病情進一步惡化，21日下午三時在好友
席勒（G. H. Schuller, 1651-1679）身邊與世長辭。留
下約一百六十本藏書。全部遺著委托耶勒斯處理。生前
曾翻譯《聖經》為荷蘭文，已完成《摩西五經》，死前
認為將來不會有人讀此書而予以焚毀。25日葬於斯波耶
新教堂，許多著名人士前來弔唁。繼後，他的一些最親
密的朋友耶勒斯、梅耶爾和席勒等在社友會的一所孤兒
院裏彙編死者生前未發表的一些主要著作，11月在阿姆

斯特丹出版了一部以《遺著》(*Opera Posthuma*) 爲書名的拉丁文著作集，共包括斯賓諾莎五篇著作：《倫理學》、《政治論》、《知性改進論》、《希伯來簡明語法》和《書信集》。既無編輯者名字，又無出版地點，作者的名字只簡單刊以「B. D. S.」三個縮寫字母。稍後又出版了格拉塞馬克翻譯的荷蘭文《遺著》版 (*De nagelaten Schriften*)。

1678年　6月25日荷蘭政府禁止《遺著》發行，直至十九世紀以前未能重印。《神學政治論》由聖·格蘭 (Gabriel de Saint Glain)譯爲法文，以《至聖殿的鑰匙》 (*La Clef du Sanctuaire*) 的書名在阿姆斯特丹出版，書中注釋有31則。

1687年　失傳多年的自然科學論文《虹的代數測算》 (*Stelkonstige Reeckening Van den Regenboog*) 發現。

1688年　《神學政治論》的第一種英譯本在倫敦出版。

1693年　柯恩拉特 (H. Koenraad) 以荷蘭文翻譯並出版《神學政治論》（據拉丁文第一版早期發行本），出版處署「漢堡」。

1694年　惠爾 (H. J. von der Weyl) 以荷蘭文譯出《神學政治論》（據拉丁文第一版後期發行本）出版處署名「不來梅」。

1800年　海牙政府在斯賓諾莎最後居住的房屋附近建立斯賓諾莎雕像。

1802年　默爾(Ch. G. von Murr) 出版有33則注釋的拉丁文本《神學政治論》。保羅斯 (G. Paulus) 重新開始出版

《遺著》拉丁文兩卷本。

1862年　《神、人及其幸福簡論》第一次在范・弗洛頓 (J. Van Vloten) 的《別涅狄克特・德・斯賓諾莎著作補遺》（阿姆斯特丹）裏刊行問世。

1882年　荷蘭斯賓諾莎紀念委員會開始出版新編《斯賓諾莎著作集》，編者范・弗洛頓和蘭德 (J. P. N. Land)。 此版是斯賓諾莎著作標準版，初版 (1882-1883) 時是兩卷本， 1895-1896 再版時改爲三卷本； 1914 年三版時，又改爲四卷本。 前此， 斯賓諾莎著作集出版過四次： 1802-1803，編者保羅斯，兩卷本，耶拿； 1830-1831，編者格弗雷勒 (A. Gfoerer)，兩卷本，斯圖加特； 1843-1846，編者布魯德 (C. H. Bruder)，三卷本，來比錫； 1875-1882，編者金斯貝爾格(H. Ginsberg)，四卷本，海德堡。

1883年　《機遇的計算》 (*Reeckening Van Kanssen*) 原稿發現，長期以來，它被認爲已由斯賓諾莎本人焚毀。《斯賓諾莎藏書目錄》 (*Inventaire des Livres Formant La Bibliotheque de Benedict Spinoza*) 在海牙出版，編者盧今(A. J. Servaas Van Rooijen)。

參考書目

一、斯賓諾莎本人著作

1. Spinoza Opera, *Im Auftrage der Heidelberger Akademie der Wissenschaften*, hrsg. von C. Gebhardt, 4 Bde.; Heidelberg: Winter, 1925; 1972 (Kritische Ausgabe).

2. *The Collected Works of Spinoza*, ed. and transl. by E. M. Curley, Princeton University Press, 1985.

3. *Die Ethik nach geometrischer Methode dargestellt*, Übersetzung, Anmerkungen und Register von O. Baensch, Hamburg 1979 (PhB 92), 本書引文引自中譯本: 《倫理學》, 賀麟譯, 北京商務印書館, 1959年。

4. *Kurze Abhandlung von Gott, dem Menschen und seinem Glück*, hrsg. von C. Gebhardt, Hamburg, 1965 (PhB 91) 本書引文引自中譯本: 《神、人及其幸福簡論》, 洪漢鼎、孫祖培譯, 北京商務印書館, 1987年。

5. *Abhandlung über die Verbesserung des Verstandes*, hrsg. von C. Gebhardt, Hamburg, 1977 (PhB 95). 本書引文引自中譯本: 《知性改進論》, 賀麟譯, 北京商務印書館, 1960年,

6. *Descartes' Prinzipien der Philosophie auf geometrische Weise begründet, mit einem Anhang, "Metaphysische Gedanken"*, hrsg. von A. Buchenau, Leipzig 1922 (PhB 94). 本書引文引自中譯本：《笛卡爾哲學原理附形而上學思想》, 洪

漢鼎、王蔭庭譯，北京商務印書館，1980年。

7. *Theologisch-Politischer Traktat*, Auf der Grundlage der Übersetzung von C. Gebhardt, neu bearbeitet, eingeleitet und herausgegeben von G. Gawlick, Hamburg, 1976 (PhB 93)．本書引文引自中譯本：《神學政治論》，溫錫增譯，北京商務印書館，1963年。

8. *Briefwechsel, Durch weitere Briefe ergänzt*, neu eingeleitet und herausgegeben von M. Walther, Hamburg, 1977 (PhB 96a)本書引文譯自英譯本 *The Correspondence of Spinoza*, transl. A. Wolf, London, 1928.

9. *Benedict de Spinoza: The Political Works*, transl. A. G. Wernham, Oxford, 1958.

二、關於斯賓諾莎研究的著作

1. Bend, J. G. Van der (ed), *Spinoza on Knowing, Being and Freedom*, Assen, 1974.

2. Benett, J., *A study of Spinoza's Ethics*, Cambridge, 1984.

3. Caird, E., *Spinoza*, Edinburgh and London, 1910.

4. Curley, E. M., *Spinoza's Metaphysics*, Cambridge, 1969.

5. Curley, E. M., *Behind the Geometrical Method*: *A Reading of Spinoza's Ethics*, Princeton, 1988.

6. Delahunty, R. J., *Spinoza*, London, 1985.

7. Donagan, A., *Spinoza*, New York, 1988.

8. Feuer, L., *Spinoza and the Rise of Liberalism*, Boston, 1958.

9. Fischer, K., *Spinozas Leben, Werke und Lehre*, Heidelberg, 1898.

10. Freudenthal, J., *Lebensgeschichte Spinozas in Quellen-Schriften, Urkunden und nichtamtlichen Nachrichten*, Leipzig, 1899; Heidelberg, 1927.

11. Hallett, H.F., *Benedict de Spinoza: The Elements of his Philosophy*, London, 1957.

12. Hallett, H.F. *Aeternitas, A Spinozistic Study*, Oxford, 1930.

13. Hampshire, S., *Spinoza*, Harmondsworth, 1951; London, 1956.

14. Harris, E.E., *Salvation from Despair, a reappraisal of Spinoza's Philosophy*, Hague, 1973.

15. Hart, A., *Spinoza's Ethics*, A platonic Commentary, Leiden, 1987.

16. Hong, Han-ding, *Spinoza und die deutsche Philosophie*, Eine Untersuchung zur metaphysischen Wirkungsgeschichte des Spinozismus in Deutschland, Aalen, 1989.

17. Hubbeling, H.G., *Spinoza's Methodology*, Groningen, 1964.

18. Joachim, H.H., *A Study of the Ethics of Spinoza*, Oxford, 1901.

19. Joachim, H.H., *Spinoza's Tractatus de Intellectus Emendatione*, Oxford, 1940.

20. Jaspers, K., *Spinoza, fraus the Great Philosophers*, Vol. II, New York and London, 1974.

21. Kashap, S.P.(ed), *Studies in Spinoza*, Berkeley. Calif. 1972.

22. McKeon, R., *The Philosophy of Spinoza*, New York,

1928.

23. Mark, T.C., *Spinoza's Theory of Truth*, New York, 1972.

24. Martineau, J., *A Study of Spinoza*, London and New York, 1895.

25. Naess, A., *Freedom, Emotion and Self-subsistance* Norway, 1975.

26. Parkinson, G.H.R., *Spinoza's Theory of Knowledge*, Oxford, 1954.

27. Pollock, F., *Spinoza, his Life and Philosophy*, London, 1880; ²1899.

28. Roth, L., *Spinoza, Descartes and Maimonides*, Oxford, 1924.

29. Roth, L., *Spinoza*, London, 1929; ²1954.

30. Saw, R.L., *The Vindication of Metaphysics: A Study in the Philosophy of Spinoza*, New York, 1951.

31. Stein, L., *Leibniz und Spinoza*, Berlin, 1890.

32. Windelband, W., *Zum Gedächtnis Spinozas, in Praludien: Aufsätze und Reden zur Philosophie und ihrer Geschichte*, Tübingen, 1919.

33. Wolf, A., *The Oldest Biography of Spinoza*, London, 1935.

34. Wolfson, H.A., *The Philosophy of Spinoza*, 2 vols, Combridge, 1934; New York, 1969.

35. Yovel, Y., *Spinoza and other Heretics*, Princeton University Press, 1988.

三、其他哲學家著作

1. Aristotle, *Metaphysica*, 本書引文引自中譯本: 《形而上學》,
   吳壽彭譯, 北京商務印書館, 1981年。

2. Aristotle, *Categoriae and De Interpretatione*, 本書引文引自
   中譯本: 《範疇篇‧解釋篇》,方書春譯,北京商務印書館, 1957
   年。

3. Bayle, P., *Historical and Critical Dictionary*, Selections,
   transl. and ed. by R.H. Popkin, Indianapolis, 1965.

4. Berkeley, G., *The Works of George Berkeley*, ed. by A.
   C. Fraser, 4 vols, London, 1901.

5. Cicero, *De Finibus Bonorum et Malorum*, transl. H.
   Rackham, Cambridge, 1914.

6. Descartes, *Philosophical Works of Descartes*, transl. E.
   S. Haldane and G.R.T. Ross, Cambridge, 1955.
   本書引文引自中譯本: 《第一哲學沉思集》, 龐景仁譯, 北京商
   務印書館, 1986年; 《哲學原理》,關文運譯,北京商務印書館,
   1960年。

7. Feuerbach, L., *Grundsätze der Philosophie der Zukunft*,
   本書引文引自中譯本: 《未來哲學原理》, 洪謙譯, 三聯書店,
   1955年。

8. Fichte, J.G., *Werke*, hrsg. von I.H. Fichte, 11 Bde.,
   Berlin, 1971.

9. Hegel, G.W.F., *Werke*, hrsg. von E. Moldenhauer und
   K.M. Michel, 20 Bde. Frankfurt, 1971-. 本書引文引自中譯
   本:《小邏輯》, 賀麟譯, 北京商務印書館, 1980年;《哲學史講
   演錄》, 第4卷, 賀麟、王太慶譯, 北京商務印書館, 1978年。

10. Heine, H., *Die Romantische Schule*, 本書引文引自中譯本《論浪漫派》，張玉書譯，北京人民文學出版社，1979年，以及《論德國》，北京商務印書館，1980年。

11. Heine, H., *Zur Geschichte der Religion und Philosophie in Deutschland* 本書引文引自中譯本：《論德國宗教和哲學的歷史》，海安譯，北京商務印書館，1974年。

12. Hobbes, *Leviathan*, London, 1957, 本書引文引自中譯本：《利維坦》，黎思復、黎廷弼譯，北京商務印書館，1985年。

13. Hume, D., *A Treatise of Human Nature*, Oxford, 1946. 本書引文引自中譯本：《人性論》，關文運譯，北京商務印書館，1980年。

14. Kant, I., *Gesammelte Schriften* (Akademie-Ausgabe), 29 Bde., Berlin, Leipzig, 1910-1983.

15. Marx, K/Engels, F., *Werke* (MEW), 39 Bde., Berlin, 1956-1968, 本書引文引自中譯本：《馬克思恩格斯全集》，第3卷，北京人民出版社，1957年。

16. Plechanov, G., *Die Grundprobleme des Marxismus*, Berlin, 1958.

17. Russell, B., *A History of Western Philosophy*, London, 1955, 本書引文引自中譯本：《西方哲學史》，何兆武、李約瑟譯，北京商務印書館，1976年。

18. Russell, B., *The Analysis of Mind*, New York, 1921.

19. Ryle, G., *The Concept of Mind*, London, 1949.

20. Schopenhauer, A., *Werke in Zehn Bänden* (Zürcher Ausgabe), Bd. 6, Zürich 1977.

人 名 索 引

名 詞 索 引

世界哲學家叢書 (一)

書　　　　名	作　　者	出 版 狀 況
孟　　　　子	黃 俊 傑	撰　稿　中
老　　　　子	劉 笑 敢	撰　稿　中
莊　　　　子	吳 光 明	已　出　版
墨　　　　子	王 讚 源	撰　稿　中
淮　南　子	李　　增	排　印　中
賈　　　　誼	沈 秋 雄	撰　稿　中
董　仲　舒	韋 政 通	已　出　版
揚　　　　雄	陳 福 濱	撰　稿　中
王　　　　充	林 麗 雪	已　出　版
王　　　　弼	林 麗 眞	已　出　版
嵇　　　　康	莊 萬 壽	撰　稿　中
劉　　　　勰	劉 綱 紀	已　出　版
周　敦　頤	陳 郁 夫	已　出　版
邵　　　　雍	趙 玲 玲	撰　稿　中
張　　　　載	黃 秀 璣	已　出　版
李　　　　覯	謝 善 元	已　出　版
王　安　石	王 明 蓀	撰　稿　中
程顥、程頤	李 日 章	已　出　版
朱　　　　熹	陳 榮 捷	已　出　版
陸　象　山	曾 春 海	已　出　版
陳　白　沙	姜 允 明	撰　稿　中
王　廷　相	葛 榮 晉	已　出　版
王　陽　明	秦 家 懿	已　出　版
李　卓　吾	劉 季 倫	撰　稿　中
方　以　智	劉 君 燦	已　出　版

世界哲學家叢書 (二)

書　　　　名	作　　者	出　版　狀　況
王　　船　　山	張　立　文	撰　稿　中
眞　　德　　秀	朱　榮　貴	撰　稿　中
劉　　蕺　　山	張　永　儁	撰　稿　中
黃　　宗　　羲	盧　建　榮	撰　稿　中
顏　　　　元	楊　慧　傑	撰　稿　中
戴　　　　震	張　立　文	已　出　版
竺　　道　　生	陳　沛　然	已　出　版
眞　　　　諦	孫　富　支	撰　稿　中
慧　　　　遠	區　結　成	已　出　版
僧　　　　肇	李　潤　生	已　出　版
智　　　　顗	霍　韜　晦	撰　稿　中
吉　　　　藏	楊　惠　南	已　出　版
玄　　　　奘	馬　少　雄	撰　稿　中
法　　　　藏	方　立　天	已　出　版
惠　　　　能	楊　惠　南	撰　稿　中
澄　　　　觀	方　立　天	撰　稿　中
宗　　　　密	冉　雲　華	已　出　版
永　明　延　壽	冉　雲　華	撰　稿　中
知　　　　禮	釋　慧　嶽	撰　稿　中
大　慧　宗　杲	林　義　正	撰　稿　中
袾　　　　宏	于　君　方	撰　稿　中
憨　山　德　清	江　燦　騰	撰　稿　中
智　　　　旭	熊　　琬	撰　稿　中
章　　太　　炎	姜　義　華	已　出　版
熊　　十　　力	景　海　峰	已　出　版

世界哲學家叢書(三)

書　　　　名	作　　者	出版狀況
梁　漱　溟	王　宗　昱	已　出　版
金　岳　霖	胡軍　楊書瀾	排　印　中
張　東　蓀	胡　偉　希	撰　稿　中
馮　友　蘭	殷　　鼎	已　出　版
唐　君　毅	劉　國　強	撰　稿　中
賀　　麟	張　學　智	排　印　中
龍　　樹	萬　金　川	撰　稿　中
無　　著	林　鎮　國	撰　稿　中
世　　親	釋　依　昱	撰　稿　中
商　羯　羅	黃　心　川	撰　稿　中
泰　戈　爾	宮　　靜	排　印　中
奧羅賓多·高士	朱　明　忠	撰　稿　中
元　　曉	李　箕　永	撰　稿　中
休　　靜	金　煐　泰	撰　稿　中
知　　訥	韓　基　斗	撰　稿　中
道　　元	傅　偉　勳	撰　稿　中
李　栗　谷	宋　錫　球	撰　稿　中
李　退　溪	尹　絲　淳	撰　稿　中
伊　藤　仁　齋	田　原　剛	撰　稿　中
山　鹿　素　行	劉　梅　琴	已　出　版
山　崎　闇　齋	岡　田　武　彥	已　出　版
三　宅　尚　齋	海老田輝已	撰　稿　中
中　江　藤　樹	木　村　光　德	撰　稿　中
貝　原　益　軒	岡　田　武　彥	已　出　版
狄　生　徂　徠	劉　梅　琴	撰　稿　中

世界哲學家叢書(四)

書　　　　名	作　　者	出版狀況
富　永　仲　基	陶　德　民	撰　稿　中
楠　本　端　山	岡　田　武　彥	已　出　版
吉　田　松　陰	山　口　宗　之	已　出　版
西　田　幾　多　郎	廖　仁　義	撰　稿　中
柏　　拉　　圖	傅　佩　榮	撰　稿　中
亞　里　斯　多　德	曾　仰　如	已　出　版
聖　奧　古　斯　丁	黃　維　潤	撰　稿　中
伊　本・赫　勒　敦	張　小　鶴	撰　稿　中
聖　多　瑪　斯	黃　美　貞	撰　稿　中
笛　　卡　　兒	孫　振　青	已　出　版
斯　賓　諾　莎	洪　漢　鼎	已　出　版
萊　布　尼　茲	陳　修　齋	撰　稿　中
培　　　　根	余　麗　嬋	撰　稿　中
霍　　布　　斯	余　麗　嬋	撰　稿　中
洛　　　　克	謝　啟　武	撰　稿　中
巴　　克　　萊	蔡　信　安	撰　稿　中
休　　　　謨	李　瑞　全	撰　稿　中
盧　　　　梭	江　金　太	撰　稿　中
康　　　　德	關　子　尹	撰　稿　中
費　　希　　特	洪　漢　鼎	撰　稿　中
黑　　格　　爾	徐　文　瑞	撰　稿　中
叔　　本　　華	劉　　東	撰　稿　中
尼　　　　采	胡　其　鼎	撰　稿　中
祁　　克　　果	陳　俊　輝	已　出　版
約　翰　彌　爾	張　明　貴	已　出　版

世界哲學家叢書 (五)

書　　　　　名	作　　者	出版狀況
馬　　克　　思	許　國　賢	撰　稿　中
狄　　爾　　泰	張　旺　山	已　出　版
韋　　　　　伯	陳　忠　信	撰　稿　中
卡　　西　　勒	江　日　新	撰　稿　中
雅　　斯　　培	黃　　藿	已　出　版
胡　　塞　　爾	蔡　美　麗	已　出　版
馬克斯·謝勒	江　日　新	已　出　版
海　　德　　格	項　退　結	已　出　版
高　　達　　美	張　思　明	撰　稿　中
漢　娜　鄂　蘭	蔡　英　文	撰　稿　中
盧　　　卡　　契	錢　永　祥	撰　稿　中
哈　伯　馬　斯	李　英　明	已　出　版
馬　　利　　丹	楊　世　雄	撰　稿　中
馬　　塞　　爾	陸　達　誠	撰　稿　中
梅露·彭　迪	岑　溢　成	撰　稿　中
德　　希　　達	張　正　平	撰　稿　中
呂　　格　　爾	沈　清　松	撰　稿　中
克　　羅　　齊	劉　綱　紀	撰　稿　中
懷　　德　　黑	陳　奎　德	撰　稿　中
玻　　　　　爾	戈　　革	排　印　中
卡　　納　　普	林　正　弘	撰　稿　中
卡　爾　巴　柏	莊　文　瑞	撰　稿　中
柯　　靈　　烏	陳　明　福	撰　稿　中
穆　　　　　爾	楊　樹　同	撰　稿　中
維　根　斯　坦	范　光　棣	撰　稿　中

世界哲學家叢書 (六)

書　　　　名	作　　者	出版狀況
奧　斯　丁	劉福增	排　印　中
史　陶　生	謝仲明	撰　稿　中
赫　　爾	馮耀明	撰　稿　中
帕爾費特	戴　華	撰　稿　中
魯　一　士	黃秀璣	撰　稿　中
珀爾斯	朱建民	撰　稿　中
散塔雅納	黃秀璣	撰　稿　中
詹姆斯	朱建民	撰　稿　中
杜　　威	李常井	撰　稿　中
史賓格勒	商戈令	已　出　版
奎　　英	成中英	撰　稿　中
洛爾斯	石元康	已　出　版
諾錫克	石元康	撰　稿　中
希　　克	劉若韶	撰　稿　中
尼布爾	卓新平	排　印　中
馬丁・布伯	張賢勇	撰　稿　中
蒂里希	何光滬	撰　稿　中
德日進	陳澤民	撰　稿　中